KB273955

목사 김선도 2

목회의 지도를 그리다

목사 김선도
2

목회의 지도를 그리다

권병훈
김정석
김홍기
박동찬
이창우
황웅식
아담 해밀턴
레슬리 그리피스

지음

서우북스
SEOWOO BOOKS

차례

1부 † 목사와 교회, 사명과 헌신으로 꽃을 피우다

1장 목회자의 본보기 김선도 목사의 인생 · 김정석

그렇게 나는 목회자가 되었다

바라봄이 새로움을 만들다

2장 　김선도 목사의 통합적 리더십 · 박동찬

리더 김선도의 인생

3장　교회 경영자로서의 김선도 목사 · 권병훈

사명을 사역으로

계속되는 자기 계발

2부 † 영성과 신학, 희망과 긍정의 목회를 이루다

1장　장천 김선도 목사의 신학 · 서창원

3부 † 글로벌 리더십, "세계는 나의 교구"

1장 내가 경험한 김선도의 글로벌 영성 · 레슬리 그리피스

짧지만 강렬했던 만남

세계가 인정한 김선도의 사역

궁핍도 곤고도 약속을 성취하는 은혜의 과정

불가능을 가능으로 역전시키는 전적인 투신

가난을 천국처럼 소유하며 살다

폭넓은 포용력과 과감한 결단력의 조화

헌신의 텃밭에서 자라나는 믿음의 열매들

낡은 교회가 허물어지고 오랜 구습도 함께 무너져 가다

모질게 기도할 때 주신 신유의 체험

한 손에는 성경을, 그 어깨에는 쌀자루를 짊어진 목사

번제물로 자신을 바치는 희생의 사람

위로는 박하되 아래로는 후하게

예수님 앞에 고꾸라지고 재산목록 1호를 얻다

웃고 계시는 예수님을 닮아가는 남편

눈물 쏟으며 기도하는 아버지이자 대제사장

2장   인간으로서의 김선도 · 김영현

가난한 농촌 마을에 새 하늘과 새 땅을 보여 준 젊은 군목

시골 교회에 온 젊은 군목

1장 영성가로서의 김선도·유기성

영성을 지닌 목회자 김선도

아버지와 같은 사랑을 받았다

그의 설교에는 힘이 있다

김선도 목사의 여덟 가지 영성

첫째, 철저한 청교도의 영성

둘째, 체험에서 나온 적극적 신앙

셋째, 예수 그리스도 안에서 긍정의 영성

넷째, 기도의 영성

다섯째, 성경적 영성

여섯째, 철저한 웨슬리안으로서의 영성

일곱째, 창의적인 영성

여덟째, 치유의 영성

황웅식

신애감리교회 담임목사. 광림교회에서 청년선교국을 담당하고 기획목사
를 역임하며 김선도 목사와 깊은 인연을 맺었다.

세계로 뻗어 나간
목사 김선도의 영성과 신학, 교회론

황웅식

이 책에 글을 쓴 대부분의 저자들은 목회 현장에서 은퇴했거나 은퇴를 앞두고 있는 분들이다. 그럼에도 불구하고, 그들은 자신들의 뒤를 이어 갈 목회자와 한국 교회 성도들을 위해 지금도 최선의 노력을 하고 있다. 이 책의 출판 또한 그 일환이다. 덕분에 우리는 새로운 세대와 현장을 향한 미지의 도전에 '목사 김선도'라는 좋은 지도 하나를 가지게 되었다.

『목사 김선도 2 ─ 목회의 지도를 그리다』는 김선도 목사의 '영성과 신학' 그리고 헌신하는 태도와 간절한 기도로 광림교회를 이루며 쌓은 '교회론'을 중심으로 목사 김선도의 업적을 정리하고 그의 업적이 세계의 기독교 영성에 미친 영향을 조명한다. 여기에는 한 시대를 살아낸 목회자의 삶과 고민, 신학과 철학, 신앙과 열매가 모두 담겨 있다. 더군다나 이것은 단순히 '김선도'를 흠모하는 개개인이 써 내려간 자전적인 고백의 차원을 넘어 목사 김선도를 알고, 그에게 영향을 받은 사람들의 삶과 해석이 묻어 있는 글이다. 이 책의 저자들은 자신들이 받았던 교훈과 깨달음을 통해서 김선도 목사를 추억하는 사람들과 미래 세대들에게 훌륭한 도전과 방향을 가르쳐 주고 있다.

진지함이 가져다 준 열매들

일산광림교회 박동찬 목사가 기억하는 김선도 목사는 '진지함'으로 무장된 목회자였다. 그것을 그는 "충성"으로 표현했다. "김선도 목사는 아무리 피곤해도 교인들을 찾는 심방을 게을리 하지 않았다. 새벽기도를 할 때에도 5시와 6시, 두 번을 다 참석하였다. 같은 본문에 대해 부목사들이 각각 어떻게 해석하고 설교하는지를 듣기 위해서였다." 이것이 박동찬 목사가 기억하는 김선도 목사의 진지함, 즉 '충성스러움'이었다. 그가 쓴 글에는, 대한항공 승무원과의 짧은 에피소드가 소개되어 있다. 그는 대한항공 승무원과 대화를 나누다가 "가장 존경하는 목사님이 김선도 목사"라는 이야기를 듣는다. 그래서 이유를 물었더니 승무원이 대답하기를, "이분은 비행기를 타고 가는 내내 목사다운 예절과 품위를 잃지 않으셨을 뿐 아니라 조금도 흐트러지지 않은 자세로 독서를 하시면서 뭔가를 기록하시고 연구하시는 분"이라는 것이다.

김선도 목사는 하나님과 사람 앞에서 언제나 진실하기 위해서 최선을 다했다. 김정석 목사도 아버지이자 목회 선배인 김선도 목사를 그렇게 보았다. "아버지는 언제나 전부를 다 쏟으셨다. 소진해야 채워진다는 것이 아버지의 신앙이다." 이것이 김정석 목사가 보았던 아버지 김선도 목사의 삶이자 신앙이었다. 그는 신앙인으로서 하나님과 성도들에게 진실하려 했고, 무슨 일을 대하든지 진지하게 임했다. 그것이 그의 삶과 목회에서 성도들로 하여금 그를 신뢰하도록 이끌어 주었고, 그의 목회가 '전인적인 성화'로 이어질 수 있도록 모판이 되어 주었다.

또한 김정석 목사에게 아버지 김선도는 "휴가 때도 양복을 입고 가는 아버지"였다. 가족들과 휴가를 가서도 제일 먼저 한 것은 예배였다고 한다. 그에 대해서 김정석 목사는 다음과 같이 추억하고 있었다. "휴가 때도 아버지의 복장은 양복이었다. 가서 제일 먼저 한 것은 예배였다. 놀랍지도 않았다. 빨리 돌아오고 싶을 뿐이었다. 그러나 다음 날 새벽, 아버지의 숙소 문틈 사이로 기도하는 아버지의 모습이 보였다. '그 새벽 누가 본다고 양복을 다 차려 입으시고 기도를 하시나?' 하지만 그것이 아버지의 성실함이었다." 김정석 목사는 자신의 글에서, 그런 아버지의 모습을 종종 떠올린다고 했다. 그런 아버지의 모습, 언제나 하나님 앞에 성실했던 모습이 여러 가지 유혹에서 자신을 지켜 주는 가장 강력한 힘이라고 했다.

김선도 목사의 신앙과 목회가 그 정도였으니, 그의 후임 목사가 되어서 교회를 이끌어 간다는 것이 쉽지 않은 일이었으리라. 실제로 김정석 목사는 가끔 다음과 같이 말하기도 했다. "아버지는 달리는 말에 채찍질을 가하시는 분이다. 나는 칭찬을 받은 기억이 없다." 나는 이것이 김선도 목사의 사명의식이라고 생각한다. 그 정도로 하나님의 교회와 성도의 신앙이 방해받는 것을 염려했다. 교회를 사랑하고 성도를 위하는 마음이 한결같았기 때문에 그는 자기와 동역하는 모든 동역자에게 냉정한 기준을 제시했다. 아들이라고 예외가 아니었다. 오히려 다른 사람보다 훨씬 더 엄격한 기준을 적용했다. 그런 것이 후임 목사의 마음을 힘들게 했을지도 모른다. 그러나 아들을 칭찬하지 못하는 아버지로서, 그는 얼마나 인내하면서 노년을 보내야 했을까. 물론 나는 김정석 목사의 목회가 꽃을 피우고 열매를 맺는 것을 지켜보면서 흐뭇해하며 칭찬하시던 김선도 목사의 모습을 보았다. 그 정도로 교회와 성도를 사랑하고, 그에 대한 사명의식으로 살았다는 것이다.

김선도 목사는 언제나 '하나님과의 관계에서, 자연과의 관계에서, 이웃과의 관계에서, 나 자신과의 관계에서' 쉼 없이 진실함을 추구했다. 그러니까 모든 관계에서 충성스러움과 진지함이 당연히 따라왔다. 그것은 당연하게도 하나님의 은혜로 이어졌고, 그 은혜로 인해서 목회와 신앙하는 삶에 풍성한 열매가 맺어지게 된 것이다. "아버지는 탁월한 능력이 있다기보다는 능력 있는 하나님만 바라보셨기 때문에 끝까지 목회자로 남으셨다." 이것이 김정석 목사가 김선도 목사에 대해 남긴 의미 있는 말이다. '능력 있는 하나님만 바라보았던' 충성스러움이 지금의 김선도 목사를 만들었다.

믿음과 진지함의 관계

유진 피터슨의 『메시지』에는 곳곳에 흥미로운 해석들이 담겨 있다. 그중에 변화산에서 내려온 예수님과 제자들의 대화는 신앙인이 하나님과 사람들에게 어떤 자세를 가져야 하는지를 교훈하고 있다. 예수님이 변화산에서 내려오셨을 때, 산 밑에서 제자들이 귀신들린 아이와 씨름하고 있었다. 아이의 아버지가 제자들에게 아들을 고쳐 달라고 부탁했기 때문이다. 하지만 안타깝게도 그들은 아이의 병을 고치지 못했다.

예수님이 변화산에서 내려오셨을 때, 아이의 아버지가 아들을 위해서 예수님께 부탁했다. "주여 내 아들을 불쌍히 여기소서 그가 간질로 심히 고생하여 자주 불에도 넘어지며 물에도 넘어지는지라 내가 주의 제자들에게 데리고 왔으나 능히 고치지 못하더이다"(마태복음 17:15-16) 이 말을 듣고 예수님이 아이를 붙잡고 있던 귀신을 쫓아내셨다. 그러자 예수님의 제자들이 와서 물었다. "우리는 어찌하여 쫓아내지 못하였나이까"(마태복음 17:19) 그 때 예수님이 제자들에 하신 말씀이다. "이르시되 너희 믿음이 작은 까닭이니라 진실로 너희에게 이르노니 만일 너희에게 믿음이 겨자씨 한 알만큼만 있어도 이 산을 명하여 여기서 저기로 옮겨지라 하면 옮겨질 것이요 또 너희가 못할 것이 없으리라"(마태복음 17:20)

예수님은 제자들에게 "믿음이 작은 까닭이니라"고 말씀하셨다. 그런데 여기서 사용된 헬라어 '아피스토스'는 작다는 의미보다 더 극단적인 표현이다. 그것은 '믿음의 부재'를 의미하는 단어이다.

킹 제임스KJV 성경에서는 이 단어를 'unbelief: 회의, 불신'으로 번역했다. 제자들이 귀신을 쫓아내지 못한 이유가 그들에게 믿음이 부재했기 때문이라는 것이다. 제자들이 귀신들린 아이와 씨름할 때, 그들의 믿음은 실종 상태였다. 제자들이 불신에 빠져 있었다는 뜻이다.

유진 피터슨은 이 부분을 해석할 때, '진지함'이라는 신앙적 자세에 주목한다. 그는 "믿음이 작은 까닭이니라"는 말씀을 다음과 같이 해석했다. 'Because You're not yet taking God seriously.' 참으로 멋진 표현이다. "너희가 아직 하나님을 진지하게 대하지 않아서 그렇다." 예수님의 제자들조차 하나님을 진지하게 대하지 못했던 때가 있다. 오늘날 목회자와 성도들은 과연 얼마나 진지하게 하나님을 대하고 있을까. 하나님을 예배할 때, 정말로 살아계신 하나님의 임재 앞에서 진지하게 예배를 드리는지 물어야 한다. 말씀을 대할 때, 그것이 하나님의 말씀이라고 진지하게 받아들이는지 물어야 한다. 기도를 할 때, 그것이 하나님을 향한 진실한 믿음으로 나아가는지 물어야 한다.

김선도 목사는 목회자에게 가장 중요한 것이 '진실과 성실함'이라고 했다. 이 이야기는 김정석 목사가 쓴 글에 소개되어 있다. "(목회자는) 하나님과 자신과 다른 사람에게 진실하고, 모든 일에 성실하라" 그런데 그가 강조했던 '성실함'의 열매는 다른 사람보다 후임

목회자에게 결정적인 영향력을 발휘했다. 광림교회 후임자로서, 김정석 목사는 아버지가 가르쳤던 '성실함'을 따르려고 가장 많은 힘을 썼다. 그는 다음과 같이 말한다. "대부분 다른 대형교회의 후임자는 탁월함이 그 사람을 자리에 앉힌다. (…) 그러나 내가 아무리 탁월하다고 광림교회 담임자가 될 수 있었을까? 아니다. 내가 김선도 목사의 아들이었기 때문에 이 자리가 영광의 자리이든 고난의 자리이든 광림교회 담임목사가 된 것이라는 사실은 부인할 수 없다. 그런데 돌아보니 자격 없는 자는 성실함으로 보답할 수밖에 없다. 그리고 그 성실함이 성장과 성숙을 불러온다. 아버지의 목회를 성실하게 따라가다 보니 어느새 완벽한 자격은 아닐지라도 어느 정도 비슷하게 되어 있는 내 모습을 발견하게 된다." 아버지가 살아낸 진지함을 따라서, 아들이 성실함으로 보답하고 있는 것이다.

기도가 생명이었던 사람

김선도 목사는 탁월한 설교자로 널리 알려져 있다. 하지만 우리는 그를 탁월한 설교자로만 이해하려고 하면 안 된다. 그는 탁월한 설교자 이전에 진실한 기도자였으며, 탁월한 설교가이면서도 거룩한 영성가였다. 이러한 관점은 박동찬 목사와 유기성 목사의 글에서 확인할 수 있다. 박동찬 목사의 기억에 따르면 김선도 목사는 하나님으로부터 전적인 신뢰를 받는 종이 되기 위해서 최선을 다했다고 한다. 그래서 하는 일마다 하나님의 도우심을 받을 수 있었다고 증언한다. 그에게 있어서 하루하루를 경주하는 출발은 새벽에 무릎을 꿇는 것으로 시작되었다. 그는 매일 새벽마다 두 시간 이상을 하나님 앞에 엎드렸다. 앞서 이야기했던 것처럼 그에게 있어서 기도는 '생명'이었다.

그가 행했던 설교의 바탕에는 깊은 기도의 시간이 전제되어 있었다. 김선도 목사 스스로 "기도는 초창기 목회 시절부터 가지고 있던 습관이었다"고 말했다. 그는 자신의 자서전을 통해서, "내가 먼저 기도를 통해 하나님과의 깊은 교감과 영적인 교제를 해야만 그 설교가 나를 통해 영적인 공감을 불러일으킬 수 있다는 것을 체험을 통해 이미 각인하고 있었다"고 이야기했다. 기도를 통해서 영감 있는 설교를 전할 수 있었고, 기도하는 것마다 하나님이 이루게 하시는 은혜를 체험했다. 김선도 목사가 자주 했던 말이 있다. "기도란 목회의 보충 요소가 아니라 목회자의 기본적이고도 본질적인 요소"라는 것이다. 그래서 그는 '목회의 실패란 기도의 실패에서 오는 경우가 많다'고 이야기하기도 했다.

　내가 광림교회에서 부목사로 섬길 때, 새벽기도를 마치고 집으로 돌아가던 길에 가끔씩 김선도 목사와 마주칠 때가 있었다. 그때마다 항상 내게 이야기하던 말씀이 "목사는 기도에 생명을 걸어야 한다"는 것이었다. 그에게 기도는 생명이었다. 그는 은퇴 이후에도 한결같이 기도에 생명을 걸었다. 매일 새벽마다 예배당 앞자리에서 부목사의 설교를 듣고 교회와 성도들을 위해서 기도했다. 어떻게 그렇게 한결같을 수가 있었을까. 그것은 하나님 앞에서 언제나 진실된 신앙인으로 서려고 했기 때문이다. 그의 삶이나 신앙은 언제나 진지함으로 가득했다.

　그는 기도의 사람이었고, 기도의 습관에서 결코 멀어진 적이 없었다. 김정석 목사는 "지금도 아버지는 내가 존경할 수밖에 없는 기도하는 목사님이다."라고 했다. 그렇게 일생을 기도로 살아왔다. 그는 목회 현장에서 은퇴한 이후에도 새벽마다 기도하기를 멈추지 않았다. 지금도 나는 새벽마다 앞자리에서 진지하게 부목사의 설교를 듣고, 십자가 앞에 엎드려서 기도하던 그의 모습이 생생하게 보이는 듯하다. 그렇게 무릎 꿇었던 모습을 얼마나 닮으려고 했던가. 이것은 나만의 생각이 아니라 그에게 영향을 받은 사람들 모두의 생각일 것이다.

그는 "내게 능력 주시는 자 안에서 내가 모든 것을 할 수 있느니라"(빌립보서 4:13)는 말씀을 확신했다. 그래서 어떤 상황에 처하든지 말씀을 믿고 기도하면서 상황을 타개해 나갔다. 그것이 김선도 목사가 남긴 위대한 믿음의 유산, '적극적 신앙'이다.

적극적 신앙, 은혜에 대한 책임적인 응답

그의 적극적 신앙은 인본주의적이고 철학적인 관념이 아니다. 자기 계발을 통해서 이루어 가려는 타락한 자아의 승리를 말하는 개념도 아니다. 그는 인간의 책임적인 삶과 순종을 강조하면서도, 인간의 힘으로만 승리와 성공을 이룬다고 말하지 않았다. 그에게는 언제나 "내게 능력 주시는 자"라고 고백하는 하나님이 함께하고 계셨다. 우리는 그것을 김홍기 박사가 쓴 글에서 확인할 수 있다. 그는 김선도 목사의 메시지를 '자기 숭배적인 인본주의적 신앙이 아니다'라고 했다. 그의 신앙이 인본주의적인 긍정적 신앙과 거리가 멀다는 뜻이다.

그렇다면 그의 신앙과 설교의 궁극적인 지향점이 무엇일까? 김홍기 박사는 다음과 같이 말했다. "김선도 목사의 설교들은 외면적으로는 인간 본성의 낙관주의처럼 느껴지지만, 자세히 탐구해 보면 오직 은총과 말씀과 믿음으로 솟아 나오는 것을 발견할 수 있다." 독자들은 이 부분을 분명히 이해해야 한다. 김선도 목사에게서 하나님의 은총과 말씀을 전제하지 않으면, 그와 그의 설교를 이해할 수 없다는 뜻이다.

김선도 목사에게 하나님의 은총과 말씀은 언제나 우선적이었다. 그가 말했던 적극적 신앙이란 바로 하나님의 은총과 말씀에 응답하는 책임적 신앙인 것이다. 이 부분에 대해서는 김홍기 박사가 쓴 글을 읽으면서 확실하게 이해하게 될 것이다. 김홍기 박사가 해석한 김선도 목사의 적극적 신앙이란 다음과 같다. "그것은 먼저 찾아오는 은총과 그 은총에 회개로, 방향전환으로, 인간의 의지가 응답하는 긍정적인 신앙을 강조한다." 바로 이것이다. 김선도의 신앙에는 언제나 하나님의 은총이 먼저였다. 그 은총과 말씀에 인간이 응답하는 것이 그의 적극적 신앙이었다. 은총과 말씀에 회개와 방향전환이 일어나고, 거기에서 하나님의 역사하심을 체험하는 신앙인 것이다.

독자들은 서창원 박사의 글에서도 그것을 자세히 확인할 수 있다. 서창원 박사는 다음과 같이 말했다. "장천의 설교에서 전개되는 하나님의 성격은 사랑과 인격적 관계의 하나님이다." 그래서 서창원 박사는 그의 설교가 "심판의 종교, 근심의 종교"로서가 아니라, "지금 여기에서 새로운 삶으로 초대하는 메시지"로 나타난다고 이야기한다. 새로운 삶으로 초대하는 메시지란, 그리스도인으로 하여금 삶을 변화시키려고 노력하도록 이끄는 메시지이다. 그래서 그의 설교에는 하나님의 은혜에 대한 인간의 책임적 응답이 강조된다는 것이다.

영성의 뿌리, 기도의 신학

김선도 목사가 그렇게 진실하고 진지한 자세로 살았기 때문에, 그를 기억하는 사람들마다 그의 영성이 청교도적이었다고 이야기한다. 사람들의 기억처럼, 그는 청교도적인 영성의 뿌리를 가진 사람이었다. 그리고 그가 설교했던 '기도의 신학'도 그의 청교도적인 영성으로부터 출발했다고 할 수 있다. 그의 청교도적인 영성은, 자신의 인생과 목회에서 기도를 '생명'과 같이 여기도록 이끌었다. 그에게 있어서 기도란 생명이었다. 그렇기 때문에, 그는 전능하신 하나님께 모든 것을 맡기는 기도자로 살았다. 이런 '청교도 영성', 기도의 삶이 그를 거룩한 영성가로 세워 준 모판이었다. 권병훈 목사의 글에 표현되어 있는 것처럼, "처음에는 아무도 주목하지 않는 것 같았고 위기도 있었다." 그렇지만 김선도 목사가 굳건한 사명감으로 목회를 수행했을 때, 그는 '사람의 생각을 초월해서 역사하시는 하나님의 증거'를 체험할 수 있었다.

김선도 목사는 그의 영성과 신학, 교회를 이끄는 철학으로 세계적인 영향을 끼쳤다. 『목사 김선도 1 — 목회가 참 신났습니다』에서 20세기 영성 신학의 거장인 리처드 포스터가 김선도 목사에게 기도를 받고 그의 영성에 깊은 영향을 받았다는 사실에 더해 이 책의 3부에서 김선도 목사를 '마치 망망대해에서 사역의 방향을 비춰주는 등대와 같은 지도자'라고 찬탄한 아담 해밀턴의 글에서 우리는 여전히 기도와 영성의 가르침을 받으려고 하는 영적 거장의 겸손한 태도와 연구하는 자세를 엿볼 수 있다. 또한 영국 웨슬리 채플의 레슬리 그리피스는 감리교 영성에 깊은 뿌리를 두고 존 웨슬리의 설교와 목회를 20세기의 지평에서 꽃 피우고 열매 맺은 김선도 목사를 향해 감사와 존경을 보내기도 했다.

일반적으로 사람들은 김선도 목사를 탁월한 설교자로 기억한다. 왜냐하면, 그의 설교는 언제나 사람들의 마음을 움직이고 상처와 낙심에 빠진 사람들에게 힘을 주었기 때문이다. 그의 설교에는 시대를 관통하는 탁월한 통찰력이 있었다. 무엇보다 그의 설교에는 전인적인 치유와 비전을 향한 도전이 있었다. 그는 인간의 영혼이 '페스트'와 같은 질병 상태에 있다고 자주 이야기했다. 그래서 성도들에게 위로와 소망, 격려와 힘을 주는 설교가 되어야 한다고 했다. 그런 그의 설교에 대해서 서창원 박사는 다음과 같이 말했다. "설교를 치유의 과정으로 이해하는 장천은 한국전쟁 이후 집단적 트라우마 증상과 실존적 상처에 예민한 이해를 가진다." 그래서 그의 설교는 영혼의 상처를 치유하고, 하나님의 위로를 체험하도록 이끄는 메시지가 되었다.

나는 독자들이 이 책을 읽으며 '목사 김선도'에 대한 충분한 혜안을 가지리라 믿는다. 또한 그의 삶과 목회, 신앙과 영성에 대한 이야기를 읽으면서 새로운 시대에 부합하는 영적인 지혜가 열리게 되기를 기대한다.

1부

목사와 교회,
사명과 헌신으로
꽃을 피우다

1장

목회자의 본보기 김선도 목사의 인생

김정석

김정석

광림교회 담임목사 및 기독교대한감리회 서울남연회 16대 감독. 영국 캠브리지 웨슬리 하우스 국제이사, 미국 웨슬리신학대학 이사, 빛의숲 문화재단 이사장으로 헌신하고 있다.

많은 목회자와 신학자, 성도들에게 듣는 김선도 목사와의 일화는 무궁무진하다. 나는 김선도 목사의 아들이자 그가 계셨던 자리에 부임해 목회하는 후임자이다. 광림교회의 담임목사가 되었을 때, 김선도 목사의 첫째 아들이자 후임자라는 것이 때로는 무거운 짐이었고, 지워지지 않는 와이셔츠의 커피자국처럼 느껴졌다. 나는 계속해서 '내가 과연 자격이 있는 자인가?'하고 물음을 던졌고, 그 대답은 항상 물음표였다. 후임자로서 나는 김선도 목사에 대해 무엇을 이야기할 수 있을까? 아들로서 나는 아버지 김선도에 대해 무엇을 이야기해야 할까? 김선도 목사가 광림교회를 세계적인 교회로 성장시킬 수밖에 없었던 필연적 이유를 이야기하고자 한다.

그렇게 나는 목회자가 되었다

"내가 많이 엄했지?"

나는 아버지에게 아들이지만 후계자이기도 하다. '후계자'라는 수식어가 아버지와 나의 관계와 책임을 상징한다. 다른 아버지와 아들의 관계와는 조금 다르다. 모든 것을 용서하고 아낌없이 사랑을 주는 그런 관계만은 아니다. 아버지와 아들이 전임자와 후임자가 되었다는 것, 여기에는 책임이 따르고 미묘한 감정이 흐른다. 뒤처져서도 안 되고, 앞서가도 안 된다. 전임자의 보폭에 맞춰 걷는다는 것이 쉽지만은 않다.

김선도 목사의 후임자로서 내가 할 수 있는 일은 없었다. 그저 묵묵히 내게 맡겨진 일을 성실과 진실함으로 감당할 수밖에 없었다. 때로는 그것마저 많은 오해와 이야깃거리를 만들어 냈다. 새로운 담임자가 왔으니 새로운 교회의 모습을 기대하는 사람도 있었지만 교회의 전통이 항상 내 생각보다 앞섰고, 전임자의 탁월한 목회로 이미 모든 것이 체계적으로 준비되어 있었기에 무언가를 바꾼다는 엄두조차 낼 수 없었다. 이것이 나에게는 부담이 되었고 '내가 왜 여기 있는가? 내가 할 수 있는 것이 무엇인가?'라는 질문을 스스로 던졌다. 나 자신에게 화가 나기도 했고, 상황이 야속하기도 했다. 그러나 그때마다 들리는 소리는 '김선도 목사의 후임자'임을 잊지 말라는 것이었다. 나는 사라지고 전임자의 흔적만을 붙잡고 살아가라는 것인가.

그러나 담임목회 20년을 돌아보는 지금, 그것이 얼마나 큰 축복이며 나 자신을 안전하게 지켜준 것이었는지 깨닫게 된다. 담임목사라는 무거운 짐이 전임자로부터 나에게 하나씩 넘어올 때마다 내 아버지가 평생 지셨던 짐이 이거였구나, 나에게 말씀하지 않으셨던 무게감, 고독, 외로움 등이 하나씩 나의 삶을 짓누르는 느낌이었다. '아, 목회는 내가 하고 싶은 것을 하는 것이 아니구나.' 하나님께 더 가까이 나아가 기도할 수밖에 없었고, 비전의 성취보다는 급한 일부터 처리하고 그저 안도의 한숨을 내쉬는 긴장된 삶을 반복했다. 왜 아버지가 나에게 무심한 것처럼 느껴졌는지, 왜 그렇게 엄하셨는지를 아버지의 책상에 앉고 아버지가 설교하셨던 강단에 서게 되었을 때 비로소 깨닫게 되었다.

이제 전임자의 강력했던 목소리가 점점 쇠약해지고 내 마음엔 아쉬움의 그림자가 더욱 커진다. '왜 그때 더 잘 모시지 못했을까. 왜 한 번 더 찾아뵙고 다정하게 말씀드리지 못했을까.' 그런데 나만 그런 것이 아니었다. 얼마 전 아버지를 모시고 할아버지와 할머니가 목회하셨던 관인교회를 다녀오던 길에 차에서 아버지가 나에게 말을 거셨다. "내가 많이 엄했지?" 나는 그 말 한마디에 왈칵 눈물이 쏟아질 것 같았지만 무심한 듯 "네 아버지, 엄청 엄하셨어요."라고 대답했다. 아버지는 또 자신의 감정을 숨기기 위해 이렇게 강하게 이야기하는구나…. 아버지는 한참 동안 창밖을 물끄러미 바라보시며 옛일을 회상하시는 듯 계셨다. 그리고 다시 한 번 말씀하셨다. "그래 내가 참 엄했어."

그 서먹한 부자지간의 대화가 과거 아버지와 내가 어떻게 살아왔는지를 말해 준다. 무뚝뚝한 아버지, 누구보다 엄격한 기준을 제시하시고, 나는 그 기준에 맞추거나 때로는 벗어나기 위해 애썼던 지난날이었다. 그렇게 채워진 날들 앞에 지금의 내가 서 있다.

목회자로 준비되다

나는 중학교를 마치고 거창으로 내려갔다. 거창으로 내려간 이유는 여러 가지가 있을 것이나 아버지는 그중에 하나를 말씀하신다. 하나님께서 광야 생활을 통해 이스라엘을 자신의 백성으로 만들어 가셨던 것처럼, 하나님의 사람이 되기 위해 낯선 땅 거창에서 공부하는 것이 곧 나에게 필요한 광야의 경험이라는 것이다. 그렇다, 나에게 거창은 광야였다. 하지만 당시 그곳은 나에게 은혜가 있는 광야가 아닌 척박하기만 한 광야였다. 전영창 교장선생님이 미국 유학 후 십자가 정신으로 세운 학교였지만, 전교생 중에 타지에서 온 학생은 나 한 사람이었고 그곳에서 이방인으로서의 외로움과 고독감에 매일 눈물을 흘렸다. 십자가 정신이 아니라 십자가 그 자체였다.

당시 내가 이해하기로 거창에 내려가 공부한 이유는 사택이 좁았기 때문이었다. 여동생이 커 가며 나와 남동생이 같이 방을 쓰거나 누군가 한 명은 밖으로 나가야 했다. 게다가 아버지와 어머니는 교회일로 항상 바쁘셨기 때문에 서울에서는 공부할 형편이 안 되어 첫째 아들인 내가 타향살이를 하게 된 것이다. 당시 얼마나 가족의 품이 그리웠는지 저녁이 되면 학교 뒷산에 올라가 서울로 올라

가는 버스를 보며 하염없이 눈물을 흘렸던 기억이 있다. 교장선생님과 선생님들 그리고 거창에서 자라난 아이들의 진면목을 발견한 것은 한참이 지나서였다.

무뚝뚝한 아버지는 몇 번 거창에 내려오셨다. 나를 보기 위해서가 아니라 전영창 선생님을 만나기 위해 내려오신 것이다. 그리고 나와는 몇 마디 안 하시고 서울로 가셨다. 시간이 지나서야 아버지의 뜻을 알게 되었지만 당시에는 그저 서운함만 가득했다. 나에게 관심 없는 것처럼 보였던 그 모습, 그런데 거창의 생활이 익숙해진 후 평생 잊지 못하는 엽서를 받았다. 학력고사 전날 시험을 치르기 위해 다른 도시에 내려가 있는데 그곳으로 담임선생님이 급하게 나를 찾아오셨다. 한 손에는 아버지가 보내신 엽서가 있었다. 세계 감리교대회 참석을 위해 싱가포르에 가신 아버지께서 "정석아, 두려워하지 말고 담대하라, 주님이 너와 함께 하신다. 시험을 잘 보고 못 보고가 중요한 것이 아니다. 하나님만 의지해라, 내가 너를 위해 여기서도 기도하고 있다." 당시에는 큰 감동이 없었다. 그러나 아버지께서 앞에서 다정하게 말씀해 주신 적은 없지만 언제나 어디서나 기도하며 누구보다 나를 걱정해 주셨다는 것을 한참의 시간이 지나서야 알게 되었다.

나는 거창의 광야를 지난 후 서울신학대학교에 들어가게 되었다. 왜 감리교 신학교가 아닌 성결교 신학교에서 공부했는지 많은 사람들이 묻는다. 그것 또한 아버지의 계획이었다. 당시 국내에서는 웨슬리에 대한 최고 권위자가 조종남 박사님이었다. 이분을 평생의 스승으로 모시고 신학을 배우라고, 학교가 아닌 스승을 보고 그곳으로 보내신 것이다. 미국 유학도 그랬다. 복음주의적인 성향과 선교에 대한 관심이 높았던 애즈베리신학교, 사실 켄터키 윌모어 촌구석에 있기 때문에 학교를 찾아가는 것도 쉽지 않았다. 그런데 아버지는 나에게 먼저 애즈베리신학교의 교정이 담긴 엽서를 보여 주시면서 이곳에서 좋은 선생님들을 만나게 되고 소명을 찾을 수 있을 것이라고 했다.

보통 미국 유학이라 하면 앞서 있는 문명사회를 경험하게 되거나 유수한 전통을 경험할 것이라 기대하지만, 윌모어는 넓은 초원과 목장 한가운데 덩그러니 몇 개의 건물이 다였다. 처음 유학을 갔을 때, 우리 가족이 유일한 동양인이었다. 어학 준비를 잘해 간 것도 아니고, 영어를 잘하는 것도 아니고, 그곳이야말로 우리 가족에게 또 다른 광야였다. 미국의 동부와 서부를 잇는 횡단열차의 기찻길이 학교 바로 뒤에 있었다. 매일 밤 50량 정도 되는 기차가 지나갈 때마다, '혹시 저 기차를 타면 고향에 갈 수 있지 않을까? 왜 미국의 많은 학교 중에 아버지는 이 학교를 추천하셨을까?' 많은 생각을 했다.

물론 아버지가 애즈베리신학교의 이사였기 때문이기도 했지만, 애즈베리신학교는 복음주의 진영을 대표하는 학교였다. 조종남 박사님도 이곳에서 공부를 하셨다. 아들이 이런 전통과 신학적인 소양을 쌓고 좋은 목회자가 되기를 바라셨기에 아버지는 자신의 손바닥처럼 훤히 보이는 이곳에 나를 보낸 것이다. 아버지는 아들보다 좋은 목회자가 우선이었다.

아버지는 이사회를 오실 때마다 단 한 번도 우리 집에서 주무신 적이 없다. 불편해서 그러셨을까 생각했지만 지나고 보니 무뚝뚝하시지만 언제나 인격적이셨기에 자식이라 할지라도 개인적인 삶을 존중해 주셨던 것이다. 내가 학교를 졸업했을 때 마치 자신이 학위를 받은 것처럼 해맑게 웃으시며 좋아하시던 아버지. 당시에는 느끼지 못했지만 엄하고 무뚝뚝했던 모습 뒤에 마치 아들의 일을 자신의 일처럼 생각하시고 준비하시며 기뻐하셨던 모습을 떠올리게 된다. 이처럼 내가 목회를 하게 된 것은 물론 하나님의 부르심이 먼저지만 어려서부터 김선도 목사라는 탁월한 코치가 있었기에 가능한 것이었다. 이렇게 나는 목사로 지명되었다.

목회를 승계하다

애즈베리신학교를 졸업 후 내 계획은 에모리 캔들러신학원에서 공부를 더 하는 것이었다. 미국에 적응도 하고 신학적으로도 더 깊이 연구하고 싶을 뿐만 아니라 아버지의 손바닥과 같은 켄터키를 벗어나 정말 미국다운 도시를 경험하고 싶기도 했다. 그러나 한국에 빨리 들어와서 아버지의 목회를 배우라는 어머니의 말씀에 순종하여 모든 미국 생활을 정리하고 광림교회 선교구 부목사로 들어오게 되었다. 아마 아버지의 말씀이라면 다시 생각했을 것이다. 그러나 어머니의 말씀이었다. 어머니의 말씀은 지나고 보면 항상 옳았다.

사실 미국에 가기 전 강화 에덴교회에서 담임목회를 하며 성전 건축까지 했지만, 전통 있는 교회의 목회 경험이 없었다. 김선도 목사의 아들이기는 했지만 정작 광림교회 목회에 대해서도 아는 것이 별로 없었다. 광림교회가 신사동으로 이전하기 전 이미 나는 거창으로 내려갔고, 군대를 다녀오니 이미 교회는 내가 알던 교회가 아닌 강남의 대형교회가 되어 있었다. 사람들은 나를 강남 대형교회 목사의 아들로 봤지만, 사실 나는 거창에서 자라 서울의 빌딩과 수많은 자동차들이 낯설기만 한 시골 청년이었다. 그 후 강화에서,

그리고 미국 켄터키 윌모어의 시골에서 지내다 상대적으로 빠르게 발전한 대도시 서울로 온 것이다.

당시 아버지는 당신께서 은퇴하기 전까지 내가 광림교회 선교구 목회를 경험하며 목회자로서 훈련하기를 바라셨다. 목회 세습이라는 개념이 없던 시절이었기 때문에 훗날 내가 광림교회의 담임목사가 되리라는 생각은 할 수 없었다. 그저 선교구 목사로서 아버지의 이름에 먹칠을 하지 않기 위해서 열심히 하리라는 생각뿐이었다. 광림교회 선교구 목사가 된 이상 김선도 목사는 나에게 아버지이기보다는 담임목사였다. 특별히 나에게 더 엄격한 담임목사였다. 아버지는 나를 철저하게 선교구 목사로 대하셨다. 존댓말을 쓰고 더 차갑게 대하셨다. 아무리 잘해도 칭찬에는 인색하셨다.

그러던 중 아버지가 은퇴할 때가 되어 후임 담임목사로 여러 명이 거론되었다. 담임목사가 정해지면 나는 가장 부담스럽고 짐스러운 존재가 될 것이다. 그래서 미국으로 돌아가 공부를 더 하거나 서울이 아닌 다른 곳에서 목회를 할 생각으로 마음의 준비를 하고 있었다. 하지만 후보로 올랐던 분들이 다 사양을 하고 최후의 보루셨던 김영헌 목사님마저 담임목사직을 고사하셨다. 나는 광림교회의 담임목사가 어떤 삶을 살아야 하는지 가장 가까이에서 지켜본 사람이다. 적어도 아버지에게 자신의 삶은 없었다. 24시간 항상 교회를 생각하셨고 가정보다도 교회가 먼저였다. 그런데 그 직분이 나를 향하고 있었고, 직분과 함께 비난의 말들이 따라왔다. 광림교회는 강남 압구정에 있는 부유한 교회라는 인식, 젊은 나이에 한국을 대표하는 대형교회의 담임목사가 된다는 것, 이것은 누가 봐도 비난의 대상이었다.

그러나 나는 하나님께서 나에게 맡겨 주시는 직분이라면 감사함으로 감당하고픈 마음이 있었다. 그것이 아버지이자 전임자인 김선도 목사의 뜻이기도 했고 교회의 분열을 최소화하는 길이라고 생각했다. 담임목사 취임예배 때 내가 할 수 있는 취임사는 단 하나 "열심히 하겠습니다." 다른 말이 필요 없었다. 어떤 말이든 그 말뒤에 따라오는 것은 비난과 실망이었기 때문이다. 그것은 현상으로도 나타났다. 본당 대예배실 발코니 석은 텅텅 비었고, 연일 계속되는 시위와 다른 교회로 옮겨가는 성도들을 보면서 '이 자리를 섬기는 것이 나의 욕심인가? 성도들이 떠나는 이유가 나의 존재 때문인가?' 스스로 묻기도 했다. 지금까지도 이 질문은 나를 다그치는 채찍이요, 하나님 앞에 한 인격체로 진솔하게 서게 하는 장치이다.

책임 목회의 길을 걷다

처음 10여 년간의 담임목회는 갈등을 메우고 새살이 돋게 하는 목회였다. 물론 아버지의 목회가 은퇴 후에도 왕성하던 때였다. 은퇴를 하신 후에도 월드비전과 WME World Methodist Evangelism에서 중요 직책을 맡으셨고, 교계에서도 원로로서 중요한 일들을 추진하셨다. 나는 오로지 목회에만 집중했다. 외부 활동을 일절 하지 않고 설교와 심방, 성경공부에 최선을 다했다.

왜 밖에서 빛을 보는 것은 원로목사가, 안에서 궂은 살림살이는 담임목사가 해야 하는 것인가? 재미있는 우화가 하나 있다. 한 병약한 젊은이가 무림의 고수를 찾아가 강한 사람이 되고 싶다고 했다. 고수는 마당 앞에 있는 바위를 밀어서 옮기라고 했다. 몇 년이 지나도 그 바위를 옮길 수 없었다. 젊은이는 실망한 나머지 스승에게 항의했다. "당신의 가르침은 실패요." 그때 고수가 말했다. "너의 몸에 붙은 근육을 보아라." 궂은 살림살이와 같았던 10년의 목회는 나에게 아버지의 목회를 이해하고, 받아들이고, 다시 생각해 보는 기간이었다. 또한, 목회에 대해 안다고 생각했던 교만을 내려놓고, 다시 처음으로 돌아가 새롭게 모든 것을 다시 해보는 계기가 되었다. 굳은살이든 근육이든 나에게 어려움을 이겨낼 수 있는 여유가 생겼

다. '나에게 광림교회 담임목사의 직분을 맡기신 이유는 무엇인가?'
이 질문에 대한 답이 담임목사 10년 차가 지나면서 그려지기 시작
한 것이다.

사실 처음 담임목회 10년은 아버지와의 공동목회와 다를 것이
없었다. 나 혼자 결정 내리기보다는 아버지께 먼저 여쭙고 모든 것
을 실행했다. 항상 김선도 목사 다음에 담임목사가 있었다. 내 관점
으로 당장 급한 것도 아버지의 재가를 받아야 했다. 그러다 보니 어
쩐지 내가 담임목사가 아닌 것 같았다. 외부에서도 이런 목회의 형
태에 대해 비꼬는 시각도 있었지만 돌아보니 그것이 축복이고 훈
련의 시간이었다. 김선도 목사의 경험과 지식, 신학과 영성을 고스
란히 전수받는 기간이었으며 글로벌한 감각과 네트워크를 몸에 익
히는 과정이었고, 나 또한 더 겸손히 일할 수 있는 계기가 되었다.

지금 나의 목회에 대해 돌아볼 때 그곳에는 언제나 아버지 김선
도 목사가 계셨다. 아무리 잘해도 칭찬 한 번을 안 하시던 아버지의
그 매서운 눈이 나로 하여금 영적 긴장감과 진실함 그리고 성실함
으로 목회를 할 수 있도록 가장 기본적인 것을 가르치고 있었다.

아버지를 이야기하며 어머니를 이야기하지 않을 수 없다. 어머
니는 나를 낳으신 분이기도 하지만 전임자의 사모다. 어머니의 명

성과 영향력은 때때로 아버지를 능가했다. 어디선가 성도들의 이야기를 들으시고 사무실로 찾아오셔서 문제를 말씀하시고 겸손하도록 나를 다그치셨다. 때로는 서운할 정도로 아버지 입장에서 생각하라며 더 잘하라고 하시기도 했다. 언제나 아버지 옆을 지키시는 어머니, 그런데 나에게만 그러신 것이 아니었다. 아버지에게도 "정석이를 이해하라"며 "지금 잘하고 있다. 설교가 좋다"고 말씀하셨다는 것이다. 내가 없는 곳에서는 항상 내 편이셨다. 어머니는 언제나 아버지와 나를 연결시켜 주었다. 목회적으로 의견이 맞지 않거나 갈등이 있을 때면 언제나 그 사이를 비집고 들어와 기름칠을 해주고 다시 부드럽게 해 주셨다. 아마도 어머니가 없었다면 아버지와 나는 가장 먼 사이가 되었을 것이다. 때로는 아버지 편에서 때로는 내 편에서 서로를 이해하게 만들어 주시고 재미있는 광대가 되어 담을 헐어주는 어머니, 어머니가 우리 둘의 목회의 절반 이상을 담당해 주고 있다는 것은 모두가 아는 사실이다.

바라봄이 새로움을 만들다

적극적 목회

김선도 목사의 목회를 한마디로 정의한다면, '적극적 신앙'이다. 그 적극성의 토양은 빈곤이다. 아무것도 없었기에 '적극'이라는 열정으로 목회한 것이다. 그런데 중요한 것은 누구나 빈곤 속에서 적극성의 열매를 맺는 것은 아니다. 적극적이라는 말은 대단히 신앙적인 개념이다. 쌓을 적積, 다할 극極. 쌓인 것을 다한다는 뜻이다. 내 안에 쌓여 있는 것을 다하는 것, 내 안에 쌓여있는 가능성을 다 쏟아내는 것, 내 안에 하나님이 부어주신 은혜, 은사, 믿음을 다하는 것을 뜻한다.

아버지는 언제나 전부를 다 쏟으셨다. 소진해야 채워진다는 것이 아버지의 신앙이다. 아버지의 적극성은 무엇보다 설교에서 드러난다. 설교 주제만 봐도 "다시 일어남, 희망찬 미래" 등 적극적이고 긍정적이다. 그런데 무조건적인 낙관주의가 아니다. 분명한 책임이 따른다. 아버지의 설교는 책임 있는 신앙인을 길러내는 설교다. 적극적이란 뒤로 물러서지 않는 것이다. 내 능력이 아니라 하나님의 능력을 보고 전진하는 것이다.

아버지는 탁월한 능력이 있다기보다는 능력 있는 하나님만 바라보셨기 때문에 끝까지 목회자로 남으셨다. 목회자가 목회자로 남는 것이 축복인 시대가 되었다. 우리 시대에 유혹이 많기 때문이다. 여기에서 적극적인 신앙을 너무 앞서 나가는 것이라고 오해하면 안 된다. 무조건 행동으로 옮기는 것이 적극적인 신앙은 아니라는 것이다. 그러기에 아버지는 늘 균형을 말씀하셨다. "복음적인 교회가 되어야 하지만 복음주의 교회가 되어서는 안 된다.", "선교하는 교회가 되어야지 선교적인 교회만 되어서는 안 된다." 사실 북미 대형교회 중에 카리스마적인 담임자로 인해 문제가 생긴 교회가 많은데 대부분이 복음주의 교회이다. 아버지는 이러한 것을 아시고 교회론에 대해 늘 새롭게 정립하셨던 것이다. 책임 있는 신앙인이 되는 것, 이것이 가장 적극적인 신앙 아니겠는가.

나는 아버지의 목회를 이으며, '이 적극성이 어디로 향해야 하는가?'에 대해 깊이 고민했다. 에너지와 능력과 힘은 있는데, 그 방향이 어디를 향할 것인가? 바로 하나님과 이웃이다. 교회는 하나님을 예배하는 공동체이며, 이웃에게 복음을 전하고 사랑을 나누는 공동체이다. 한마디로 우리의 적극성은 하나님 사랑과 이웃 사랑으로 뻗어 나가야 하는 것이다.

풍요로운 목회

북한에서 내려오신 아버지와 어머니는 뭐든 늘 아끼신다. 젊은 시절 가난과 배고픔이 몸에 배어 그런지 지금도 그 생활 습관 그대로이다. 가끔 아버지가 메모를 건네주실 때가 있는데 메모지의 뒷면을 보니 전단지였다. 신문 사이에 따라온 전단지도 따로 모아 놓았다가 메모지로 쓰실 만큼 검소하시다. 새벽예배가 끝나면 앰프와 전등을 직접 끄시는 바람에 담당 전도사가 어찌할 바를 몰라 하는 상황도 여러 번이었다. 교회 목회자와 직원들에게도 수시로 전기 아껴라, 물 아껴라 잔소리를 하신다.

어렸을 때 북한에서 러시아 군인을 본 적이 있는 어머니와 아버지는 러시아 선교에 꿈이 있으셨다. 소련이 해체되자마자 한국과 러시아가 수교도 맺기 전에 아버지와 어머니는 모스크바로 가셨다. 그리고 WCC와 러시아 정교회의 도움을 받아 모스크바에 광림미션센터를 세우셨다. 지금은 그곳이 수십억 원의 가치 있는 건물이 되었지만 당시에는 모스크바 변두리인 데다가 건축 과정에서 사기도 당하고 교회가 마피아에게 빼앗겨 재판까지 가기도 했다. 하지만 오히려 그것이 복이 되어 지금은 러시아에 정식으로 허가받은 개신교 건물이 되었다. 당시 두 분은 러시아에 가실 때마다 이민 가방에 옷가지를 가득 넣어 가지고 가서 현지인들에게 나눠 주셨다. 지금도 그렇지만 일정 금액 이상의 호텔에서는 주무시지 않으셨다. 자신에게 돈 쓰는 것을 가장 아깝게 생각하신다. 하지만 두 분의 비전은 그 누구보다도 풍요로웠다. 처음 러시아 선교를 시작하시며 일곱 개의 교회를 러시아에 세우고 싶어 하셨는데, 이미 네 개의 교회가 세워졌고, 다섯 번째 블라디보스토크 미션센터 봉헌을 앞두고 있다. 이 센터 봉헌을 위해 아버지와 어머니는 블라디보스토크에 네 번이나 다녀오셨다. 에스토니아 탈린에 미션센터를 세울 때도 우리와 아무 관계가 없는 곳에 에스토니아 감리교회의 요청으로 백만 불을 기부하여 센터와 교회를 세우고 그곳에서 신학교를 시작하게 되었다.

2012년 아버지는 동양인 최초로 레슬리 그리피스 목사의 초청을 받아 존 웨슬리 목사가 설교하던 런던 웨슬리 채플 강단에서 설교하셨다. 그 일로 웨슬리 채플에 뭔가 감사의 표시를 하고자 하셨다. 그래서 레슬리 그리피스 목사님 부부를 한국으로 초청해 뜻깊은 시간을 가지셨다. 그리피스 목사님이 영국으로 돌아가기 전 꼭 하고 싶은 말이 있다고 했다. 그가 오랜 기간 웨슬리 채플 감리사로 일했는데 그만두기 전에 마지막으로 채플 지하에 있는 감리교 박물관을 재개관하고 싶다는 것이다. 당시에 박물관은 너무 노후되고 운영 자금이 없어 문을 닫은 상태였다. 그 비용을 물어보니 한화로 12억 원 정도가 든다고 했다. 말도 안 되는 소리였다. 당시 교회는 창립 60주년을 기념하며 사회봉사관을 건축 중이었다. 아버지는 바로 답하지 않으시고 기도하고 연락하겠다는 편지를 보내셨다.

그로부터 얼마 후 기획위원회에서 "세계 감리교회를 위해 공헌할 좋은 기회가 생겼습니다. 웨슬리 채플을 지원합시다."라고 말씀하셨다. 이게 또 무슨 일인가, 교회도 어려운데 지금 꼭 그렇게 해야 할까. 아버지야 선포하듯 말씀만 하면 끝이지만 그 뒷감당은 내가 해야 하는데…. 하지만 모든 장로님들이 "돈은 의미 있는 곳에 써야지요. 좋습니다."라고 대답하시는 것이 아닌가. 박물관 공사가 끝나고 많은 사람들이 나에게 감사 인사를 한다. "한국 감리교회의 위상이 높아졌습니다." 내가 받을 인사가 아니다. 풍요로운 마음으로 미래를 내다보신 나의 전임자 김선도 목사가 받아야 할 인사다.

레슬리 그리피스 목사가 말하기를 "박물관 공사를 위해 영국교회, 미국교회에 다 요청했지만 아무 곳에도 도와줄 형편이 안 되었습니다. 그런데 한국의 한 교회에서 도와주다니 세계는 나의 교구라는 존 웨슬리 목사님의 말씀이 광림교회를 통해 이뤄졌습니다."라고 하였다. 광림교회는 부유한 교회가 아니라 풍요로운 교회다. 돈이 많은 것이 아니라 나눠줄 곳이 많다. 그래서 하나님이 채워 주시고 풍요로움이 넘친다.

나는 아버지가 배고픈 시절을 이겨내고 풍요롭고 창조적인 목회를 하는 것을 보며 하나님께서 내게 주신 사명이 있다면 무엇일까 고민했다. 풍요로운 목회를 이어 가는 가장 좋은 방법은 어떤 것인가. 그것은 새로운 세대를 위한 투자이다. 영적인 풍요로움으로 미래를 준비하는 공동체가 되는 것이 아버지의 목회를 통해 새롭게 해석한 나의 방법이다. 모태에서 천국까지 광림의 신앙 유산을 통해 새로움을 창조해 나가는 모든 가정마다 풍요로움이 넘쳐나길 소망한다.

성실한 목회

몇 년 전 제주도로 목회자퇴수회를 간 적이 있다. 그때 아버지를 오랜만에 강사로 초청했는데 나는 서울에 일이 있어서 부득이 일행과 다른 비행 편으로 조금 늦게 도착하게 되었다. 세미나 장소에 도착했는데 분위기가 심상치 않았다. 아버지는 강의를 시작하지 않으시고 라운지에 앉아 계셨다. 부목사가 뛰어나와 "목사님이 강의 시작을 안 하십니다. 담임목사님 오셔야 시작한다고 하십니다."라고 말했다. 나는 짐도 풀지 못하고 곧장 라운지로 올라갔다. 아버지가 앉아 계시다가 "이 강의는 다른 부목사들이 아니라 네가 꼭 들어야 한다. 그래서 네가 올 때까지 기다렸다."라고 말씀하시는 것이 아닌가. 그 후로 나는 아버지가 강의하신다고 하면 제일 먼저 앞자리에 가서 앉는다. 아버지에게는 이것이 성실함의 자세다.

강의 중 한 목사가 질문을 했다. "감독님, 목회자에게 가장 중요한 것이 무엇입니까?"하고 질문하자 아버지는 망설임 없이 "진실과 성실"이라고 답하셨다. 하나님과 자신과 다른 사람에게 진실하고, 모든 일에 성실하라는 것이다. 아버지는 그렇게 사셨다.

충북 제천에 백운수양관을 개관하고 그 해 우리 가족은 그곳으로 휴가를 갔다. 나와 동생에게 그곳은 그렇게 매력적인 휴가 장소가 아니었다. 나무로 둘러싸인 곳에서 뭘 할 수 있으랴, 더군다나 그곳은 수양관이었다. 가기 전까지 그것을 생각 못했다. 휴가 때도 아버지의 복장은 양복이었다. 가서 제일 먼저 한 것은 예배였다. 놀랍지도 않았다. 빨리 돌아오고 싶을 뿐이었다. 다음 날 새벽, 아버지의 숙소 문틈 사이로 기도하는 아버지의 모습이 보였다. '그 새벽 누가 본다고 양복을 다 차려 입으시고 기도를 하시나?' 하지만 그것이 아버지의 성실함이었다. 나는 종종 그때 아버지의 모습을 떠올린다. 누가 보든 안 보든, 하나님 앞에 성실함으로 나가시는 아버지의 모습은 여러 가지 유혹에서 나를 지켜 주는 가장 강력한 힘이다.

광림교회 담임목사로서 20여 년이 지난 지금, 성실함의 위대함을 고백할 수밖에 없다. 대부분 다른 대형교회의 후임자는 탁월함이 그 사람을 자리에 앉힌다. 이미 검증과 검열을 거쳐 가장 적합한 사람을 청빙하기 위해 청빙위원회를 만들어 면밀히 검토한다. 그러나 내가 아무리 탁월하다고 광림교회 담임자가 될 수 있었을까? 아니다. 내가 김선도 목사의 아들이었기 때문에 이 자리가 영광의 자리이든 고난의 자리이든 광림교회 담임목사가 된 것이라는 사실은 부인할 수 없다. 그런데 돌아보니 자격 없는 자는 성실함으로 보답할 수밖에 없다. 그리고 그 성실함이 성장과 성숙을 불러온다. 아버지의 목회를 성실하게 따라가다 보니 어느새 완벽한 자격은 아닐지라도 어느 정도 비슷하게 닮아 있는 내 모습을 발견하게 된다.

사랑의 목회

교회는 생명이다. 성도 한 명 한 명이 생명이고 성도를 향한 설교가 생명이며 찾아가 위로하고 함께 나누는 심방이 생명이다. 그 생명 가운데 그리스도의 사랑이 녹아 있다. 교회에 그리스도의 사랑이 없으면 그저 건물에 불과하고 성도의 삶 가운데 그리스도의 사랑이 없으면 의미 없이 살아가는 인생이며 설교에 사랑이 없으면 휘두르는 칼이 될 뿐이고 심방에 사랑이 없으면 위선일 뿐이다. 무엇으로 살아가고 무엇으로 일하는가? 사랑이다. 사랑이 있어야 헌신이 있고 충성이 있다. 그러나 순서가 바뀌어 사랑보다 다른 것이 앞서면 엉망이 된다.

그런데 일을 하다 보면 심지어 하나님의 일을 할 때도 사랑이 아닌 다른 것이 앞설 때가 있다. 언젠가 지교회 개척에 대해 아버지와 함께 이야기를 나누다가 이런 말씀을 하셨다. "교회 개척이 하나님의 뜻인지 교회를 확장하기 위한 목회자의 욕심인지 항상 기도

해야 한다." 사랑보다 인기나 명성이 앞선다면 진실함은 사라질 수 밖에 없다. 그러면 진실함이 사라진 사랑은 위선이 되고 순수함을 잃어버린 목적은 불신을 불러온다. 아버지는 사랑으로 포장된 일이 아니라 진실한 사랑의 실천이 있어야 함을 늘 강조하셨다. 지나고 돌아보았을 때 사랑이 없다면 모두 헛된 것이다. '교회에서 하는 크고 작은 모든 일에 사랑이 있는가?'라는 질문은 '얼마나 많고 위대한 일을 했는가?'보다 더 중요한 물음이다.

아버지가 고민했던 사랑의 실천, 사랑의 목회에 대한 고민은 치유 목회에 대한 관심을 불러왔다. 1980-90년대 오일쇼크와 경제 불안 가운데 아버지께서 설교를 통해 사람들에게 새로운 소망을 소개하고 긍정적이고 적극적인 마음을 불러왔다면, 오늘날 나는 어떤 설교를 통해 성도들의 삶을 새롭게 하고 그 안에 그리스도의 사랑이 채워지게 할 수 있을까? 결국 그리스도의 사랑으로 인한 치유가 개인의 삶을 위로하고 공동체를 새롭게 하는 것이 아닐까.

사랑의 집이나 사회봉사관 같은 건물을 만드는 것보다 중요한 것이 사랑과 치유이다. 아버지는 상처 입은 사람들의 삶을 치유하는 것에 관심이 많으셨다. 한번은 사고로 돌아가신 한 목회자 가정의 장례 설교를 하시며, 그 목사님의 숨어있던 업적을 말씀해 주시고 그분의 비극적인 죽음을 새로운 시각으로 해석해 주셨다. 장례가 끝나고 그 가족이 찾아와, 모두가 절망적인 이야기를 할 때 감독님의 말씀이 큰 위로가 되었다며 눈물을 흘리는 것을 봤다. 다른 사람의 명예를 높여주고, 인생을 새롭게 해석해 주는 것, 상처 속에서도 영광을 바라보게 하고, 위로와 격려로 영적인 품격을 높여주는 것이 진정한 사랑의 실천이다.

나는 아버지의 많은 업적보다 소박한 칭찬, 진정으로 상대방을 높여주는 말, 한 사람을 위해 밤을 새워 가며 준비하는 설교 속에서 사랑의 실천, 사랑의 목회를 배웠다.

일치된 목회

리더는 누구보다 자신에게 엄격해야 한다. '엄격함'을 배우고 싶다면 김선도 목사의 아들로 살아보기를 권하고 싶다. 아버지는 참 엄하신 분이다. 본인에게도 엄격하지만 본인과 관계된 사람에게도 엄격하시다. 아버지께 가까이 가려면 그 엄격함을 감내해야 한다. 그래서 많은 동료 목사님들이 아버지를 어려운 분으로 생각한다. 실제로 아들이기만 했을 때보다 그의 후임자가 되어 보니 그 엄격함이 훨씬 더하다.

　　광림교회의 특징 몇 가지 중에 많은 분들이 '일치된 순종'에 대해 말씀하신다. 밖에서는 광림교회가 카리스마적인 리더십으로 상명하복의 조직화된 공동체로 보이는 것 같다. 하지만 광림교회는 카리스마적인 교회는 아니다. 아버지가 항상 경계하셨던 것이 담임목사의 우상화다. 스스로 겸손해지고 늘 자기 자신을 경계하지 않으면 자신도 모르는 사이 교만의 자리에 앉게 된다. 교만한 리더의 말에 순종하는 사람은 없다. 시간이 지나면 진실하지 않은 것들은 드러나게 된다. 광림교회의 일치된 순종은 무조건적이고 맹목적인 순종을 이야기하는 것이 아니다. 때때로 교회에서 목사의 말과 생각이 하나님의 것으로 둔갑할 때가 있다. 이것이 가장 위험한 것이다. 그래서 아버지는 자신과 가족들을 엄하게 대하셨다. 그러면서 늘 "성도는 목사의 헌신을 보고 헌신한다. 항상 목사의 가족이 성도의 삶의 기준이 된다"고 가르치셨다. '아, 이것이 일치된 순종을 이끌어 내는 힘이구나!' 아버지에게 당연한 것은 없다. 목사여서 감독이어서 받는 대접은 독이다. 한번은 해외 선교를 같이 가는데 무거운 여행 가방을 직접 끌고 가신다. "이리 주세요. 사람들이 욕해요." 하는 아들의 퉁명스런 말에 아버지는 "아니야, 내가 뭔가 하나는 들고 가야지, 내가 짐이 되면 안 되지."라고 말씀하셨다.

사실 아버지는 엄하기만 하신 분은 아니다. 어떤 때는 굉장히 너그러우시다. 아이처럼 들떠 기뻐하실 때도 있다. 어머니는 우리 집안 남자들이 다 귀가 얇다고 하신다. 특히 아버지, 다른 사람들이 도와달라고 찾아오면 시계까지 풀어 주시는 분이다. 가까이 있는 사람에게는 엄격하시고, 모르는 사람에게는 주머니까지 탈탈 털어 주시는 분, 사기당하기 딱 좋다. 하지만 때로는 알면서도 속아 주시는 분, 잘한 줄 알면서도 칭찬하지 않으시는 분, 그러기에 사람들은 김선도 목사를 보는 것이 아니라, 김선도 목사 뒤에 계신 하나님을 보게 된다.

한번은 아버지가 어떤 부목사에 대해 이야기하며 "그 목사가 하나님께 충성하는지, 교회에 충성하는지, 담임목사에게 충성하는지."라고 물으신 적이 있다. 이 물음이 나에게도 있는가? 나에게 잘한다고 좋은 사람이 아니다. 그 사람 마음속에 하나님이 있어야 한다. 아버지의 엄격함과 너그러움의 기준은 바로 하나님의 마음이었다. 리더는 관대함과 준엄함의 조화를 이루어야 한다고 한다. 광림교회의 일치된 순종은 바로 이러한 너그러움과 엄격함, 관대함과 준엄함 사이를 걷고 계신 하나님의 마음을 잘 아는 것에서 시작하는 것이다. 하나님의 마음과 일치되는 것, 이것이 웨슬리 목사님이 말씀하신 신화이지 않은가? 우리의 목표는 이것이다. 하나님의 마음과 일치되는 것, 그리고 믿는 자들과 함께 일치된 순종으로 하나님께 영광을 올려 드리는 것, 이 일치된 아름다움이 우리 교회를 거룩한 공동체로 만들어 가고 있다.

목회자의 본보기가 되시다

평생 배우는 청년

아버지는 미국 애즈베리신학교에서 22년간 이사로 섬기셨다. 유일한 한국인이자 비서구인 국제이사였다. 일 년에 두 차례 이사회에 참석하기 위해 먼 여정을 가시는 것을 이해할 수 없었다. 이사회에 참석하면 2-3일간 집중해야 한다. 나도 미국 웨슬리신학교의 이사로 매년 이사회에 참석하지만 참석 자체가 피곤한 일이다. 하지만 어떤 일이 있어도 이사회에 꼭 참석하셨다. 왜냐하면, 그 자리가 새로운 학문의 동향과 세계 선교에 대한 이해를 배울 수 있는 자리였기 때문이다. 그곳은 동양인이 거의 없기 때문에 학교에서 차를 타고 30분 정도 나가야 중국음식점이 하나 있을 정도로 동양 음식을 하는 곳이 없다. 하지만, 그것보다 학교 옆 작은 마트에서 햄버거 하나 드시는 것을 좋아하시며 정성을 다해 회의에 참석하셨다.

그리고 한국에 돌아오시면, 그곳에서 받은 자료들을 내게 주시며, 꼭 읽어 보라고 배울 점이 많다고 하셨다. '아, 은퇴하고도 한참이 지났는데, 뭐 더 배울 것이 있으신가?' 하지만, 아버지에게 별명을 하나 더 붙인다면, '영원히 배우는 청년'일 것이다. 나와 동갑인 애즈베리신학교의 신임 총장, 티모시 테넌트 박사를 마치 스승처럼 섬기고, 몰트만 박사를 만나기 전에는 밤잠을 설치며 거의 뜬눈으로 밤을 보낸 후 흥분된 마음으로 만나셨다. 릭 워렌 목사나 알리스터 맥그래스 박사를 만날 때도, 자신보다 한참 어린 사람에게 뭔가 더 배울 것이 없을까 하며 그들의 책을 먼저 읽어 보고 이야기할 것들을 미리 생각해 놓는 모습이 마치 소풍날을 기다리는 어린아이와 같았다. 이런 모습에서 아버지의 열정과 순수함을 느끼게 된다. 아, 여기에 힘이 있구나. 평생 배우는 자의 자세, 손에서 책을 놓지 않는 모습이 아버지의 모습이고 내 전임자의 모습이다.

세계 어떤 공항에 가서도 조금만 시간이 있다면 아버지는 서점으로 향하셨다. 그리고 그곳에서 꼭 책 한 권을 구입하시고, 비행기에서, 차 안에서 그것을 읽고, 또 다른 사람에게 이야기해 주며 새로운 것을 알아가는 것에 기쁨을 느끼셨다. 그러면서 항상 "목회자가 손에서 책을 놓는 순간, 목회자로서의 생명은 끝이다."라고 당부하셨다. 이제 목회를 어느 정도 하고 나서야 '아 설교의 기쁨이 이런 것이구나. 그래서 아버지가 그렇게 설교할 시간을 기다리고 특별히 설교 일정이 잡혀있지 않아도 늘 준비하셨구나.'를 느낀다. 지금도 아버지는 일본을 여행하고 오신 후에는 일본 목사님들이 소개해 준 신학자의 책을 모아서 매일 새벽예배가 끝나면 서재에서 읽으시고, 또 미국이나 영국 목회자들을 만나면 그들이 소개한 신학자들의 책을 모아서 읽으시고, 시간이 날 때마다 나에게 소개하고 설명하려 하신다.

"광림교회 목사는 공부하는 목사여야 한다. 성도는 목사의 수준을 뛰어넘을 수 없다. 그러기에 목사는 항상 노력하는 사람이어야 한다." 나는 이미 공부를 마치고 학위를 받았지만, 공부하는 아버지 앞에서, 공부하는 전임자 앞에서 무슨 말을 할 수 있으랴. 어디서 들으셨는지 최근 신학의 동향과 세계적인 이슈들을 나보다도 빨리 아시고, 가끔 읽어 보라고 자료를 내려주시면 때로는 귀찮기도 하고 무서운 선생님 한 분을 모시고 있는 것 같기도 하다. 그렇지만 광림교회 담임목사를 하며 20여 년이 지난 지금 그 모습이 내 안에 그대로 담겨 있음을 발견하게 된다. 향기가 몸에 배는 것처럼 아버지의 모습이 내 안에 배움이 되어 광림의 목회를 이어 가고 있음을 새삼 느낀다.

삶이 곧 목회

담임목사가 된 후, 주일에 수많은 성도 앞에 서는 것이 거룩한 부담이자 때로는 압박으로 다가왔다. 그 후로 몇 년간 길을 걷거나 많은 사람들이 있는 공간에서 나는 자연스럽게 고개를 숙이고 걷는 것이 익숙해졌다. 사람들이 알아본다는 것, 또 사람들과 인사해야 한다는 것이 스트레스로 다가왔기 때문이다.

하지만, 아버지는 사람을 만나는 것이 기쁨이고, 설교가 삶이며 목회가 즐거움처럼 보였다. 어디선가 설교 요청을 받으면 며칠을 그 생각만 하며 모든 초점을 설교에 맞췄고, 누군가와 약속이 잡히면 뭔가 더 준비할 것은 없는지 뭔가 더 줄 것은 없는지 고민하셨다. 국제광림비전랜드나 지성전 등 건축이 진행되는 곳에 나보다 더 많이 찾아가 기도하고 둘러보셨다. 그러시고는 나를 당신의 목양실로 불러 이런 일 저런 일 말씀하실 때마다 '과연 저런 에너지는 어디서 나오는 것일까?' 하며 처음에는 귀찮게만 여겨지던 것들이 시간이 갈수록 '아, 저 관심이 목회의 원동력이구나. 아니 목회와 삶이 일치되어 있구나.'라는 생각이 든다. 아버지는 평생을 안식년 없이 목회하셨다. 그래서 나도 안식년 없이 일할 수밖에 없다. 늘 '아버지는 언제 쉬실까?'라는 물음 앞에 아버지는 쉼이 따로 필요하지 않았다는 답을 내리게 된다. 그의 삶이 곧 목회이고, 목회가 곧 삶이었기 때문에 쉼 가운데 말씀을 준비하고 말씀을 준비하는 것이 곧 쉼이었다. 그는 목회가 기쁨이며 삶의 모든 에너지가 목회로 모아졌던 것이다.

이제 나는 숙였던 고개를 들고 성도들을 본다. 성도의 걸음걸이와 얼굴과 표정에 담겨 있는 그 일상이 궁금하다. 강단에 올라 성도들을 볼 때, 이제 표정이 보일 뿐만 아니라 표정 속에 있는 삶까지도 읽혀진다. 무심코 지나는 청년의 어깨를 두드리게 되고 수줍은 아이들의 머리를 쓰다듬으며 내 삶이 성도의 삶이 되고 성도의 삶이 내 삶이 되어 감을 느낀다.

아버지는 가족에 대한 목회에 초점을 맞추셨다. 그래서 우리 교회는 매년 가정예배서를 발간하고 가정예배를 중요하게 생각한다. 아버지의 가정에 대한 설교를 따로 모아 책을 발간하기도 했다. 처음에는 서운한 부분도 있었다. 설교할 때는 가정을 강조하면서 따뜻한 아버지는 어디 계시고 우리 가족은 어디에 있었나. 물론 가족끼리라는 것은 없었다. 아버지에게는 가족보다 교회가, 가족보다 성도가 우선이었다. 나도 나의 동생들도 항상 성도의 자녀 다음이었다. 그런데 시간이 지나고 광림교회 담임목사가 되었을 때 나도 모르는 나의 가족이 존재함을 알게 되었다. 나를 위해 기도하는 성도들과 나의 아버지가 성도들의 가족이 되었을 때 어느덧 성도들은 내 가족이 되어 있었다. 나도 모르게 나를 위해 기도하고 내 가정을 위해 기도하고 있었다. 아버지는 나도 모르게 나의 가족들을 하나둘 만들고 계셨던 것이다. 하나님이 아브라함에게 별과 모래를 보여 주시며 훗날 그의 번성한 자손들을 보여 주셨던 것처럼 나는 광림의 성도들을 통해 아버지에게 가족보다 우선하여 보여 주셨던 가족과 같은 성도들을 보게 된다. 어느덧 성도들이 나의 가족이 되었다.

몇 년 전, 한 세미나에서 강의를 할 때 한 목회자가 질문을 했다. "목사님, 하나님, 교회, 가정 중에 무엇이 가장 먼저십니까? 어제 강의하신 목사님은 첫 번째가 하나님, 두 번째가 가정, 세 번째가 교회라고 하셨습니다." 그 순간 나도 스스로에게 질문했다. 나에게 우선순위는 무엇인가? 나는 아버지에게 배운 대로 또 내가 느낀 대로 대답했다. "하나님, 교회, 가정입니다. 목회자에게 가정보다 하나님과 교회가 앞서지 않으면 가정도 무너지게 됩니다." 물론 목회를 하며 아내와 자녀들에게 미안한 것도 많지만 가정보다 교회가 먼저라고 하셨던 아버지의 가르침 속에서 가정을 온전히 하나님께 맡긴 그 믿음과 마음을 알기에 지금은 아버지의 뜻을 따라 목회를 하며 그 마음을 헤아리게 되었다. 지금 목회하고 있는 내 아들도 언젠가는 그 마음을 이해하리라 생각한다.

우리 교회 광장 중앙에는 '행복한 가정'이라는 동상이 있다. 교회가 추구하는 것은 행복한 가정이다. 어떤 가정이 행복할 수 있는가? 하나님 안에서 구원을 누리는 가정이 행복한 가정이다. 정작 우리 가정은 그럴싸한 여행 한 번 하지 못했지만 같은 목표와 가치관과 믿음을 갖고 한길을 간다는 것이 얼마나 큰 축복인가. 결국 하나님, 교회, 가정은 우선순위로 나눌 문제가 아니라 삼위일체처럼 하나로 묶여져 있는 것이다. 목사의 아들로서 아버지의 후임으로서 담임목사로서 어려서부터 아버지로부터 체득된 것들이 이제 그 의미가 깊어지고 새로운 깨달음 속에 기쁨을 누리고 있다. 그리고 이전에는 이해되지 않던 것들이 남은 목회의 시간들을 더 소중하게 만들어 주고 내 힘이 아닌 나를 세우신 분의 뜻을 따라 목회를 할 수 있도록 인도해 준다.

강단에 서시기만 하면 힘이 솟으시던 아버지가 그립다. 조목조목 내 실수와 부족함을 짚어주시고 때로는 무심하게 외국에서 사온 책을 선물로 주시던, 이제 연로하신 아버지. 전임자, 목사, 감독의 이미지가 나를 짓누를 때도 있었지만 그 모든 것을 내려놓으시고 아무 말 없이 나를 믿어 주시는 아버지, 아버지가 가신 길이 내가 가야 할 길이다.

끊임없는 자기부정의 삶

한국 교회가 한참 부흥하던 시기, 곳곳에 대형교회가 세워지고 부흥의 물결이 전국을 뒤덮었다. 특히 강남 지역은 당시에 수입품, 수입차, 새로운 생활 패턴, 강남만의 특별한 문화를 갖고 있었다. 동생이 교회 주변 아파트에 세워져 있던 수입차 앞에서 마치 자신의 차인 것처럼 폼 잡고 사진을 찍어 자랑하던 생각이 난다.

광림교회가 부흥의 정점에 서 있을 때 당시 담임목사였던 아버지는 강남에 어울리는 분이 아니었다. 당시 많은 교회들이 교단이나 한국 교회의 성장보다는 자신의 교회의 성장에만 관심을 갖고 있을 때 아버지는 한국목회연구원을 만들어 교회의 성장에 대한 이야기를 후배 목사들과 나누고자 하셨다. 한 번에 약 700여 명의 목회자를 모아 세미나를 열고 프랭클린 와튼 박사, 더글라스 학장, 존 스토트 목사 등 해외 석학을 초청해 미래 교회를 대비하고자 하셨다. 광림교회는 강남의 문화를 누리는 이기적인 교회가 아닌 한국 교회에 공헌하는 교회여야 한다고 하시며, 교단을 위해 한국 교회를 위해 더 나아가 세계 교회를 위해 기도하며 봉사하는 교회가 되어야 한다고 강조하셨다.

아버지는 골프를 치지 않으셨다. 당시 골프는 부와 명예, 성공의 상징이었다. 담임목사가 된 나에게 아버지는 여러 번 말씀하셨다. "어떤 목사는 시골에서 장화를 신고 논두렁을 다니며 심방하고 성도를 위로하는데, 광림교회 목사가 잔디 위에서 하얀 바지를 입고 골프화를 신고 다니면 다른 목회자에게 얼마나 큰 상실감을 주겠니?" 아버지는 명품을 모르신다. 그래서 성도들이 선물한 귀한 것도 금세 사라진다. 필요한 사람을 보면 가치를 따지지 않고 나눠 주신다. 좋은 물건을 갖고 싶은 마음이야 누군들 없으랴. 그러나 물건의 가치보다 필요와 나눔의 가치를 더 크게 생각하신다. 그러기에 그 삶에 자신은 없다. 자기가 원하는 것, 하고 싶은 것보다 먼저 목사의 삶이 중요하다. 나는 자연스럽게 그것을 따르게 되었다. 처음에는 불편했으나 지금은 그것이 더 편하다. 자기부정이 불러오는 결과는 자유함이다.

나는 담임목사가 되었을 때 미국에서 유학하며 배운 것들, 평소에 목회에 대해 가졌던 생각들을 광림교회에서 펼쳐 보고 싶었다. 하지만 교회의 전통이 우선시 되어 할 수 없는 것들이 있었다. 지나고 보면 그때 마음대로 바꿨다면 나의 목회는 될 수 있었을지 몰라도 하나님의 목회가 되지는 않았을 것 같은 생각에 아찔하다.

목사에게 유일한 휴일은 월요일이다. 나는 주일 예배를 마치고 월요일로 넘어가는 밤이면 큰일을 마쳤다는 생각에 마음이 편해진다. 우리 교회는 전임자가 만들어 놓은 트리니티 성서대학원이 있다. 매주 화요일 오전 11시와 저녁 7시 30분에 두 번의 강의가 있다. 그래서 월요일에 아무것도 할 수 없다. 문제는 강의안을 인쇄하려면 월요일 오전까지 원고를 넘겨야 한다는 것이다. 그래서 거의 매주 주일 저녁예배가 끝나고 늦은 밤까지 성경공부 준비를 한다.

처음 담임목사가 되었을 때 이것이 큰 짐이었다. 사실 쉬는 날이 없는 것과 다름이 없었다. 월요일에 뭔가를 해도 성경공부 생각에 마음이 편치 않았다. 그래서 나에게는 단 하루 쉬는 날도 부정할 수밖에 없었다. 돌이켜보니 그 시간들이 너무 감사하다. 월요일을 부정하고 얻은 것은 깊은 말씀 연구이다. 누군가 '내가 성경을 읽는 것이 아니라, 성경이 내 삶을 읽는다'고 했다. 요즘 이 말씀이 절실히 내 삶에 다가온다. 자기부정이 곧 하나님과의 깊은 만남이요, 내가 사라짐이 말씀 안에서 진정한 나를 발견함이다.

감사하고 기억하는 것을 배우다

아버지는 자신의 가족보다 다른 사람에게 더 친절하셨고 자상하셨으며 후임자인 나보다 다른 목사를 더 격려하고 사랑하시며 도와주셨다. 자신과 가족을 향한 아버지의 엄격함에 때로는 서운하기도 하고 이해하기 힘들었다.

한국 전쟁고아의 아버지라 불리는 딘 헤스 대령이 돌아가시고 대한민국 공군에서 큰 행사를 준비했다. 딘 헤스 대령의 뜻을 기리고 감사하는 자리에 초대받은 김선도 목사는 그 자리에서 "딘 헤스 대령의 은혜를 잊을 수 없습니다. 광림교회에서 뭔가 그분을 기념하는 일을 해야겠습니다."라고 말씀하셨다. 물론 딘 헤스 대령과 전혀 친분이 없었던 것은 아니다. 그가 소천하시기 몇 년 전부터 아버지는 그의 행방을 찾으셨다. 그리고 데이턴에 방문할 기회가 있었을 때, 딘 헤스 대령을 찾아 인사하시고 감사를 표했다. 왜 전혀 상관

없는 그를 찾아가 그렇게까지 하셨을까? 아버지는 딘 헤스 대령은 대한민국 공군의 아버지고, 고아들을 제주도까지 옮겨 천여 명의 생명을 살렸다는 것을 늘 강조하셨다. 그래서 그게 나와 무슨 상관인가? 왜 광림교회에서 그분을 기리는 사업을 해야 하는가? 아버지는 "은혜를 잊어서는 안 된다. 특히 교회는 잊힌 역사도 끄집어내어 기억하고 감사를 표해야 한다"고 하셨고, 이 말씀에 아무 말도 할 수 없었다. 그리고 2017년 딘 헤스 대령 2주기를 맞아 제주도 우주항공 박물관에 딘 헤스 대령 공적 기념비를 세웠다. 공군 군목단과 공군 역사단에서 모두가 관심 갖지 않는 일에 교회가 앞장서서 기금을 마련하고 역사를 기념하게 되어 감사하다는 인사를 지금도 매년 받고 있다.

아버지와 어머니는 늘 "흐르는 물에 빵을 던져라"라는 말을 즐겨하셨다. 그러면 그 빵이 언젠가 후손들에게 돌아온다는 것이다. 성탄절 시즌이 되면 아버지가 가장 관심 갖는 일은 성탄카드를 보내는 것이다. 이미 아버지와 함께 일하시던 분들은 은퇴하여 노후를 편안히 보내고 계신다. 그분들의 주소를 찾아내어 정성스럽게 카드를 쓰시고 형편이 어려운 분들이나 특별히 감사한 분들에게는 카드 안에 토큰(체크)을 넣어 드린다. 큰돈은 아니지만 세계 각국에

흩어져 있는 동역자들에게 그것도 모두 은퇴한 노병들에게 작은 기쁨과 기억, 그들의 존재감을 선물하는 것이다.

1968년 영국 교환목회 프로그램으로 아버지는 런던의 엡솜감리교회로 교환목회를 가셨다. 1년의 짧은 시간이었지만 그곳의 담임목사였던 마이클 미치 목사님과 깊은 교제를 나누셨다. 한국에 돌아오신 후 여러 번 그분에 대해 말씀하셨는데 아마 그 후로 미치 목사님을 직접 만날 기회는 없으셨던 것 같다. 하지만 매년 성탄카드를 통해 안부를 전하셨고 그렇게 40여 년이 지난 2012년, 웨슬리 채플에 방문했을 때 수소문 끝에 극적으로 만나게 되었다. 미치 목사님은 알츠하이머 병으로 힘든 상태였지만 휠체어를 타고 예배에 참석하셨다. 그 예배는 동양인 처음으로 존 웨슬리의 강단에서 목사님이 설교하셨던 예배이다. 미치 목사님은 하염없이 눈물을 흘리며 옛 기억을 더듬어 갔다. 젊은 시절 사진으로는 풍채가 좋은 전형적인 영국 신사였는데 휠체어를 탄 힘없는 노인의 모습에서 시간의 야속함과 인간의 무력함이 동시에 느껴질 때 아버님과 미치 목사님과의 대화 속에서 그 모든 것을 거스르는 열정과 힘이 진동했다. 그 순간 깨달은 것은 아주 작은 관계라 할지라도 그것을 소중히 여기고 지속시켜 나갈 때 엄청난 힘을 만들어 낸다는 것이다. 비록 얼마 전 미치 목사님은 돌아가셨지만 그 아들에게서 온 편지에

의하면 미치 목사님이 돌아가시지 직전에 아버지가 보내주신 성탄
카드를 받고 기뻐하다가 하늘의 부르심을 받았다는 것이다. 목회
는 관심이자 관계라는 아버지의 가르침, 목회를 하며 작은 관계가
변화를 만들어 내고 새로운 창조를 불러옴을 몸소 느끼고 있다.

2017년 겨울, 아버지는 갑자기 장거리 여행을 준비하셨다. 애즈
베리신학교 이사회를 마치고 보스턴 일대를 돌아보고 싶으시다는
것이다. 먼저 신학교 이사회에 참석하셔서 이사직을 내려놓겠다는
말씀을 하셨다. 더 이상 공헌할 것이 없으니 학교에 공헌할 수 있는
사람이 이사가 되어야 한다는 것이다. 그 후 보스턴으로 가셔서 먼
저 하버드디비니티스쿨의 데이비드 햄튼 학장의 초청으로 하버드
를 돌아보셨다. 그러나 그것은 가장 중요한 일정이 아니었다. 아버
지는 보스턴대학 신학부를 방문하셨다. 그 이유는 아버지의 스승
되시는 박대선 박사님의 역사를 더듬어 보기 위함이었다.

미국을 많이 오가셨지만 보스턴은 처음이었다. 늘 보스턴을 방
문하여 스승의 역사와 발자취를 발견하기 원했는데, 생의 마지막 때
에 삶을 하나씩 정리해 가며 마지막으로 보스턴에 들린 것이다. 그
곳에서 뜻하지 않게 한국 자료들을 접하며 박대선 박사의 사진과 옛
자취들을 발견할 수 있었다. 일면식도 없는 학장에게 한국 학생들

을 위해 써 달라며 장학금을 기탁하셨다. 이 장학금은 현재, 한인학생들을 위한 공식 장학금 펀드로 학교에서 운영하고 있으며, 아버지의 기탁금을 종잣돈으로 계속해서 모금을 하고 있는 중이다.

아버지는 어디를 방문하던 한국 학생을 만나면 항상 밥이라도 한 끼 사 주시고 책 사 보라고 용돈을 주셨다. 자신 또한 전쟁 중에, 신학교를 다니며, 그리고 군목 시절에 이유 없는 도움을 많이 받았기에 그 은혜를 다른 사람에게 다시 갚는 것이었다. 아버지는 홍현설 교수님 이야기를 많이 하셨다. 감리교신학교를 다니실 때, 하루는 홍 교수님이 책을 나르기 위해 아버지를 연구실로 부르셨다고 한다. 책을 다 옮긴 후에 홍 교수님은 "김 군, 나랑 구두방에 같이 갑시다." 하시면서 아버지에게 구두 한 켤레를 사 주셨는데, 아버지가 느끼기에는 책을 옮겨 준 것이 고마워서 구두를 사 준 것이 아니라, 구두를 사 주시려고 일부러 불러 일을 시킨 것 같다는 이야기였다. 홍 교수님의 진짜 마음이 무엇이었든 아버지는 그 일을 기억하시며 설교 때마다 홍 교수님이 생각 날 때마다 말씀하시고 지금까지 감사해 하신다. 그러면서 자신도 어떻게든 학생들이나 젊은 신학생들을 챙기려 하신다.

한번은 3·1절을 앞두고 제암리교회에 다녀오셨다. 3·1절 설교를 준비하며 역사를 더 자세하게 알아보고 싶으셨던 것이다. 유관순 열사 기념교회와 아우내장터, 봉수대와 제암리교회까지 다 둘러보신 후 헌금을 하시고 그 다음 주에 3·1절 설교를 하셨다. 3·1절 설교 한편을 위해 시간을 내어 역사의 현장을 방문하신 것이다. 아버지는 늘 "교회는 기억의 공동체"라는 말씀을 하신다. 기억 속에 감사가 있고, 감사하며 우리는 더 성숙한 인간이 된다. 스쳐 지나가는 인연도 소중하게 생각하고 나쁘고 서운한 감정 속에서도 감사를 찾아내는 능력은 아버지가 지닌 탁월한 능력 중에 하나다. 아버지는 나이가 드실수록 기억을 잃어버리시는데, 그것이 때로는 선택적이다. 어떤 사람은 나이가 들어가며 섭섭한 것만 생각난다고 하는데 아버지는 감사한 것은 기억하시고 서운한 것은 잊으시는 것 같다.

나에 대한 아버지의 기억은 어떨까? 광림수도원 리모델링 공사를 마치고 공사 취지에 대한 이야기를 끝내자, 아버지가 갑자기 단상에 올라오셨다. 그러고는 나를 꼭 껴안으시며 "정말 수고했다, 고맙다."라고 말씀하셨다. 목회를 하면서 처음 있는 일이었다. 그래도 20년 가까이 광림교회 목회를 하면서 부자지간 서로의 수고로움을 이야기할 수 있게 된 것에 감사할 뿐이다.

돌아보니 닮아있는 영적 DNA

명성 있는 전임자의 후임자는 전통을 지키는 것도, 새로운 것을 시도하기도 힘든 것이 사실이다. 그러나 돌아보면 쉽게 바꾸지 못하는 전통과 엄격한 아버지라는 울타리가 있었기에 더 신중할 수 있었고 신중함은 습관이 되었다. 교회란 무엇인가? 목회란 무엇인가? 얼마 전 어머니께서 말씀하시길 아버지 목회 중에 가장 영광스러운 것은 교회가 한 번도 갈라진 적이 없었다는 것이다. 카리스마적인 목회 때문만은 아니다. 아버지는 카리스마적이라기보다는 오히려 다른 사람의 의견을 잘 들으시고 신중하게 판단하신다. 그래서 '최고'나 '화려함'을 추구하기보다는 많은 사람이 공감할 수 있는 것, 누구 하나 소외되지 않도록 생각하고 또 생각하신다.

담임목사가 되어 내게 맡겨진 사명이 무엇인가? 교회를 새롭게 하는 것인가? 더 큰 부흥의 역사를 써 나갈 것인가? 나는 해외 자료를 수집하고 미국의 유명한 교회를 방문해 무언가 새로운 것을 찾고자 했다. 하지만 한국 현실과 문화에 맞지 않거나, 이미 하고 있거나, 너무 마케팅적인 느낌을 많이 받았다. 그때, 아버지는 "배우는 것은 늘 좋은 것이다. 그러나 교회는 성공지향적이어서도 안 되고 세상보다 너무 뒤처져서도 안 된다."라고 말씀하셨다. 아버지의 말씀을 듣고 나는 아버지가 그러셨던 것처럼 수도원에 올라가 20일 금식기도를 했다. 특별한 은혜를 체험하거나 하늘의 음성을 들은 것은 아니지만, 내 안의 조급함과 부담감을 내려놓게 되었다. 그리고 깨달은 것은 하나님의 일은 하나님이 하신다는 것이다.

어쩌면 담임목사가 되었을 때 아버지와는 다른 나의 목회를 꿈꿨을지도 모른다. 그래서 이전과는 다르다는 것을, 더 세련되었다는 것을 드러내려고 했던 것 같다. 그러나 성도들이 원하는 것은 세련된 목회가 아니라 진실한 목회였다. 왜 전통이 중요한가? 전통 안에 진실함이 녹아있기 때문이다. 그러기에 나의 사명은 전통을 없애고 새롭게 하는 것이 아니라 전통 안에 계속해서 진실함이 살아있도록 본질을 지키고 그것을 다음 담임자에게 잘 연결시켜 주는 것이다.

'목사가 죽어야 교회가 산다.'라는 말을 들은 적이 있다. 김선도 목사의 후임자라는 사실 자체가 내가 죽어짐을 경험하는 것이었다. 돌아보니 그것이 당연한 것이었고 축복이었다. 교만과 여러 가지 유혹을 이겨낼 수 있는 가장 쉽고도 편한 장치였던 것이다. 어느덧 나도 성역 30주년을 맞게 되었고, 20년간 광림교회 담임목사로 섬겼다. 이렇게 무언가를 기념하는 날이 있을 때마다 과거를 돌아보고 현재의 의미를 찾고 미래를 전망해 본다. 돌아보니 내 뒤에는 항상 아버지가 계셨다. 주변에는 전임자의 문제를 해결하느라 시간과 에너지를 쓸 수밖에 없는 분들이 있다. 그런데 지금도 아버지는 내가 존경할 수밖에 없는 기도하는 목사님이다. 이제야 고백하지만 아버지의 아들로 살아온 60년, 그리고 그 중 아들이자 후임자로 살아온 20년이 나에게는 가장 큰 축복이자 은혜이다.

광림교회 광장 중앙에는 '행복한 가정'이라는 동상이 있다.
김선도 목사는 가족에 대한 목회를 중요하게 여겼다. 광림교회는
매년 가정예배서를 발간하고 가정예배를 중요하게 생각한다.

김선도 목사가 감리교신학대학교 학생회 임원으로 활동하던 당시 찍은 기념사진.
당시 학장이었던 홍현설 교수님은 김선도 목사를 아끼며 손수 구두를 사 주셨고,
훗날 김선도 목사의 결혼예배에 주례를 서 주셨다.

1993년 광림교회에서 설교하는 김선도 목사.

김선도 목사(가운데)는 1996년부터 4년간 세계감리교협의회(WMC) 회장을 지냈다.

광림교회는 1978년 새 성전 기공식 후 완공되기 전까지 공사 현장 옆에
천막 성전을 짓고 예배를 드렸다. 사진은 당시 천막 성전에서 주일 예배를 마치고
교인들을 배웅하는 자리에서 기도하는 김선도 목사와 성도들의 모습이다.

2009년 김선도 목사는 한국 전쟁고아의 아버지라 불리는
딘 헤스 대령을 찾아가 인사하고 감사를 표했다.

2장

김선도 목사의
통합적 리더십

박동찬

박동찬

일산광림교회 담임목사. 감리교신학대학교 대학원 졸업 후 미국 웨슬리신학
대학에서 공부했다. 현재 감리교신학대학교 겸임교수 및 감리교속회연구원
원장을 맡고 있다.

현대는 다변화 사회이면서 전문화된 사회다. 교육 수준과 생활 문화 수준이 갈수록 높아져 감에 따라 사람들의 요구 역시 다양하고 복잡해진다. 이러한 사회현상 속에서 훌륭한 리더가 된다는 것은 쉬운 일이 아니다. 전문성을 비롯해 더 많은 자질을 리더에게 요구하고 있기 때문이다. 리더의 기본적인 자질은 물론이고 전문성과 투명성, 높은 도덕성까지 요구하는 시대가 되었다. 한마디로 현대 사회는 통합적 리더십을 요구하는 사회라고 할 수 있다.

리더나 리더십에 대해 언급할 때엔 리더십의 종류와 그 특성을 먼저 다루는 것이 일반적이다. 우리가 사는 세상에는 다양한 종류의 리더가 존재하기 때문이다. 리더마다 목표를 정하는 방식이나 태도, 일을 진행시켜 나가는 추진력 또 구성원들과 일을 나누고 협력하는 방식에 따라 카리스마적 리더, 참여형 리더, 자유방임형 리더로 구분 짓는다. 그리고 리더가 사람을 중심으로 일을 진행해 나가는지 일과 목표 성취에 더 중점을 두는지에 따라 사람 중심형 리더와 일 중심형 리더로 구분하기도 한다.

여기에서 어떤 종류의 리더가 더 유능한지를 논하는 것은 의미가 없다. 상황에 따라 요구되는 리더십이 각각 다르기 때문이다. 지난 37년의 세월 동안 김선도 목사의 리더십을 다양한 측면에서 바라보며 많은 것을 배울 수 있었다. 시간이 지날수록 그것이 큰 축복임을 실감하게 된다. 방황하던 청년 시절 성도와 담임목사의 관계로 김선도 목사를 처음 뵈었고, 전도사와 부목사 시절을 거치면서 철저하게 목회를 배울 수 있었다. 많은 시행착오를 거치면서 목회를 하다 보니 목회의 성패는 어떤 프로그램을 어떻게 수행하느냐보다 목사가 리더로서 어떤 자세를 가져야 하느냐가 더 중요함을 절감하게 되었다. 김선도 목사의 교회성장 이면에는 그의 통합적 리더십이 뒷받침되었기에 기적과도 같은 일들을 해낼 수 있었다고 본다.

일반적인 리더십 이론에 따라 김선도 목사의 목회 리더십 성향에 대해 논의하는 것은 별 의미가 없다고 본다. 사람은 어느 한 부류로 결정될 수 있는 존재가 아니며 리더로서의 역할도 상황에 따라 달라지기 때문이다. 그의 삶 속에 배어있는 리더의 자질과 리더로서 삶의 자세가 어떠했는지를 살펴보며 보다 구체적인 리더십에 대해 논해 보고자 한다.

리더 김선도의 인생

신뢰받는 리더로서의 목회자

'리더'란 무엇인가? 오랜 세월 동안 다양한 영역에서 회자되어 온 주제다. 리더에 대한 연구가 지금까지도 회자되고 연구되는 이유는 리더의 지도력에 따라 조직이나 사회가 눈부시게 발전하는가 하면, 반대로 리더의 잘못된 판단으로 인해 조직이 망하기도 하기 때문이다. 그런 점에서 역사는 리더에 의해 만들어져 왔다고 해도 과언이 아니다. 싱가포르는 자원이 넉넉하지 않은 작은 나라지만 '리콴유李光耀'라는 리더로 인해 지상천국이라 불릴 만큼 아름다운 나라가 되었다. 반면 넓은 땅덩어리에 풍요로운 천연자원을 넘치도록 가지고 있지만 리더의 부패함으로 인해 빈곤 국가의 수준을 벗어나지 못하는 나라도 많다. 이는 한 사람의 리더가 얼마나 중요한지를 입증하는 세계사적 증거라 할 수 있다.

그런 의미에서 '리더'는 세상을 향해 영향력을 미치는 사람이다. 좋은 리더란 좋은 영향력을 미치는 사람이고 나쁜 리더는 나쁜 영향력을 미치는 사람이다. 그런 점에서 존 맥스웰은 리더십을 '영향력'이라 정의했다. 리더십은 영향력 그 이상도 그 이하도 아니라는 것이다. 이 정의에 따르면, 김선도 목사는 탁월한 리더임에 틀림이 없다. 짧은 한 세대를 목회하면서 그가 전 세계에 끼친 영향력은 실로 놀라운 것이기 때문이다. 150여 명이던 성도를 8만 명의 성도로 성장시켰다는 사실은 그가 그만큼 많은 사람들의 삶 속에 긍정적인 영향을 주었다는 증거다. 또한 한국은 물론 세계 여러 나라에 교회와 선교센터를 건축하고 아프리카 대학에 채플을 건립하는 등 그의 선한 영향력은 멈출 줄을 몰랐고, 은퇴 이후에도 그의 영향력은 여전히 수많은 사람들에게 전해지고 있다.

김선도 목사의 리더십은 어떻게 형성된 것일까? 김선도 목사

---

* John C. Maxwell, 『The 21 Irrefutable Laws of Leadership』, Nashville: Thomas Nelson, 1998, p.17

가 리더십에 대해 언급할 때마다 가장 중요하게 강조한 부분이 있다. 바로 '신뢰'다. 신뢰가 없이 진정한 리더가 될 수 없고 어떤 영향도 제대로 미칠 수 없기 때문이다. 김선도 목사는 신뢰받는 리더가 되기 위해 끊임없이 자기를 성찰했고 노력했으며 신뢰받는 리더가 되었다. 하나님으로부터 전적인 신뢰를 받는 하나님의 종이 되기 위해 최선을 다했고, 그래서 그는 하는 일마다 하나님의 도우심을 받을 수 있었다. 그가 지난 한 세대 가운데 행한 일들은 하나님의 도우심이 없이는 이룰 수 없는 놀라운 일들이라 할 수 있다. 그뿐만 아니라 그는 사람들로부터도 신뢰와 존경을 한 몸에 받은 리더가 되기 위해 노력했다. 그가 중요한 일을 비전으로 선포하면 그 일에 동참하고자 모여드는 사람들이 끊이지 않았다. 자신들이 신뢰하고 사랑하는 김선도 목사와 함께할 수 있다는 것이 그들에겐 곧 기쁨이기 때문이다. 리더십은 사람들을 기쁘게도 하고 슬프게도 한다. 또한 웃게도 만들고 울게도 만든다.

김선도 목사의 리더로서의 경력은 화려하다. 미국 웨슬리신학대학원 존 웨슬리상과 감리교신학대학교 동문상, 대한적십자 인도장 금장, 대한민국 국민훈장 목련장 등 다수의 큰 상을 수상하였고, 감리교 목사회장, 한국 기독교교역자협의회 대표회장, 감리교신학대학교 이사장, 세계감리교협의회 회장, 그리고 한국 월드비전 이사장, 국제 월드비전 이사, 기독교TV 공동대표 등 국내외에서 무수히 많은 중책을 맡았다. 이는 그가 한국 사회를 넘어 국제무대에서도 좋은 리더였음을 입증해 주는 증거라 할 수 있다.

평소 김선도 목사를 깊이 존경하는 호서대학교 연합신학대학원 김동주 원장은 연세가 아흔이 되신 김선도 목사의 강의를 아직도 듣고 싶어 한다. 그리고 목회의 길을 준비하는 후학들에게 김선도 목사의 이야기를 들려주고 싶어 한다. 1년에 한 번만이라도 오셔서 특강을 들려주실 수는 없는지 지금까지도 요청을 거듭하고 있다. 도대체 김선도 목사의 강의가 김동주 원장에게 주는 감흥이 어떠하기에 그렇게까지 요청하시나 싶어 물어보니 "김선도 목사는 글로벌 비전과 위대한 믿음, 뜨거운 열정과 따뜻한 인격, 찬란한 사역을 모두 보이신 사도"라며 "그의 강의를 들으면 전율을 느낀다"고 극찬을 아끼지 않았다.

이렇듯 김선도 목사가 많은 사람들로부터 깊은 신뢰를 받을 수 있었던 이유는 무엇일까? 그의 지나온 삶의 자취와 목회자로서의 자세를 돌아보면 그 답을 얻을 수 있다.

무엇이 그를 신뢰받는 리더로 만들었나

김선도 목사의 자서전 『5분의 기적』을 읽어 보면 그의 삶이 어떠했는지, 그리고 그 삶의 과정을 통해 그가 어떤 신앙적 자세를 가지게 되었으며 또 그 배경이 되는 신학적 기초가 무엇인지를 짐작할 수 있다. 그의 생애 속에 하나님의 손길이 함께하신 이유를 발견할 수 있고, 그래서 오늘날의 엄청난 사역과 기적적으로 이루어진 모든 업적이 결코 우연이 아님을 알 수 있다. 그의 생애를 간략하게나마 정리하면 다음과 같이 여섯 단계로 나눌 수 있다.

① 출생에서 성장까지

김선도 목사는 평안북도 선천에서 출생하여 유년 시절을 보냈다. '선천'이란 도시는 동양의 예루살렘이라고 불릴 만큼 기독교 인구가 많았던 도시였다. 1900년대 초에 이미 1,500여 명이 모이는 대형교회가 있을 만큼 복음전도운동에 열기를 더하던 곳이다. 1928년 6월 13일자 <동아일보> 기사에 선천에 대한 다음과 같은 보도가 있었다.

"선천지역의 기독교계의 성장은 세계에서 유래를 찾아볼 수 없을 정도이다. 그리하여 내외국인 간에 기독교의 왕국이란 칭호를 듣기 때문에 각국의 종교계가 조선에 들르게 되면 반드시 선천의 기독교회를 사찰하지 않는 이가 없다."[*]

　이런 도시에서 성장한 김선도 목사는 어려서부터 복음을 쉽게 접할 수 있었고, 소망을 찾을 수 없던 일제 강점기 속에서도 여러 훌륭하신 목사들의 말씀으로 희망을 얻고 위로를 받을 수 있었다. 환란의 시기는 때로는 깊은 신앙의 훈련장이 된다는 것을 입증이라도 하듯 김선도 목사는 어려운 환경 속에서 하나님의 말씀을 통해 리더의 꿈을 키우기 시작하였다. 그는 특히 장로교 김진수 목사[**]의 설교 말씀에 깊은 영향을 받았다. 무엇보다 청교도적 신앙의 엄격함을 가르쳐 온 부모님의 삶을 통해 일제의 괴롭힘 속에서도 세상과 타협하지 않는 철저한 신앙인으로서의 삶을 살게 되었다.

　그의 고백에 의하면 주머니 속에 늘 성경과 영어 사전을 품고 다니며 '모세와 같은 지도자를 보내시어 이 나라를 해방시켜 달라'는 기도를 항상 하였다고 한다.[***] 이후 김선도 목사는 어려운 시절 병든 사람들을 치료하는 의사가 되고자 1948년 신의주의학전문학교에 입학하였다.

---

[*]　김선도, 『5분의 기적』, 넥서스Cross, 2013, p.25
[**]　해방 이후에 공산당에게 순교를 당하신 것으로 알려지고 있다.
[***]　김선도, 『5분의 기적』, p.16

② 6.25전쟁과 회심

해방 후 6.25전쟁으로 인해 총격전이 벌어지고 있는 전쟁터에서 죽음의 위기를 수차례 맞이하며 청년 김선도는 사울에게 쫓기던 다윗처럼 기도하였다. 포화가 휩쓸고 지나간 자리에 쓰러져 있는 수많은 희생자들과 그 사이에서 살아 숨 쉬고 있는 자신을 자각하며 삶을 압도하는 죽음의 공포를 체험하게 되었다. 그리고 다윗을 죽음의 위협에서 살려 주셨던 하나님의 은총으로 죽음의 위기를 피할 수 있었다. 이런 경험은 세상으로부터 하나님께로 인생의 방향을 전환하기에 충분했다.

북한 군의관으로 전쟁에 참전한 청년 김선도는 북진해 오는 국군들을 마주하며 포로가 될 수도 있는 위기 속에서 당신의 운명을 하나님께 맡긴 채 내려갔다. 군인들은 뚜벅뚜벅 다가오는 청년이 북한 군의관인 것을 알게 되었고, 당시 부상자들을 치료해 줄 의사가 부족했던 상황인지라 그를 그 자리에서 국군 1사단 11연대에 입대시켰다. 그의 운명을 순간적으로 바꾸어 버린 하나님의 역사하심이었다.

전쟁이 끝난 후, 죽음의 위기 속에서 기도하며 서원했던 것을 지키기 위해 1954년 감리교신학대학에 입학하였다. 이제 본격적으로 신학을 공부하며 목회자의 길을 준비하게 된 것이다. 김선도 목

사는 신학교 시절부터 영예로운 전도상을 받을 만큼 구령열정이
남달랐다.

③ 목회 초기의 열정과 결혼

김선도 목사는 신학교 4학년 시절 전도대를 통해 전도활동을
하던 중 전농감리교회에서 전도 집회를 한 적이 있었다. 이를 계기로
초빙을 받아 졸업도 하지 않은 상태에서 그 교회의 전도사로 첫 목회
를 시작하게 되었다. 목회를 시작하면서 부모님의 주선으로 박관순
사모님을 만나 결혼을 하게 되었다. 평소 통이 크고 어떤 상황에서도
흔들리지 않는 안정감과 사람들을 배려하는 성품을 갖춘 사모님의
존재는 김선도 목사의 목회사역에 든든한 버팀목이 되었다. 두 분의
협력 목회는 완벽한 팀 목회가 무엇인지를 보여 주는 하나의 롤모델
이 되었고, 김선도 목사의 성공적인 목회에 큰 힘이 되었다.

전농감리교회에서 목회를 하면서 김선도 목사는 산기도를 시
작하였다. 철원의 대한수도원, 삼각산 기도원, 용문산 기도원 등을
찾아가며 이 시대를 관통하는 하나님의 섭리와 경륜이 무엇인지를
물었다. 그리고 급변하는 시대의 흐름을 이해하기 위해 장준하가
주도한 <사상계>를 비롯해 당대의 시대정신을 이끄는 사상가들의
글을 독파했다. 영성과 시대의 흐름을 따라잡는 지성은 김선도 목

사의 목회를 설명하는 두 축이 되었다고 말할 수 있다.

동시에 김선도 목사는 다음 세대에 대한 관심도 많았다. 한국 사회의 미래는 젊은 청년들에게 달려 있었기 때문이다. 이런 그의 마음을 하나님은 받으셨고, 당시 존경하던 홍현설 학장 사모님의 권유로 공군 군목에 지원하게 되었다. 타고난 성실함을 가진 김선도 목사는 군목사역에서도 본을 보였다. 장교이면서도 젊은 사병들과 함께 뛰고 함께 행군을 하며 군목의 보람을 느꼈고, 때로는 군 교도소에 수감된 군인들을 심방하여 위로하며 교도소 안에서 같이 밤을 지새운 적도 있었다. 이때부터 한국 최초의 장성 군종감이 되어 혁신적인 군 복음화를 이루려는 꿈을 꾸기 시작했다.

대전에서 군목을 하던 시절 공군부대 뒤쪽에 쓰러져 가는 영천 감리교회를 다시 건축하기로 작정했고, 교회가 완공되기까지 공군 군목의 사례비를 모두 헌금하였다. 생활이 크게 어려운 중에도 사모님은 불평 한마디 없이 시장터에서 주워 온 시래기와 수제비로 생활을 연명했다. 교회를 사랑하는 김선도 목사와 박관순 사모의 마음 그리고 투철한 사명감은 목회 초기부터 남달랐고, 이런 목사와 사모의 마음을 하나님은 다 기억하시고 축복하셨다. 오늘날의 광림교회를 이룩하게 된 것은 결코 우연이 아니었다.

④ 유학과 광림교회 부임

김선도 목사는 공군 군목으로 있던 시절 유학에 대한 간절함이 있었다. 그러나 당시의 상황으로는 유학을 갈 수 있는 길이 없었다. 공군 군목으로 있으면서 유학을 떠나는 전례도 없었거니와 미국 학교에서 당신을 초청해 줄 사람도 없었고, 무엇보다 엄청난 학비를 해결할 수 있는 방법이 없었다. 그럼에도 그의 마음속에는 유학에 대한 불타는 간절함이 있었기에 새벽마다 부르짖어 기도했다.

하나님은 김선도 목사의 이런 간절한 기도를 들으셨고 그 길을 인도하셨다. 우연인 듯한 만남이 계속 이어졌다. 미국 웨슬리신학대학원의 학장인 헤롤드 디울프 박사를 우연히 만나게 되었고, 얼마 후 그에게서 장학금을 마련해 줄 테니 유학을 오라는 요청을 받았다. 김선도 목사의 기도는 계속 이어졌고 미 국방성으로부터 미국 비행기를 탈 수 있는 허가증도 받게 되었다. 계속 우연인 듯 이어지는 그 모든 만남은 하나님의 섬세하신 인도하심의 증거였다. 김선도 목사는 미국 신학교로부터 입학 허가를 받은 것이나 비행기 표를 얻게 된 과정, 그 모든 일들이 기도 속에 응답하신 하나님의 은총임을 지금도 크게 감격하며 간증하고 있다. 유학 시절은 김선도 목사에게 황금기와도 같은 시간이었다. 전도실습은 물론이고 목회상담과 설교에 대해서도 많은 교육과 훈련을 받는 등 김선도 목사에게 있어서 이 시기는 미래의 목회를 준비할 수 있는 기간이었다. 본격적인 제2의 목회 인생을 하나님이 철저히 훈련시킨 시간이었다.

유학을 마치고 귀국한 김선도 목사는 당시 150명이 출석하던 광림교회에 부임하여 사분오열 갈등하며 분열된 교인들에게 교회의 본질과 사명, 그리고 영혼구원의 중요성을 가르쳤다. 수요일마다 성경공부를 마치고 2인 1조가 되어 거리로 나갔다. 지나가는 사람들에게 전도지를 돌리며 전도운동을 실천하기 시작했다. 불가능해 보이던 전도였지만 교인들은 점점 늘어갔고 교회는 부흥하기 시작했다. 얼마되지 않아 광림교회는 1,000명 성도 출석 목표를 달성하였고, 곧이어 김선도 목사의 리더십 아래 2,000명 출석이라는 새로운 목표가 세워졌다. 늘 쉼 없이 도전하는 김선도 목사의 목회는 항상 이런 식이었다. 교회는 그의 리더십 아래에서 활기를 띠며 성장하기 시작했다. 이는 항상 본질을 중요시하는 김선도 목사의 목회 방침과 하나님의 종으로서의 그의 자세가 고스란히 나타나는 대목이다.

⑤ 광림교회 성장과 강남 성전건축

일찍이 한국 교회에는 대형교회들이 많았다. 당시 여의도순복음교회나 영락장로교회는 이미 세계적 수준에 이르고 있었다. 반면 감리교회에는 번듯하게 성장하는 교회가 없었다. 이를 안타깝게 여기던 김선도 목사는 그 원인을 분석하고 새로운 비전을 수립하여 본격적인 목회를 펼쳐 나가기 시작했다. 로버트 슐러 목사가 주관하는 리더십 세미나에 참석하면서 긍정적인 사고의 중요성을 재인식하였고, 세계 제일의 감리교회를 이루려는 꿈과 비전을 가지게 되었다. 그 이후 적극적인 신앙의 자세와 창의적인 목회를 전개하면서 교회는 폭발적인 성장을 하기 시작했다. 이제 곧 강남 시대가 열릴 것을 예측한 김선도 목사는 성도들과 함께 강남으로 성전을 이전할 계획을 세웠고, 많은 어려움 중에도 성도들과 하나 되어 아름다운 성전을 건축할 수 있었다.

강남으로 성전을 이전한 김선도 목사는 현대인이 필요로 하는 것이 무엇인지, 사회적 요구에 교회가 어떻게 반응해야 하는지를 주목하기 시작했고, 교회에서 민방위 교육을 하고 환경미화원을 초청해 위로 예배를 하는 등 사회적 요구에 부응하는 교회로서 자리를 잡아 가기 시작했다. 예수님이 이 땅에 성육신하셨을 때, 아픈 사람들은 치료해 주시고, 외로운 사람들에게는 친구가 되어 주시는 등 각기 다른 사람들의 필요를 충족시켜 주는 성육신 목회의 본을 따라 김선도 목사 역시 시대적 요구를 외면하기 보다는 적극적

으로 사회를 품는 목회를 전개해 나아갔다. 또한 광림교회 5대 전통
* 을 만들어 교회의 정체성과 기독교인으로서의 바른 신앙 자세를
가르쳐 교회의 성장에 큰 동력이 되게 하였다.

⑥ 세계를 품고 달려가는 리더

김선도 목사의 꿈과 비전은 그를 한 개체 교회의 리더로만 머무
르게 할 수 없었다. 교회의 사회적 책임에 크게 공감하고 어느 개체
교회도 시도하지 못하던 사회복지재단을 오래전에 설립하였고, 사
할린의 고령 동포 250명을 모셔와 여생을 돌보는 등 사회로부터 소
외된 이들을 위한 사역을 실천하였고, 지역마다 랜드마크가 될 만
한 지교회를 건립하며 폭발적인 성장을 이루어 나갔다. 또한 선교
의 불모지였던 공산권을 비롯한 세계 여러 나라에 교회와 선교센
터를 건립하면서 세계 선교에도 큰 영향을 주었다. 대표적으로 모
스크바와 에스토니아, 칼리닌그라드와 블라디보스토크, 몽골, 아
프리카 짐바브웨와 터키 안디옥, 뉴질랜드와 일본 등에 건립된 교

---

* 광림교회 5대 전통은 1.적극적인 신앙 2.풍요로운 창조 3.성실한 생활 4.사랑의
실천 5.일치된 순종이다. 김선도 목사가 임원전지훈련 시에 만든 이 5대 전통
은 강남으로 성전을 이전한 후, 교인들의 힘을 결집하면서 폭발적 성장을 위한
모멘텀의 역할을 하였다.

회와 선교센터를 보면 실로 그 규모가 엄청나다. 이런 김선도 목사의 놀라운 목회사역은 세계 여러 나라 신학교 교수와 학생들[*]의 관심을 끌기에 충분했고, 지금도 그의 지도력을 배우기 위해 애즈베리신학교의 교수와 학생들은 2주간 광림교회를 방문해 강의를 들으며 미래 목회의 대안을 찾고 있다.

김선도 목사의 생애는 자연스럽게 그의 신앙과 사상의 뿌리가 되었다. 그의 신학과 리더십의 배경이 된 몇 가지를 언급하면 첫째는 일제 강점기 때에 체득한 고난 극복의 신앙이며, 둘째는 의학을 공부하던 시기에 형성된 실존주의적 신앙, 셋째는 전쟁 중 죽음의 위기에서 살리신 하나님의 은혜에 대한 체험이며, 넷째는 군목 시절 철저한 헌신과 희생으로 배양된 충성의 신앙이다. 다섯째는 유학을 통한 폭넓은 신학 경험과 그를 바탕으로 한 목회철학의 수립이며, 여섯째는 광림교회 초창기 목회의 구령열정, 그리고 마지막으로 적극적 신앙의 자세이다. 이를 바탕으로 김선도 목사는 국제적인 리더십을 갖추게 되었고, 세계에 영향력을 미치는 종교 지도자의 자리에 서게 되었다.

---

[*] 미국의 애즈베리신학대학원, 세인트폴신학대학원, 웨슬리신학대학원에서 매년 그의 목회를 배우기 위해 교수와 박사과정 학생들이 2주씩 방문을 하고 있으며, 에스토니아신학대학원과도 밀접한 관련을 맺고 있다.

김선도 목사의 신앙과 신학

김선도의 신학적 배경

김선도의 삶의 여정이 목사로서의 목회철학과 사상의 한 축이 되었다면, 그의 신학은 또 다른 축을 이루는 중요한 뿌리다. 김선도 목사는 기본적으로 바울의 신학과 존 웨슬리의 신학 방법론을 따르고 있다. 그는 자신이 성경에서 가장 영향을 받은 사람으로 사도 바울을 꼽고 있으며, 바울의 신학과 삶의 자세를 본받으려 노력했다. 특별히 두 개의 성경구절을 많이 인용하는데, 빌립보서 3장 12절과 4장 13절이다. 구원을 향해 끝까지 달려간다는 바울의 자세와 믿는 자에겐 능치 못함이 없다는 가능성의 신학은 감리교회의 교조라고 불리는 존 웨슬리에게도 그대로 전수가 되고 있다. 웨슬리 역시 사람의 구원은 예정된 것이 아니라 하나님이 주신 자유의지에 의해 자신들이 한 선택에 달려있음을 말한다. 이를 위해 웨슬리는 신성클럽을 만들기도 하였고, 후에 속회를 조직하여 성도들을 성화시키는 일에 목회의 초점을 맞추었다. 그리고 이를 구체적으로 실현하기 위해 기독교인으로서 지켜야 할 규칙을 만들어 그것을 매일의 삶 속에서 지키게 하였다. 실천함이 없이 성화는 이루어질 수 없다고 보았기 때문이다. 이렇듯 규칙에 대한 웨슬리의 철저함으로 인해 사람들은 그를 따르는 무리를 조롱하는 의미로 '규칙쟁이들(매서디스트Methodist)'이라 불렀고, 이는 오늘날 감리교회의 이름이 되었다.

이런 사도 바울의 신학과 존 웨슬리 신학의 흔적은 김선도 목사의 목회사역 속에서도 쉽게 찾아볼 수 있다. 그는 먼저 사도 바울의 가능성의 신학을 이야기한다. 설교 내용 중에도 "내게 능력 주시는 자 안에서 내가 모든 것을 할 수 있다"(빌립보서 4:13)는 말씀을 그의 목회의 축으로 사용하고 있다. 그러면서도 어느 순간에 안주하는 것이 아니라 하나님이 부르시는 그날까지 최선을 다해 달려가려는 노력(빌립보서 3:12-14)을 멈추지 않고 있다. 그러기에 은퇴 이후에도 설교를 준비하고 또 설교를 하는 일에 최선을 다하고 있다.

그러면서 동시에 존 웨슬리의 성서와 전통, 이성과 경험이라는 네 가지 신학의 틀을 중요시한다. 특히나 현대와 같이 감성을 강조하는 포스트모더니즘 사상이 맹위를 떨치고 있는 시대에는 더더욱 존 웨슬리의 네 가지 신학의 틀이 중요하다고 역설한다. 신학이나 목회를 실천함에 있어서 이 네 가지 틀이 있음으로 감성과 이성 간의 조화를 이끌어 낼 수 있다고 보았기 때문이고, 자칫 감성주의가 빠지기 쉬운 하이퍼리얼리티hyperreality(초실재)로부터 인간의 본질적이고 실재적인 깊이를 알 수 있도록 도와준다고 보았다.[*]

그리고 사도 바울이나 존 웨슬리와 같이 전도를 향한 그의 열정은 남달랐다. '세계는 나의 교구'라 외친 웨슬리의 열정을 김선도 목사는 그대로 실천하였다. 말을 타고 복음을 전한 존 웨슬리처럼 김선도 목사 역시 90세가 되신 지금까지도 비행기를 타고 세계를 다니며 복음을 전하고 있다. 목사의 이런 전도 열정에 대해 미국 웨슬리신학대학원 총장을 지낸 더글라스 루이스Douglas G. Lewis 박사는 김선도 목사야말로 "현대의 존 웨슬리"[**]라 극찬을 아끼지 않았다.

---

[*] 김선도, 『신촌포럼 스물 세 번째: 한국교회 어제와 오늘 그리고』, 신촌포럼, 2008, p.14

[**] 광림교회 역사편찬위원회, 『광림교회 50년사: 은총의 기념돌을 기억하라』, 광림교회, 2003

김선도 목사의 신앙적 특징

　김선도 목사의 신앙적 뿌리는 세 가지로 요약할 수 있다. 첫째는 그의 삶의 배경에서 살펴본 바와 같이 체험적 신앙에 근거하고 있다. 존 웨슬리가 회심의 경험을 통해 위대한 일을 이룰 수 있었듯이 김선도 역시 삶과 죽음의 체험을 통해 하나님 앞에 신실한 종으로 서게 되었으며, 이런 체험적 신앙은 그 어떤 어려운 역경 속에서도 결코 좌절하지 않고 목표를 성취하게 만드는 원동력이 되었다. 체험적 신앙의 중요성을 삶으로 체득한 김선도 목사는 그의 목회사역에 있어서도 체험적 신앙을 강조하였다. 광림교회 목회사역의 핵심이라 할 수 있는 40일 호렙산 특별새벽기도회나 24시간 중보기도실 운영, 수요 기도의 신학, 신년 금식성회 등을 살펴보면 그가 얼마나 기도를 통한 영적 체험을 중요하게 여기고 있는지 알 수 있다.

　둘째로는 체계적이고 합리적인 논리다. 의학을 공부한 김선도 목사는 모든 것이 분명하고 체계적이어야 했다.[*] 잘못된 진단이 환자를 죽게 할 수 있다는 철저한 신념을 배운 의학도였기에 신학을

---

* 김선도 목사는 목회에 있어서도 주먹구구식 목회를 하지 않았다. 1980년대 초반, 대부분의 교회가 행정이나 기획에 관심을 두지 않던 시절부터 교회에 기획실을 두어 목회사역을 현실적이고도 체계적인 것이 되게 하였다.

공부하는 것이나 신앙생활을 가르치는 데 있어서도 전혀 추상적이거나 관념적이지 않았다. 그가 실행해 온 신앙교육은 항상 체계적이고 정확했다. 논리의 비약이란 있을 수 없었다. 임원이면 임원으로서의 자세가 구체적으로 어떠해야 하는지를 분명하게 가르쳤고, 학생들에겐 학생들이 지켜야 할 것들을 분명하고 체계적으로 가르쳤다. 이러한 교육이 가능했던 것은 김선도 목사가 현실적 판단을 매우 중요하게 생각해 왔기 때문이다. 현시대의 정황이 어떠하며 교인들이 처한 상태가 어떠한지, 지금 교인들에게 가장 필요한 것이 무엇인지를 심방을 통해 점검했고 설교를 통해 해답을 줌으로써 교인들로 하여금 분명한 하나님의 뜻을 알게 했다. 그로 인해 교인들은 위기의 순간에도 김선도 목사의 설교를 들으며 흔들리지 않을 수 있었다.

셋째로는 그의 섬김과 나눔의 정신이다. 6.25전쟁을 통해 덤으로 얻은 인생임을 자각한 김선도 목사는 항상 하나님께는 충성이요, 이웃들에게는 사랑을 나누고 봉사해야 함을 잊지 않았다. 목회 초기에는 어려운 성도들을 한 사람 한 사람 찾아가 위로하며 그리스도의 사랑을 실천했고, 목회의 지경이 넓어짐에 따라 복지재단 설립과 해외 선교를 통해 어려운 이웃들에게 그리스도의 사랑을 본격적으로 실천하게 되었다.

그의 자서전에 의하면 김선도 목사는 교회성장을 꿈꿨다고 한다. 그러나 그 성장은 성장을 위한 성장이 아니라 섬김을 위한 성장이었다. 그는 항상 나눔을 위한 성장을 꿈꿨고, 그리고 그 꿈이 간절했기에 엄청난 교회성장을 이루게 되었다고 고백한다. 지금도 김선도 목사는 하루를 정리함에 있어서 사회와 이웃에게 어떤 공헌을 했는지를 자문하며, 섬김과 나눔을 실천하기 위해 달려 가고 있다.

이상의 세 가지 신앙적 특징은 그에게 있어서 '치유 목회' 또는 '긍정의 목회'라는 독특한 목회 스타일을 창조하는 뿌리가 되었다. 그는 매 주일 강단에서 희망의 복음을 전하며, 삶이 지친 이들에게 기도를 통해 하나님의 치유의 능력을 경험하게 하였다. 가난한 이들에게는 먹을 것과 사랑을 제공함으로써 전인적 치유의 본을 보여 주었다. 주일 예배의 설교 제목을 보면, "그럼에도 불구하고", "무궁한 창의력을 개발하라", "삶의 침체를 새 생명으로 바꾸라", "역경 중에 생기는 초능력", "불타는 소원을 이루는 기회" 등 희망을 주는 설교로 일관하고 있음을 알 수 있다. 이는 그가 목회 방향의 초점을 치유와 희망에 두고 있기 때문이다.

목회 리더십에 필요한 자질

목회자가 지녀야 할 세 가지 덕목

사람이 무엇을 하던 자신의 정체성을 분명히 아는 것이 중요하다. 그 정체성으로 인해 자기가 해야 할 사명이 결정되기 때문이다. 자신이 군인이면 나라를 지켜야 할 사명이 있는 것이고, 선생이면 학생들을 가르쳐야 할 사명이 있다.

일반적으로 목사의 정체성이 무엇인지 물을 때 '하나님의 종'이라 말한다. 하나님의 종이라면 하나님의 종으로서 해야 할 일이 있다. 하나님의 종이기에 내가 하고 싶은 것을 하는 것이 아니라 주인 되신 하나님이 시키는 것을 해야 한다. 그것이 목회자의 사명이다.

　　　　　　　　　　　　　　

그 사명을 잘 완수하기 위해서는 하나님의 종으로서 기본적으로 갖추어야 할 자세가 있다. 목회자가 갖추어야 할 기본 덕목이라 할 수 있는데, 좋은 목회자, 하나님 앞에 충성된 목회자가 되려면 다음 의 세 가지 관계 속에서 이 덕목을 점검해 봐야 한다.

① 하나님의 종으로서 '순종과 충성'

하나님이 주인이시고 나는 그분의 종이라는 정체성이 명확하 다면 가장 중요하게 생각해야 할 덕목은 '순종과 충성'이다. 아무리 훌륭한 기술과 재능을 가진 종이라 할지라도 주인이 시키는 것을 하지 않고 자기 마음대로 하고 싶은 것을 한다면 착한 종이라 칭찬 을 받을 수 없을 것이다. 그러기에 종에게 가장 필요한 덕목은 순종 이다. 예수님은 순종이 무엇인지, 또 어떻게 해야 하는 것인지 본을 보여 주셨다. 영광스러운 자리가 아니라 고통의 자리, 즉 십자가를 지시고 죽음을 당하는 자리까지 불평이나 아무런 원망 없이 순종 하심으로 우리가 따라야 할 순종이 어떤 것인지 보여 주셨다. 그러 기에 그분의 종을 자처하는 목회자라면 어떤 일이든 순종하는 것 이 옳은 일이다. 그리고 하나님이 기뻐하시는 순종은 어떤 일이든 적극적으로 충성을 다하는 순종이다. 오늘 일을 내일로 미루어서 는 안 된다. 게으른 순종은 순종이 아니다.

김선도 목사는 누구보다 하나님 앞에서 철저하게 순종한 하나님의 종이다. 또한 그의 충성됨은 타의 추종을 불허할 만큼 철저했다. 군목 시절 군교회만 돌보면 되는 상황 속에서도 민간인 교회인 영천감리교회의 나이 많은 어르신들을 돌본 일이나, 다 쓰러져 가는 교회가 안쓰러워 군목의 사례비를 다 바치며 교회를 건축한 일은 하나님의 뜻에 대한 김선도 목사의 순종이 얼마나 분명한가를 보여 주는 대목이다. 또한 사병들과 함께 행군을 하고, 영창에 들어간 사병을 전도하기 위해 영창 안에서 같이 잠을 자기도 하는 그의 열정은 그가 하나님의 말씀에 충성하기 위해 얼마나 고군분투했는지를 보여 준다. 하나님의 말씀 앞에 이처럼 철저히 순종하고 충성하는 그의 모습은 결국 대한민국의 군목제도를 보기 위해 방한한 웨슬리신학대학원의 학장인 헤롤드 디울프 박사를 감동시켰고, 하나님은 그런 김선도 목사를 더욱 귀하게 사용하기 위해 미국 유학의 길도 열어 주셨다.

하나님의 종으로서의 김선도 목사의 순종과 충성은 그의 광림교회 목회사역 속에서도 그대로 이어졌다. 온 천하보다 귀한 한 영혼을 찾아내서 살리는 일에 순종하기 위해 그가 보인 헌신은 모든 목회자들에게 귀감이 되었다. 김선도 목사는 아무리 피곤해도 교인들 심방을 게을리하지 않았다. 새벽기도를 할 때에도 5시와 6시두 번을 다 참석하였다. 같은 본문에 대해 부목사들이 각각 어떻게 해석하고 설교하는지를 듣기 위해서였다. 해외 선교를 나갈 때에는 아무리 피곤해도 주일 새벽에는 반드시 귀국을 했다. 주일 예배 때 설교하기 위해서다. 교회를 위한 일이라면 목숨도 마다하지 않을 목사였다. 부교역자들을 교육할 때면 늘 단호한 음성으로 하는 말이 있다. "남 잘 때 같이 자고, 놀 때 같이 놀면 절대로 지도자가 될 수 없다. 남 잘 때 깨어 기도해야 한다. 하나님의 종이기에 그렇게 해야 한다. 그래야 영적 지도자가 될 수 있다." 이런 김선도 목사의 충성은 하나님의 마음을 감동시킬 만한 것이다. 나는 이런 목사를 바라보며 김선도 목사의 반만이라도 따라 갔으면 좋겠다는 생각을 한 것이 한두 번이 아니었다.

과거 광림교회에서 부목사를 지냈고 현재는 목양감리교회를 담임하는 김완중 목사는 김선도 목사가 보여 준 영혼에 대한 열정에 경외하는 마음까지 들었다고 한다. 총력전도 주일을 지나면서 한번 출석한 교인의 교적을 지웠더니 "우리 교인들이 커피 사 주고 밥 사 주며 온갖 정성을 다해 교회에 전도해 온 소중한 영혼인데, 목사가 어쩌면 그렇게 무성의하게 교적에서 지울 수 있는가?"라며 크게 나무라셨다는 것이다. 그 말씀이 구구절절 옳았기에 뭐라 할 말이 없었다. 그러면서 동시에 목회자란 어떤 존재여야 하는지, 그 자

세는 어떠해야 하는지를 배울 수 있어 큰 기쁨이 되었다는 고백을
하였다. 영혼을 구원하라는 하나님의 말씀에 철저히 순종하는, 그
래서 최선을 다해 충성하는 김선도 목사의 열정은 오늘날 그가 이
룬 기적적인 사역이 결코 우연이 아님을 말해준다.

② 하나님의 종으로서 철저한 '거룩'

하나님의 종으로서 목회자는 주인 되신 하나님이 명령하시는
것에 대해 순종하고 충성하는 것으로 끝나선 안 된다. 거룩하신 하
나님의 종으로 부름받고 쓰임받기 위해서는 먼저 깨끗한 그릇이
되어야 한다. 즉, 목회자는 먼저 진리를 추구하고 불의와 타협해서
는 안 된다. 스스로 거룩하려고 몸부림쳐야 한다. 하나님이 거룩하
시니 그의 종 된 목회자 역시 거룩해야 한다. 거룩이란 세상과의 구
별을 의미한다. 죄와는 상종도 하지 않는 자세를 말한다.

김선도 목사는 아침 경건회 시간에 그리고 부교역자들을 교육
해야 하는 시간마다 거룩에 대해 강조하고 또 강조했다. 그는 어린
시절부터 화투장을 손에 쥐어 본 적이 없었다고 말한다. 노름판이나
카지노 같은 곳에는 그저 호기심에라도 한번 어떤 곳인지 둘러볼 만
도 하지만 그는 그러지 않았다. 어린 시절부터 청교도적인 신앙의 훈
련을 받으며 거룩하지 않은 모든 죄는 그것이 비록 모양뿐일지라도

버리고자 결단하였기 때문이다.

　　광림교회 목회에는 특별한 것이 있었다. 내무사열이다. 매주 토요일 오후에는 군대식으로 내무사열을 실시했다. 모든 교구 사무실은 물론 교육부와 행정 사무실까지 대청소를 하고 김선도 목사가 방문하면 그곳 담당 책임자가 보고를 하는 방식이었다. 군대에서 내무사열을 하듯이 깐깐한 방식으로 진행이 되었다. 한번은 교육관 6층에 있는 도서실을 검열할 때였다. 도서실로 올라가 보니 모든 것이 다 잘 정리되어 있었다. 그런데 아이들이 공부하는 책상이 문제였다. 책상 위에는 많은 낙서가 어지럽게 그려져 있었는데 그중에 거룩하지 못한 내용의 낙서가 그려져 있던 것이다. 이를 본 김선도 목사는 단단히 화가 났다. 교회의 성물에 어떻게 이런 낙서를 해 놓을 수 있는지, 그리고 아이들을 어떻게 교육하고 관리하였기에 이런 일이 발생하게 됐는지 교육 목사를 질타했다. 그리곤 이 책상들을 다 찍어서 불태워 버리라고 하였다. 김선도 목사의 평소 물자를 아끼는 그 마음을 잘 알고 있던 나로서는 충격적이었다. 종이 한 장도 아끼며 이면지를 사용하라고 말씀하시던 목사이셨기 때문이다. 그냥 깨끗이 지우고 다시 사용해도 될 책상이었다. 그러나 김선도 목사는 그런 것조차 허용하지 않았다. 그렇게 하는 것이 아깝다는 것을 모를 분이 아니었다. 그럼에도 그런 결정을 내리는 모습

속에서 하나님 앞에 철저히 거룩하고자 노력하는 진정한 종의 모습을 볼 수 있었다.

③ 이웃과의 관계 속에서 '사랑'의 실천

목회자가 지녀야 할 세 가지 덕목 중 마지막은 '사랑'이다. 네 이웃을 네 몸과 같이 사랑하라는 예수님의 말씀을 기억해야 한다. 하나님의 종으로서 이웃과 성도들을 어디까지 사랑해야 하는 것일까? 예수님은 우리가 죄인 되었을 때 우릴 살리기 위해 십자가의 죽음까지도 감수하셨다. 우린 우리가 돌봐야 할 성도들을 어디까지 용납하고 사랑해야 하는가? 하나님의 종이라고 자부하는 목회자가 성도들을 위해 목숨을 버릴 수 없다면 그리고 오히려 자신의 목적을 이루기 위해 교인들을 이용하려 한다면 이는 성경이 지적하는 삯꾼 목자가 아닐 수 없다.

김선도 목사의 목회를 측근에서 지켜보면서 또 과거의 이야기를 들으면서 개인적으로 감동이 되었던 부분이 바로 이 부분이다. 김선도 목사 내외는 과거 어렵던 시절 명절 때가 되면 먹을 것이 없어 전전긍긍하는 교인들 명단을 작성해서 돼지고기라도 한 근 신문지에 싸서 달동네 산꼭대기 집까지 걸어서 심방을 하였다. 가족 같은 마음이 아니고서는 하기 힘든 일이다. 또 김선도 목사 내외는 중한 질병으로 아파하는 성도들을 볼 때마다 그저 안타까워하는 것이 아니라 내 자녀가 아픈 것 같은 마음으로 끼니를 거르며 금식 기도를 했다. 말로만 사랑하는 것이 아니라 행동을 통해 진심으로 걱정하고 사랑한다는 것을 보여 주었던 것이다. 이런 진심 어린 사랑의 마음으로 목회를 하니 목사와 교인의 관계가 그저 단순한 관계일 수가 없다. 이런 목사 내외의 진심을 성도들이 알게 되니 목사에 대한 성도들의 사랑과 존경, 그리고 신뢰는 깊어질 수밖에 없었다. 그리고 그런 깊은 신뢰감은 기적을 만드는 목회로 이어질 수밖에 없었다.

보편적 리더십과 목회 리더십

오랜 세월 동안 김선도 목사를 측근에서 모시면서 배워야 할 것들, 본받고 싶은 부분들을 수첩에 기록해 왔다. 훌륭한 리더를 연구하는 것은 나 자신에게 큰 도움이 된다는 것을 알았기 때문이다. 목회사역을 하면서 누군가 존경할 만한 분을 자신의 멘토로 삼는 일은 매우 중요한 일이다. 멘토로부터 많은 인생 교훈을 얻을 수 있을 뿐 아니라 어려운 문제를 잘 풀어갈 수 있는 지혜를 얻을 수도 있기 때문이다. 무엇보다 유익한 점은 멘토의 궤적을 따르며 세월을 아낄 수 있다는 점이다. 자기 스스로 시행착오를 거듭하며 목회 노하우를 얻기까지 10년의 세월이 걸린다면, 훌륭한 멘토의 도움을 받을 때는 1년 안에도 습득할 수 있다. 불필요한 실수를 줄일 수도 있다. 멘토의 삶에서 경험했던 실수를 목격하고 학습하며 내가 저지를 수도 있는 실수를 막을 수 있다.

나는 일찍이 김선도 목사를 멘토로 삼고 그를 통해 삶과 목회를 배우는 일이 그 무엇과도 비할 수 없는 큰 유익이 된다는 것을 확신하였고, 그렇기 때문에 김선도 목사의 말씀 하나하나를 기록하기 시작했다. 김선도 목사가 나를 멘티로 생각하지 않는다 할지라도 나는 김선도 목사를 멘토로 삼고 열심히 배우기 시작했다. 이런 노력은 헛되지 않았다. 김선도 목사로부터의 배움은 현재 일산광림교회에서 목회를 하는 데 돈으로 살 수 없는 지혜가 되었고 나만의 목회 노하우가 되었다. 미래를 바라보는 안목이 열렸고, 불확실한 세상 속에서 무엇을 어떻게 해야 할지에 대한 나만의 목회 리더십과 목회적 지혜가 생겼다.

김선도 목사의 목회 리더십을 논하기에 앞서 사회적 요구에 의한 일반적인 리더십 자질에 대해 간략하게 살펴볼 필요가 있다. 목회 리더십은 일반적인 리더십과는 조금 다른 면이 있기 때문이다.

목회 리더십은 하나님의 말씀과 뜻에 근거해야 한다. 그러나 사람들에게 영향을 미치고 그들을 이끈다는 점에선 리더가 갖추어야 할 자질은 동일하다.

일반적으로 사회에서 요구하는 리더의 자질은 '능력'이다. 능력이 없으면 그를 따르는 사람들에게 인정을 받을 수 없고, 신뢰를 얻을 수 없다. 사람들은 리더가 되기 위해 공부를 많이 하거나 자신의 경력을 쌓기 위해 쉬지 않고 노력한다. 자신보다 더 능력자가 있는 한 탁월한 리더가 될 수 없다는 사실을 알기 때문에 경쟁자를 이기기 위해 밤낮을 가리지 않고 자기개발에 힘을 쏟는다. 그래서 이 사회는 숨 쉴 여유조차 없는 삭막한 곳이 되어 가고 있다. 마치 총성 없는 전쟁터 같다고 말한다.

그런데 이 '능력'이라는 것이 어느 하나만을 의미하는 것은 아니다. 사람들이 인정하는 능력에는 여러 종류가 있다. 사회적 지위가 능력이고, 어떤 면에서는 '돈'도 능력이 될 수 있다. 예를들어 오랜 시간 동안 열심히 노력해서 작은 슈퍼마켓을 이룬 사람보다 더 많은 돈을 가진 사람은 단번에 그 슈퍼마켓을 소유할 수 있는 능력이 있기 때문이다. 안타깝게도 사회는 많은 돈을 소유한 사람을 리더로 인정하고 있는 것이 사실이다.

그러나 일반적으로 '능력'을 말할 때에는 돈이나 사회적인 지위보다는 '전문성'을 의미한다. 자기가 종사하고 있는 분야에 전문가가 되지 않고는 리더가 될 수 없기 때문이다. 예를 들어, 군대에서의 리더는 전략 전술 분야에 전문가여야 한다. 전략과 전술을 모르는 사람이 리더가 되면 전쟁에서 승리할 수 없을 뿐 아니라 오히려 수많은 희생자를 낼 수밖에 없다. 기업의 리더는 경제와 경영에 박식한 지식과 경험이 있어야 한다. 그렇지 않으면 회사를 도산의 위기로 몰아갈 수 있기 때문이다. 어느 분야든 리더는 전문성을 가지고 있어야 한다. 또한 리더는 어떤 일을 진행함에 있어서 사람들을 잘 통솔해야 한다. 따르는 사람들을 잘 통솔하지 못한다면 그 리더를 진정으로 따르는 사람은 있을 수 없으며, 그런 리더가 이끄는 조직이나 사회는 얼마 가지 못해 해체될 수밖에 없다. 그런 이유로 지금도 리더의 자격을 논할 때 첫 번째 조건으로 통솔력을 말하기도 한다. 사람들을 잘 통솔하기 위해서는 포용력도 있어야 한다. 서로의 의견을 잘 조율할 수 있는 의사소통 능력도 필요하다. 그리고 일을 진행하다 보면 예상하지 못한 난관에 부딪히는 경우도 있기에 상황의 흐름을 정확히 이해하고 판단할 수 있는 판단력과 추진력도 꼭 필요한 자질이라 할 수 있다.

과거와 다르게 현대 사회에서 리더에게 요구되는 또 하나의 중요한 요소가 있다. 바로 '도덕성'이다. 과거에는 리더를 평가함에 있어서 능력이나 전문성이 주된 자질로 여겨진 반면 현대 사회에서는 능력과 전문성 외에 도덕성까지 중시하는 경향이 나타나고 있다. 현대인들의 마음속에 리더란 적어도 존경받을 만한 사람이 되어야 한다는 심리가 있기 때문이다. 정부의 주요 관리를 선출할 때 청문회를 거치는 이유도 그 때문이다.

이처럼 시대가 변함에 따라 리더에게 요구되는 자질도 달라지고 있다. 과거 원시사회에서는 물리적인 힘이 센 사람이 리더였다. 사냥을 잘 하려면 물리적 힘이 필요했기 때문이다. 농경사회에서는 농사를 잘 짓는 지혜와 경험이 많은 사람이 리더가 되고, 정보화 사회에서는 정보를 많이 모으고 그 정보를 잘 활용하는 사람이 리더가 되는 것은 당연한 시대적 변화일 것이다. 현대 사회를 가리켜 4차 산업혁명 시대라고 말한다. A.I.(인공지능) 시대가 도래했고 이미 우리 주변에서 상용화되고 있는 것을 쉽게 볼 수 있다. 사람만 할 수 있던 지적인 일을 이제는 인공지능 기계가 대신하는 시대로 변화하고 있다.

이렇듯 급변하는 사회에서 목회자는 어떤 리더의 자질을 갖추어야 하는지 김선도 목사가 갖춘 목회 리더십에서 그 해답을 찾아보고자 한다.

목회 리더십에 필요한 자질

목회 리더십이 일반 리더십과 다른 점은 한마디로 세상의 명예나 일의 성취보다 제자도를 추구해야 한다는 점이다. 예수님은 세상의 리더와 제자의 길은 다르다는 점을 분명히 가르치셨다. 이방인의 집권자들은 권세를 부리지만, 하나님의 나라를 추구하는 자들에게 있어서 리더가 되고자 한다면 모든 사람의 종이 되어야 함을 말씀하셨다.(마가복음 10:42-45) 세상에서 리더가 된다는 것은 높아지고 성공하는 것을 의미한다. 반면에 제자의 길은 낮아지는 것이고 섬기는 자가 되는 것이며, 세상의 부와 명예를 누리기보다는 나눠주고 희생해야 하는 것이다.

현대 사회에서 예수님의 말씀처럼 살아간다는 것은 쉬운 일이 아니다. 그렇다고 예수님의 말씀을 무시할 수는 더더욱 없다. 그래서 성도는 세상과 하나님의 말씀 사이에서 갈등하지 않을 수 없다. 김선도 목사는 이런 상황을 누구보다 잘 이해할 뿐만 아니라 당신의 삶 속에서 이런 문제와 씨름하며 살았고 그 스스로 신망과 리더십을 갖춘 목회자가 되었다. 이런 부분과 관련한 김선도 목사의 목회 리더십과 자질을 몇 가지 소개하고자 한다.

① 하나님을 향한 소명감과 사명감

세상에서는 리더가 갖추어야 할 가장 중요한 자질이 '능력'이라 주장하겠지만 목회 리더십에 있어서 가장 중요한 것은 '소명감'이다. 이는 하나님께서 나를 부르셨다는 확신이다. 이것이 없다면 그 사람은 바른 목회자가 될 수 없다. 목회자라면 기본적으로 하나님이 나를 당신의 종으로 부르셨다는 확신 속에 두렵고 떨리는 마음으로 서야 하기 때문이다. 그러나 하나님이 나를 부르셨다는 확신이 있다면 이젠 하나님의 명령에 귀를 기울여야 한다. 그것이 하나님의 종 된 목회자에게 주신 사명이다. 즉 소명 없이는 사명도 있을 수 없으며, 목회자가 하나님으로부터 어떤 사명을 부여받았는지 모르는 상태에서 성도들을 바른길로 인도할 수는 없는 노릇이다.

김선도 목사는 6.25전쟁 중 삶과 죽음의 기로에서 분명한 소명과 사명을 받았다. 생명을 살려주신 하나님으로부터 받은 사명이기에 결코 소홀할 수가 없었다. 그의 생애에서 살펴본 바와 같이 어떤 일이든 영혼을 구원하고 돌보는 일이라면 자신이 가진 모든 것을 드리면서까지 최선을 다했다. 김선도 목사는 부목사들을 교육하는 자리에서 "자기 일을 하나님 일보다 우선하지 말라"고 가르쳤다. 또 "교인 하나가 실족하면 몸부림치며 살리려는 노력이 있어야 진정한 목사"라 강조하며 진정한 목회자가 되어 줄 것을 당부했다.

② 연구하고 노력하는 열정

노력하지 않고는 빠르게 변화하고 있는 이 세대를 따라갈 수가 없다. 세상을 사는 수많은 사람들이 열심히 노력하며 사는 이유가 바로 거기에 있다. 하물며 리더라면 더욱 연구하고 노력해야 한다. 상황 파악을 제대로 하지 못하면 사람들을 옳은 방향으로 인도할 수가 없기 때문이다. 그리고 자칫 사람들을 파멸의 길로 인도할 수도 있기 때문이다.

김선도 목사의 노력하는 모습은 그의 뒤를 따르고자 하는 목회자들에게 귀감이 된다. 잠깐의 시간이라도 그냥 무료하게 보내는 것을 본 적이 없다. 공항에 나가서 비행기 탑승을 기다리는 시간에도 독서를 하거나 시사 주간지를 보면서 필요한 것을 수첩에 기록한다. 비행기를 타는 10시간 동안도 책을 손에서 놓지 않는다. 한번은 대한항공 승무원과 대화를 하게 된 적이 있다. 승객들의 직종이 다 기록이 되어 있는지 날 보고 목사라 불러서 놀랐다. 그렇게 대화가 시작되었는데, 자기가 가장 존경하는 목사님이 김선도 목사라고 했다. 왜 그런지 물었더니 이분은 비행기를 타고 가는 내내 목사다운 예절과 품위를 잃지 않으셨을 뿐 아니라 조금도 흐트러지지 않은 자세로 독서를 하시면서 뭔가를 기록하시고 연구하시는 분이라는 것이다. 김선도 목사는 은퇴하신 지금도 새벽마다 영어 성경과 일본어 성경을 대조하면서 읽는다. 미국이나 일본에서 언제 또 설교하게 될지 모르기 때문이라고 말씀하실 때엔 젊은 목사로서 김선도 목사의 열정을 따라가지 못함에 얼굴을 들 수가 없었다. 과거 10여 년 동안 매년 두 차례씩 호서대학교에서 특강을 하셨다. 기라성 같은 교수와 학생들 앞에서 강의를 할 때마다 그의 해박한 지식과 세상을 꿰뚫어 보는 통찰력에 사람들은 혀를 내둘렀다. 실천신학과 교수로 재직하는 황병준 교수는 김선도 목사의 강의를 들은 후 "김선도 목사의 강의는 명확하고 회중을 매료시키는 묘한 힘이 있습니다. 비판적 질문에도 포용과 사랑으로 마이크로와 미크로의 시각을 제시하고, 인내와 배려로 회중을 이끄는 참 목자상의 표상을 제시해 주시는 분이십니다."라며 감탄을 마지않았다. 이렇듯 감동을 주는 강연을 할 수 있는 것은 평소 그가 얼마나 노력하는 리더인지를 보여 준다. 결국 노력이 실력을 만든다. 노력하지 않고도 실력 있는 리더란 있을 수 없다.

③ 현실에 대한 분명한 통찰력

많은 사람들이 김선도 목사는 비전의 사람이라 말한다. 그뿐만 아니라 그는 현실에 대한 통찰력도 놀라울 정도로 정확하다. 한국 교회의 미래에 대해 논하는 자리에서 김선도 목사는 '세상이라는 보편성과 복음이라는 특수성의 교차점에서 목회의 가치와 목적을 찾아야하며, 이것이 목회적 과제이자 사명'이라고 말했다. 이는 김선도 목사가 목회사역을 함에 있어서 복음과 상황이라는 현실적이고도 역설적인 관계를 정확히 진단하고 있음을 보여 준다.

이런 그의 섬세한 통찰력은 목회 스타일에서도 그대로 나타나고 있다. 큰 비전을 꿈꾸는 동시에 주일예배나 소그룹 모임, 심지어 한 성도를 돌보는 일에 있어서도 문제가 될 부분을 정확히 지적하며 그에 대한 대비를 철저히 한다. 김선도 목사가 목회하시는 동안 단 한 번도 어떤 일에 대해 막연한 기대감을 갖는 것을 본 적이 없다. 이런 그의 현실 감각이나 섬세한 통찰력은 그의 비전을 공상이나 망상이 되게 하지 않는 요인이 되어 왔다.

④ 대담한 용기

김선도 목사는 '용기의 사람'이라 할 수 있다. 그는 무슨 일을 할 때 옳다고 생각하면 그것을 실천한다. 골리앗 앞에 담대한 마음으로 서 있었던 다윗처럼, 가데스 바네아에서 당장 가나안 땅으로 들어가면 승리할 수 있다고 외쳤던 여호수아와 갈렙처럼 그의 마음속에는 담대함이 있었다. 그의 담대함은 항상 새로운 도전으로 이어졌다. 공군 군목이 유학을 떠나는 전례가 없던 시절이었지만 그는 유학을 꿈꿨다. 길이 없는 곳에 길을 내는 도전을 한 것이다. 예상대로 여러 가지 불가능한 상황은 있었지만 그의 마음속의 불타는 간절함은 새벽마다 부르짖는 기도로 이어졌고, 결국 불가능했던 일은 김선도 목사 앞에서 가능한 일이 되어 버렸다.

김선도 목사의 대담한 용기에 대한 에피소드가 있다. 고르바초프가 구소련 최고의 리더로 있을 때 세계의 여러 리더들과 함께 그를 방문할 기회가 있었다. 예정된 순서대로 질문을 해야 하는 순간이었지만 김선도 목사는 고르바초프를 향해 지금 당신에게 기도가 필요한 때이며, 당신을 위해 기도하고 싶다고 말했다. 있을 수 없는 일이었지만 그는 담대하게 하나님을 전했고, 고르바초프는 김선도 목사께 기도를 부탁하며 함께 손을 잡고 기도하였다. 그 자리에 참석했던 세계 교회 지도자들은 이런 김선도 목사의 담대함을 보며 '거룩한 대담함Holy Boldness'이 있는 분이라 칭송하였다. 이런 담대함이 광림교회를 세계적인 교회 또 세계가 인정하는 교회가 되게 하였던 것이다.

⑤ 모든 사람이 인정하는 투명성

과거는 물론 현대 사회에 있어서도 목회자에게 요구되는 가장 중요한 덕목 가운데 하나가 투명성이다. 세상의 일반 리더에게도 투명성이 요구되는 시대인 만큼 구도자의 길을 걷는 목회자가 모든 분야에 있어서 투명해야 한다는 것은 두말할 필요도 없는 일이다.

요즘은 매스컴이 발달한 시대이다 보니 심심치 않게 유명 목회자들의 스캔들이나 잘못된 삶의 모습들이 터져 나오고 있다. 아예 목회자의 비리를 다룬 영화도 제작이 되고 있다. 영화나 드라마에서는 목회자를 거룩하고 욕심이 없는 구도자의 모습으로 그리기보다는 표리부동하고 자신의 사리사욕이나 채우는 탐욕스러운 존재의 대명사처럼 사용하기도 한다. 목회자에 대한 이런 사회 고발적 비난과 비판을 일고의 가치도 없는 것처럼 무시하거나 부정하는 것은 옳지 못한 행동이다. 그러기 전에 스스로를 돌아보고 잘못된 부분에 대해서는 반성하는 것이 올바른 목회자의 자세일 것이다. 그리고 한 걸음 더 나아가 욕심 없고 깨끗하며 경건하고 진리를 추구하는 구도자의 모습을 살아내야 한다. 진리의 길은 거기에서부터 시작되는 것이기 때문이다. 목회 리더십에서 이 부분이 무너진다면 그 어떤 성도도 그 교회의 지도자인 목사를 신뢰하지 않을 것이다. 이런 요인으로 인해 교회를 떠나는 '가나안 성도'* 들도 이젠

---

* 거꾸로 읽으면 '안 나가' 성도가 된다. 교회에 출석하면서 경험하게 된 여러 가지 실망감으로 교회를 떠나는 성도들을 일컫는 용어가 되었다. 가나안 성도의 증가는 교회 개혁의 필요성을 보여 주는 현상이라 말할 수 있다.

2백만 명을 넘어서고 있다고 한다. 이런 상황 속에서 교회가 해야 할 일은 대사회적 신뢰의 회복일 것이다. 특히나 젊은이들에게는 왜곡된 교회의 이미지를 원래의 이미지로 만들어 줘야 한다. 이 과정에서 목회자의 투명성은 매우 중요한 요소가 아닐 수 없다.

김선도 목사는 항상 심플하고 투명한 삶을 살았다. 그는 한평생 생활이 복잡하지 않았다. 새벽에 일어나 교회에서 기도하고, 사무실에서 커피 한 잔을 마시며 독서를 한다. 그리고 집에서 식사를 하고 교회에 출근을 하여 심방과 여러 가지 업무를 처리한다. 그 외 예배시간에는 설교를 하고 나머지 시간에는 독서와 성경연구를 한다. 특별히 헌금생활에도 철저하다. 이렇듯 단순하고 투명한 김선도 목사의 삶은 이미 모든 성도들이 알고 있는 부분이다. 부목사들을 교육할 때마다 목회자의 삶은 투명해야 한다고 가르친 그는 몸소 단순하면서도 투명한 삶의 모범을 보였고, 이를 아는 많은 성도들은 김선도 목사를 존경하고 신뢰하였다.

세상을 변화시키는 통합적 리더십

삶을 통해 형성된 통합적 리더십

김선도 목사의 삶의 철학과 목사로서의 장점은 그의 리더십으로 유감없이 나타났고, 교인들은 그런 그의 리더십을 신뢰하였다. 그로 인해 교회는 기적처럼 성장할 수 있었고, 일반적으로 사람들은 그의 리더십을 '통합적 리더십'이라고 부른다. 민경배 교수는 김선도 목사의 통합적 리더십이 그의 삶을 통해 형성되었다고 말한다. 그의 드라마틱한 생활 체험, 즉 장로교와 감리교, 도시와 농촌, 의학과 신학, 북한과 남한, 군인과 민간인, 한국과 미국, 풍요와 가난 등 이런 복합적인 인생 경험의 지수가 그의 목회 광역화의 기반이 되었다고 증거하였다.[*] 이런 김선도 목사의 리더십을 좀 더 구체적으로 설명하면 다음과 같이 요약할 수 있다.

① 긍정적 리더십

무엇보다도 김선도 목사의 리더십은 긍정적 리더십이다. 천지만물을 창조하신 하나님이 함께하시면 능치 못할 일이 없다는 성경의 말씀에 근거한 리더십이다. 능치 못함이 없는 하나님이 함께하시는데 절망하고 좌절할 이유는 없다. 다윗이 시편 23편에서 고백한 "내가 사망의 음침한 골짜기로 다닐지라도 해를 두려워하지 않을 것은 주께서 함께 하심이라"는 말씀은 다윗의 리더십도 긍정적 리더십임을 말해 준다. 김선도 목사는 신앙인의 긍정적 자세에 대해 끊임없이 말하며 성도들을 교육하였다. 그 결과, 해외 여러 곳에 교회와 선교센터, 학교를 세우는 등 해외 지도자들의 격려 속에 많은 사역을 감당할 수 있었다.

미국 부활의 교회의 아담 해밀턴 목사는 해외 여러 곳을 다닐 때마다 김선도 목사의 자취가 남아 있음을 발견하면서 놀라움을 금치 못했다. 그의 교회에 아름다운 스테인드글라스를 만들면서

---

[*] 광림교회 역사편찬위원회,『광림교회 50년사』, p.76

아담으로부터 현대의 인물까지 그 안에 담게 되었는데 봉헌 당시 생존해 계신 인물 중 두 사람을 그 안에 담았다. 한 사람은 빌리 그레이엄이고 다른 한 사람이 김선도 목사다. 2018년 빌리 그레이엄 목사가 돌아가시면서 이제 그 스테인드글라스 안의 인물 중 생존해 있는 분은 김선도 목사뿐이다. 일면식도 없는 관계였음에도 그저 존경하는 마음에 그렇게 했다는 아담 해밀턴 목사의 고백 속에서 김선도 목사의 긍정적 리더십이 어떤 결과를 낳을 수 있는지를 배울 수 있었다.

세상에는 무신론자이면서 긍정적인 사고방식을 가지고 사는 사람들이 있다. 즉, 교회에 다니지 않는 사람들 중에서도 긍정적인 자세로 인생을 살아가는 사람들도 있다는 것이다. 그러나 반대로 교회에 다니는 거듭난 성도라면 반드시 긍정적인 자세를 가지고 살아야 한다. 왜냐하면 하나님을 믿는 믿음 때문이다. 살아계신 하나님이 나와 함께하시고 나를 돕는다는 사실을 알면서도 부정적일 수는 없다. 그러기에 성도라면 반드시 긍정적 자세로 인생을 살아야 한다.

② 창의적 리더십

김선도 목사는 늘 새로운 일에 관심을 가지며, 새로운 아이디어를 목회 현장에 적용하였다. 그러나 그렇게 했던 이유가 단순히 새로움을 추구하기 위해서가 아니라 한 영혼이라도 더 얻기 위한 영혼 사랑의 표현이었다. 아무리 새로운 방법이라도 영혼구원과 연결되지 못한 일이라면 그 방법을 사용하지 않았다.

광림교회에는 몇 가지 전설처럼 전해지는 일들이 있다. 그중 하나가 성전 건축 시 여호수아가 이스라엘 백성들과 함께 여리고 성을 돌던 것처럼 성전 건축 터 주변을 매일 돌았던 일이며, 또 하나가 성전 건축 후 아름다운 대 예배실을 당시 민방위 교육장으로 사용할 수 있도록 허락한 일이다. 당시에는 거룩한 성전을 어떻게 민방위 훈련장으로 사용할 수 있느냐며 반대하는 목소리가 끊이지 않았지만 김선도 목사는 생명을 살리기 위해 이 땅에 오셔서 죄인들과 함께 교제하기를 꺼리지 않으셨던 예수님처럼 전도 대상자들을 만나기 위해 민방위 훈련을 교회에서 실시하도록 했다. 세상을 향해 교회를 개방한 그의 창의성은 현실에 안주하지 않고 미래를 위해 늘 도전하는 리더의 바람직한 모습이라 할 수 있다.

1980년대 초반까지 한국 교회는 총동원 주일이라는 것을 실시해서 1년에 한 차례라도 온 가족이 다 모여서 예배드리는 운동을 하고 있었다. 광림교회의 틀을 깨는 창의성은 여기서도 빛을 발했다. 가족들만 데려와서 예배를 드릴 것이 아니라 주변에 있는 친구들도 전도해서 예배드리는 전도 축제를 실시한 것이다. 이름하여 '총력전도주일'이 그것이다. 1987년 처음으로 총력전도주일을 광림교회에서 실시했다. 그 주일에 새신자로 등록한 교인의 수가 2,700여명에 가까웠다. 그 주일에 김선도 목사가 새신자를 환영하며 하신 말씀을 아직도 기억하고 있다. "초대 교회 시절 예수님의 제자 베드로가 나가서 복음을 전하자 3,000명이 회개하고 세례를 받았는데 오늘 우리는 그 기적을 지금 이곳 광림교회에서 보고 있습니다." 참으로 감격스러운 순간이 아닐 수 없었다.

그의 목회사역에 나타난 창의적 리더십은 여기서 멈추지 않았다. 요즘 교회마다 특별새벽기도회로 뜨거운 열기를 더하고 있는데, 광림교회는 1989년부터 '호렙산 새벽기도회'란 이름으로 32년째 실시하고 있다. 또한 위성도시에 광림교회 지교회를 건축하여 지역주민들에게 열린 공간으로 내어 주고 교회가 성장할 즈음 독립함으로 교단의 성장에 이바지하겠다는 목회방침이나, 교회 행사를 통해 쌀을 모금하여 어려운 이웃을 돕게 하는 등 광림교회의 모든 사역들은 선하고 창의적이었다. 이런 그의 창의적 리더십은 광림교회의 목회를 풍성하고 특별한 목회로 만들어 주었다. 교인들은 이런 광림교회의 성도가 되었다는 점에 자부심을 가지게 되면서 교회는 그칠 줄 모르고 성장을 거듭했다.

③ 꿈과 비전의 리더십

목회자는 꿈을 꾸는 사람이어야 한다. 그리고 하나님의 뜻 안에서 비전을 명확히 세우는 사람이어야 한다. 리더Leader는 사람들을 이끄는Lead 사람이기 때문이다. 사람들을 이끄는 길잡이가 길을 찾지 못하고 목적지를 모르면 사람들을 바르게 인도할 수가 없다. 그러기에 기본적으로 리더는 자신이 사람들을 어디로 이끌고 있는지 알아야 한다. 그 길이 바로 '비전'이다.

김선도 목사는 꿈과 비전의 사람이다. 먼저는 하나님 앞에 신실한 종이 될 것을 꿈꾸는 목사였고, 많은 사람들을 구원하고 싶은 꿈이 있었다. 감리교회에 대한 자긍심이 컸던 그는 이미 세계적인 규모로 성장한 여의도순복음교회나 영락장로교회처럼 세계적인 감리교회를 세워야겠다는 꿈을 갖게 되었다. 그 꿈은 광림교회 성도들의 마음속에 심겨져 교회의 비전이 되었고 그 비전은 얼마 가지 않아 현실이 되었다.

김선도 목사의 목회는 평생 꿈을 꾸고 그 꿈을 이룬 목회라 할 수 있다. 지극히 평범하고 전통적인 교회였던 광림교회를 이제는 세계가 바라보고 꿈을 꾸는 교회로 만들었고, 중국이나 구소련이 개방되기 전부터 그 땅에 복음을 전하고 선교센터를 세우려는 꿈 역시 이제는 현실이 되었다. 기독교의 모체가 된다고 말할 수 있는

터키 땅 안디옥은 이슬람 지역이라 그곳에 교회를 세운다는 것은 그 누구도 엄두조차 낼 수 없는 일이었다. 그러나 김선도 목사는 오히려 그곳에 왜 교회가 아직까지 세워지지 않고 있는지를 의아해하며 보란 듯이 당당하게 그곳에 교회를 세웠다. 이 외에도 목사의 꿈이 현실이 된 이야기는 셀 수 없이 많다.

많은 사람들은 꿈은 꿈일 뿐이라고 말하기도 한다. 이 말은 맞기도 하고 틀리기도 하다. 도전하지 않고 노력하지 않는 사람에게 꿈은 그저 꿈으로 남게 된다. 그러나 기도하며 도전하는 사람에게 꿈은 현실이 된다. 김선도 목사는 당신의 삶을 통해 이 원리를 세계에 보여 준 리더다. 그런 점에서 김선도 목사의 생애는 꿈을 꾸고 꿈을 이룬 삶이었다고 말할 수 있다.

④ 정직과 성결의 리더십

세상에서 리더가 되는 방법은 여러 가지가 있다. 돈을 많이 벌어서 기업을 세우면 자연히 리더가 된다. 군대에서 오랫동안 복무를 하면 자연히 계급이 올라가 리더가 된다. 때론 리더에게 아부하여 높은 지위를 얻어 리더가 되기도 한다. 그러나 그런 리더를 진정한 리더라 말하지 않는다. 이들은 그저 직장 상사에 불과할 뿐이다.

진정한 리더가 되기 위해서 꼭 갖추어야 할 덕목이 있다. 그것은 바로 '정직'이다. 요즘은 청문회에서도 가장 중요하게 보는 것이 정직이다. 자신은 물론 자녀들까지도 편법을 사용한 것이 드러나면 정부 요직에 앉을 수가 없게 된다. 목회자에게 있어선 더욱 그렇다. 목회자가 정직하지 못한 것이 드러난다면 어떤 교인이 그 교회에 출석을 하겠는가.

김선도 목사는 정직한 리더이다. 그렇게 말하는 이유를 대라고 한다면 김선도 목사는 설교한 대로 사시는 분이기 때문이라고 답하고 싶다. 교인들에게 전도해야 한다고 말하면 그것을 먼저 실천하는 목사이다. 용서하라 말하면 먼저 용서하려 애쓰신다. 목회자들을 교육할 때에도 거짓말하지 말라고 가르친다. 거짓말을 하는 목회자는 하나님 앞에 신뢰받는 종이 될 수 없기 때문이다. 아무리 성경을 많이 보고 기도를 많이 한다 해도 거짓말하는 목사라면 성결한 목회자가 될 수 없고, 성결치 못한 목사는 하나님의 종이 될 자격이 없는 것이다.

그런 점에서 교회의 리더는 성결한 리더가 되어야 한다. 그리고 성결한 리더가 되기 위해선 두 가지를 조심해야 하는데, 첫째는 돈이요, 둘째는 정욕이다. 많은 목회자들이 돈 아니면 정욕으로 무너지고 있다. 산술적으로 '100 빼기 1'이 무엇이냐고 물으면 '99'라고 답한다. 정답이다. 그러나 그 '1'이 돈이거나 정욕으로 인한 죄라면

'100 빼기 1'은 '0'이 될 수 있다. 돈과 정욕은 목회자에게 있어서 치명적인 독이 될 수 있다. 김선도 목사는 이 두 가지의 위험성에 대해 분명히 알고 있었다. 그러기에 그는 이 두 가지를 늘 경계하고 또 경계했다. 목회자의 돈에 대한 사심과 이성에 대한 호기심과 정욕은 사탄의 무서운 공격무기이다. 김선도 목사는 평생 목회 하면서 이런 일로 구설수에 오른 적이 없었다. 어느 성도의 집을 심방할 일이 있으면 꼭 사모님과 함께 심방을 했다. 아예 구설수에 오를만한 일은 사전에 차단했던 것이다. 정직하고 성결한 리더가 되기 위해선 이런 지혜도 있어야 한다.

⑤ 섬김의 리더십

김선도 목사의 리더십은 철저하게 종으로서의 섬김의 리더십이라 말할 수 있다. 하나님 앞에서 종으로서의 철저함은 누구도 따라갈 수 없다. 교회와 목회를 위해서라면 개인의 사생활도 없다. 그는 하나님 앞에서 철저히 자기를 부인했다. 그리고 사람을 사랑하라는 주님의 명령에 따라 한 영혼 한 영혼을 돌보는 일에 최선을 다했다. 자신의 만족을 위하여 하고 싶은 일도 많았지만 하나님의 말씀에 순종하는 일이 더 중요했다. 그래서 그의 일생은 오직 한 길, 목회를 위해 달려온 인생이라 말할 수 있다.

그러하기에 이런 김선도의 리더십은 광림의 목회 현장 속에서 그대로 드러나고 있다. 교회가 부흥하고 성장하면서 김선도 목사의 관심은 어려운 이웃에게 맞춰지기 시작했다. 목회 초창기부터도 어려운 교회나 가난한 이웃에 대한 배려가 남달랐던 김선도 목사는 교회가 성장하면서부터 본격적으로 섬김의 사역을 실천하기 시작했다. 한국에 오고 싶어도 올 수가 없었던 사할린 고령 동포들을 대한적십자사와 협력하여 한국에 영주 귀국, 여생을 편히 보낼 수 있도록 돌봄의 사역을 하였고, 다음 세대들이 걱정 없이 학업에 전념할 수 있도록 인우학사를 개축하고 후원하여 많은 목회자 자녀들을 돌보아 주었다. 그 외에도 수많은 섬김의 사역을 해 온 김선도 목사는 사회적 약자들을 본격적으로 섬기고 후원하기 위해 사회봉사관을 건립하였다.

김선도 목사가 펼친 섬김의 리더십은 그의 대인 관계 속에서도 찾아볼 수 있다. 그는 대형교회 목사면서도 초년병 교회학교 전도사에게조차 하대를 하는 법이 없었다. 농담으로라도 막말을 하지 않으셨다. 그들도 하나님의 종이라는 인식이 있었기 때문이다. 섬김의 정신으로 교인들도 섬기지만 목회자를 섬기고 양성하는 것 역시 중요함을 인식했기에 본격적으로 목회자들에게 장학금을 지원하며 해외 유학을 보내주었다. 좋은 교육을 받아 섬김의 역량을 키운 좋은 목회자가 성도들을 잘 돌보고 양육할 때 한국 교회가 더욱 건강해질 수 있다고 믿었기 때문이다. 많이 부족한 내가 광림 1호 장학생으로 유학을 다녀오게 된 것은 가문의 영광이 아닐 수 없다. 그 이후 수많은 목사들과 전도사들이 해외로 유학을 떠났고, 광림교회에서는 그들에게 장학금을 후원했다. 그 은혜를 갚는 심정으로 나 역시 일산광림교회 부목사와 전도사들에게 박사학위 공부를 시키고 있다.

김선도 목사는 하루를 시작할 때에 "오늘도 공헌하고 섬기는 하루가 되게 해 달라"는 기도를 한다. 어느 곳에서 무엇을 하든 헛되이 하루를 보내기보다는 누군가에게 뭔가 도움이 되고 공헌하는 삶을 살려고 노력하는 것이다. 한번은 미국에서 젊은 일본 목사를 만난 적이 있었다. 한국 여성과 결혼한 일본 목사였다. 작은 교회를 개척해서 고군분투하며 목회에 열정을 쏟는 좋은 목사였다. 내가 광림교회 출신인 것을 안 그는 과거에 김선도 목사를 뵌 적이 있었노라 고백했다. 미국에 부흥회를 오셨는데 부흥회 후 우연한 기회에 김선도 목사를 뵙고 인사를 드렸더니 자신이 개척교회 목사라는 것을 아신 후 부흥회 사례비 전액을 자기에게 주고 가셨다는 것이다. 누가 보든 안 보든 매일의 삶 속에서 섬김의 사역을 실천하는 김선도 목사의 자세를 들을 수 있는 시간이었다. 그가 실천하는 이러한 섬김의 자세는 사람들에게 감동을 줄 뿐만 아니라 진정한 리더로서의 본을 보여 준다.

⑥ 영적 리더십

영적 리더십은 어디에서 오는 것인가? 인간의 노력으로 발휘할 수 있는 것인가? 영적인 리더십을 갖기 위해서는 인간의 노력도 필요하지만 먼저 하나님으로부터 그 능력이 주어져야 한다. 그러기 위해서는 스스로 하나님께 인정받는 사람이 되어야 한다. 김선도 목사는 당신이 맡은 일에 항상 최선을 다했다. 그리고 하나님이 기뻐하시는 일이라면 어떤 일이든 충성을 다해 실천했던 하나님의 종이었다. 그러나 이것만으로는 영적 리더가 되기에 충분하다고 말할 수 없다. 김선도 목사가 자주 언급하시는 말씀이 있다. '태도가 나의 사회적 지위를 결정한다Attitude makes Altitude'는 말이다. 노력도 노력이지만 태도가 중요하다. 김선도 목사가 일상에서 보여주는 삶의 태도는 하나님의 종으로서 귀감이 되고 본받을 만하다. 특히 하나님의 종으로서 자존심을 지키려는 그의 태도는 멋지기까지 하다. 어떤 자리에 가더라도 겸손의 모습은 갖출지언정 절대 비굴하지 않고 하나님의 종으로서의 자존감을 지켰다. 광림교회 부교역자들을 교육하는 자리에서도 늘 "비굴하지 말고 목회자로서의 자존감을 지키라" 말씀하셨다. "절대로 배가 고프다고 해서 주머니에 음식 넣지 말라"는 말씀이나 "좋은 집에 심방을 가는 경우 좋은 가구가 있다고 해서 그런 거 부러워하지 말라"는 말씀 등은 너무 귀한 가르침이 아닐 수 없다. 이렇듯 하나님의 종으로서 조금도 흔들리지 않으며 자기가 서야 하는 자리를 지키는 김선도 목사에게 영적인 권위와 리더십이 부어지는 것은 당연한 일이다.

이것이 전부가 아니다. 하나님의 종으로서 주인 되신 하나님의 뜻을 알기 위해 성경을 연구하되 전심을 다해 연구한다. 은퇴하신 지금도 성경을 읽을 때 한글 성경과 영어판 성경, 그리고 일본어판 성경까지 말씀을 대조하며 읽는다. 하나님 말씀에 대해 더 많이 알고 싶고 또 바르게 알고 싶은 열정이 있기 때문이다. 기도를 할 때에도 매일 하루 1시간 이상 기도하기 위해 시간을 정해놓고 그 시간을 철저하게 지킨다. 아무리 피곤해도 김선도 목사는 새벽기도를 빠지지 않는다. 그는 후배 목사들에게도 "어떻게 되겠지 하는 자세로는 절대 세상을 이길 수 없다"고 가르친다. 깨어 기도하는 길만이 목회에 승리하는 비결이라 강조한다. 그리고 그는 교회에서 누가 뭐라는 사람도 없지만 교회 재정을 절대 당신의 뜻대로 사용하지 않았다. 교회 재정은 하나님의 것이라는 분명한 인식이 있기에 항상 두려운 마음으로 재정을 다루었다.

김선도 목사의 영적 리더십에 대해서 부정할 사람은 없다. 은퇴한 이후에도 변함없이 영적 성숙을 위해 노력을 게을리하지 않는 그의 열정에는 나이와 은퇴라는 용어가 무색할 뿐이다.

⑦ 경영 리더십

목회자에게 필요한 리더십이 무엇이냐고 물으면 대부분 신실함이나 영적 능력, 성도를 사랑하는 마음 등을 이야기한다. 맞는 이야기다. 그러나 이것만으로는 더 큰 사명을 감당할 수 없다. 주인이 종에게 양떼를 잘 돌보라고 맡기실 때 종에게 필요한 것은 우선적으로 양을 어떻게 돌봐야 하는지에 대한 지식과 경험이다. 그러나 양떼가 많아지면 제한된 시간 안에서 효과적으로 먹을 것을 주고 운동도 시키고, 병든 양들을 찾아내서 치료도 해야 한다. 목회를 함에 있어서도 마찬가지다. 성도를 사랑해야 하는 것은 기본이다. 그러나 성도의 수가 많아짐에 따라서는 목회자가 효과적으로 목회하는 능력도 있어야 한다. 그렇지 않으면 목회자는 금방 지쳐서 건강을 잃게 될 수도 있고, 그럼으로 해서 맡겨 주신 양떼를 끝까지 돌보지 못하는 결과를 낳을 수도 있기 때문이다.

그러기에 목회자는 주어진 시간과 제한된 재정을 가지고 효과적으로 목회를 할 수 있는 능력이 있어야 하는데, 이것이 '경영 리더십'이다. 때로 목회자들 중에는 어떻게 목회를 기업을 경영하듯 할수 있느냐며 반문하기도 한다. 그러나 사실 대부분의 교회가 '경영'이라는 용어만 사용하지 않았을 뿐, 목회 현장에서는 경영을 하고 있다. 교회 표어를 정하는 것이나 프로그램을 만드는 것, 홍보를 하는 것, 교구를 조직하고 목회자를 배치하는 것 등 모든 것이 경영이고 마케팅이다. 지난 15년 동안 호서대학교에서 목회학을 가르쳐왔다. 많은 목회자들이 '교회성장학'을 나에게서 배웠다. 그들이 내 수업을 통해 얻고자 했던 것은 교회성장에 대한 노하우였다. 그리고 거기에 필요한 노하우를 배우고자 했다. 전부라고는 말할 수 없지만 내가 가르친 교회성장학의 기초는 '목회 경영'이었다. 그런 용어를 명명하여 사용하지는 않았지만 결국 경영학에 기초한 내용이었다. 경영학을 토대로 그 위에서 목회적인 상황을 고려하고 목회 현장에 어떻게 효과적으로 적용시킬 수 있을 지를 가르친 것이 교회성장학이었다.

김선도 목사는 풀러신학대학에서 공부하던 시절부터 교회성장학에 관심이 많았다. 맥 가브란을 비롯하여 에디 깁스와 피터 와그너를 만났다. 교회성장학을 배우면서 목회 경영에 대한 많은 지식을 습득할 수 있었다. 그러나 사실 김선도 목사가 목회 경영에 대해 처음 교육을 받은 곳은 풀러신학대학이 아니라 공군 군목 시절부터였다. 미군으로부터 군 행정체계를 그대로 배워서 한국 상황에 적용한 한국 군대의 행정은 당시로서는 조직과 행정, 경영을 잘 배울 수 있는 최고의 학습장이었다. 당연히 군목으로서 군대 행정을 익힌 김선도 목사는 목회 행정과 목회 경영에 대해 많은 것을 경험하고 익힐 수 있었다. 군대 행정은 불가능을 가능케 하는 힘이 있다. 매뉴얼대로 명령하면 이행해야 하는 곳이 군대이기 때문이다. 광림교회의 목회 내용을 가만히 들여다보면, 군대식으로 목회 프로그램이 돌아가고 있는 것을 발견할 수 있다. 예를 들면, 80년대 초부터 김선도 목사는 매주 참모회의를 하듯 부목사들과 회의를 하면서 중요한 사항을 보고받고, 진행되고 있는 목회사역에 대해 평가를 했다. 주 1회 내부 사열을 하기도 했다. 나는 그때 기획을 담당하는 전도사였기에 이 모든 과정을 잘 관찰할 수 있었다. 내무사열을 오전 10시부터 실시한다고 알리면 모든 사무실에서는 대청소를 하고 검열을 받을 준비를 했다. 이런 과정을 통해 교회의 모든 목회자들은 물론 사무실 직원까지도 항상 긴장의 끈을 늦출 수 없었다. 이런 긴장감은 교회가 성장하는 데 있어서 매우 중요한 역할을 했다. 일종의 정신무장을 새롭게 하는 시간이 되었기 때문이다.

재정 사용에 있어서도 모든 것이 정확해야 했다. 그렇지 않으면 영창이라도 보낼 판이었다. 김선도 목사는 전도사였던 나에게 기획서를 작성하게 하시면서 "10원짜리 하나라도 정확하게 해야 한다"며 정확한 행정을 가르쳐 주셨다. 하나님께 바쳐진 헌금이기 때문에 두려운 마음으로 재정을 다뤄야 함도 잊지 않고 가르쳐 주셨다. 하나님의 일을 수행하는 목회 행정에서 올바른 경영이 무엇인지를 가르쳐 주신 것이다. 때론 힘들기도 했지만 탁월한 목회 경영 리더십을 가지고 계신 김선도 목사로부터 배운 모든 것들은 현재 'EXPLO 2020 통일선교대회'나 빌리 그레이엄 전도대회가 주관하는 '2020 코리아 페스티벌' 등 국가적 기독교 행사를 도맡아서 기획하고 있는 지금의 내가 되게 하기에 충분한 것이었다.

김선도 목사는 공군 군목 시절부터 미국 유학을 거쳐 광림교회에서 목회사역을 수행함에 있어서 무엇 하나 대충 주먹구구식으로 일을 처리한 적이 없다. 성격상 그럴 수가 없는 분이다. 이런 성품에 목회적 경영 능력까지 갖추게 되니 목회에 날개를 단 격이었다. 그는 어떤 행사를 진행할 때 무엇이 필요하고 어떤 조직이 필요한지에 대해 정확히 알고 있었고, 항상 그 모든 일을 효과적으로 실천해 나갔다. 영적 리더라고 해서 행정적인 부분에 소홀하지 않았다. 조직을 관리하고 프로그램을 운영하고 재정을 관리하는 일에 한 치의 오차도 없이 원활하게 풀어 나갔다. 이런 그의 경영 리더십이 오늘날 광림교회를 세계적 수준의 교회가 되게 한 토대가 되었다.

끊임없는 도전과 노력의 자세

앞에서 살펴본 바와 같이 김선도 목사의 생애와 신학 그리고 목회사역은 그의 리더십과 분리하여 생각할 수 없다. 그의 통합적 리더십은 그가 사역을 수행하는 교회 현장에서 빛을 발하였고, 그의 생애를 통해 형성된 것이었다. 사람은 모든 면에서 완전할 수는 없다. 하지만 언제 어디서나 최선을 다하는 자세는 통합적 리더십을 형성하는 지름길이 된다. 김선도 목사가 펼친 통합적 리더십은 바로 그의 끊임없는 도전과 최선을 다해 노력하는 자세에서 비롯된 것이었다.

이렇게 형성된 그의 리더십은 광림교회라는 목회 현장에서 열매를 맺었다. 그것은 때로 교인들과의 사이에서 신뢰감으로 나타나기도 했고, 어떤 일을 추진함에 있어서는 카리스마로 나타나기도 했다. 그의 통합적 리더십은 때와 장소가 변해도 그 상황에 유연히 대처할 수 있는 능력을 발휘했기에 어려운 역경의 순간에도 그는 흔들림 없는 바위처럼 때론 항상 어둠속에서 길을 밝혀주는 별처럼 빛나는 존재로 서 있을 수 있었다.

다변화 사회, 그리고 전문화되어 가는 사회 속에서 목회를 성공적으로 수행한다는 것은 쉬운 일이 아니다. 교인들의 요구도 한층 더 다양해지고 복잡해지다 보니 어느 한 계층의 사람들에게만 관심을 두고 목회를 할 수 없게 되었기 때문이다. 이런 시대적 요청 속에서 목회해야 하는 목회자들은 어느 한 분야에라도 뒤처지지 않는 완전을 지향하는 통합적 리더십을 갖추지 않을 수가 없다.

이런 사회적 요구에 부합한 통합적 리더십으로 교회성장을 이룬 김선도 목사의 리더십을 연구하는 것은 매우 뜻깊은 일이다. 제한된 지면에 김선도 목사의 리더십을 모두 소개할 수 없다는 점에 송구한 마음이다. 글을 맺으며 지난 날을 돌아보니 모두 감사한 일뿐이다. 김선도 목사를 만나 그분과 오랜 시간 함께할 수 있었음에 감사하며 우리에게 김선도 목사를 보내주신 하나님께 진심으로 감사드린다. 김선도 목사의 통합적 리더십으로 교회성장을 이루고자 하는 많은 목회자들에게 이 글이 좋은 연구 자료가 되기를 바라며 글을 맺는다.

참고문헌

김선도,『5분의 기적』, 넥서스Cross, 2013

한국조직신학회 편,『복음과 설교』, 한들 출판사, 2005

유경재 외 8인,『한국교회 16인의 설교를 말한다』, 대한기독교서회, 2004

김선도,『김선도 목사 전집』, 광림, 2001

『장천신학』, 감리교신학대학교 부설 토착화신학연구소, 1998

조용기,『한국교회 설교가 연구』, 한국 교회사학 연구원, 2000

두란노 편집부,『그 말씀』, 두란노, 1992

광림교회 역사편찬위원회,『광림교회 50년사: 은총의 기념 돌을 기억하라』, 광림교회, 2003

김선도, "성숙을 향한 변화: 한국교회 어디로 갈 것인가",『'한국교회 어제와 오늘 그리고?'』, 신촌포럼, 2008

『김선도 목사 목양 화보집』, 광림, 1998

『Good News: The Bimonthly Magazine for United Methodists』, Wilmore, 1991

1998년 광림 45주년 한마음 체육대회 개회식 장면.
세계 각지로 뻗어 나간 광림교회의 깃발이 한 자리에 모였다.

1999년 중국광림교회를 찾은 김선도 목사가 현지 성도들을 향해 손을 들어 인사하고 있다.

1953년 유엔종군경찰병원 의무관을 전역하는 김선도(앞줄 오른쪽 네 번째).
작별을 아쉬워하며 동료들과 기념사진을 찍었다.

1967년 대전지구 공군 총회를 기념하는 자리에 참석한 공군기술교육단
김선도 군목(앞줄 오른쪽 첫 번째).

1977년 광림교회 예배가 끝난 뒤 김선도 목사(앞줄 오른쪽에서 다섯 번째)와 임원들.
이듬해 광림교회는 강남 신사동에 새 성전을 건축하게 된다.

1995년 광림교회의 모스크바 선교센타 봉헌 기념사진. 광림교회는 세계 여러 나라에
교회와 선교센터를 건립하면서 세계 선교에도 큰 영향을 주었다.

3장

교회 경영자로서의 김선도 목사

권병훈

권병훈

상계광림교회 담임목사. 감리교신학대학교와 동대학원 졸업 후 미국 웨슬리 신학대학에서 공부했다. 광림교회에서 교구 및 기획목사로 섬기면서 김선도 목사의 영향을 받았다. 현재 속회연구원 상임이사, Eastern International 이사, 아시아선교회 및 RBC선교회 임원직을 수행하고 있다.

"하나님의 경륜이라는 의미 속에는 경영이라는 의미가 들어 있다. 하나님의 경륜은 곧 하나님의 경영인 것이다. 성경은 하나님께서 하나님의 목적을 이루어 가시기 위한 경영의 과정이라고 말할 수 있다."

(김선도, 『5분의 기적』 중에서)

일반적인 의미에서 경영은 영리를 추구하는 기업이 사용하는 말이다. 이익 창출을 위하여 기업을 조직하고 상품을 판매하며 이익 실현을 통하여 그 기업을 평가한다. 그러나 교회는 영리를 추구하는 곳이 아니고 평가할 만한 기준이 있는 것도 아니다. 따라서 교회를 이끌어 가는 것을 경영이라고 하는 것에 대해서 이견이 있을 수 있다. 그러나 현대 경영학의 아버지로 불리는 피터 드러커Peter Ferdinand Drucker(1909-2005)는 교회를 포함한 비영리 단체의 경영에 관하여 "비영리 단체는 지역사회에서 지도자 역할을 맡고 있습니다. 그리고 급변하는 환경에서 새로운 목표를 세우고 사명을 이루려고 하면 강력하고도 효율적이며 목적의식이 뚜렷한 경영을 하지 않으면 안 됩니다." 라고 말한다.

그러면 현대교회에서 교회 경영이란 무엇인가? 교회의 사명에 대해서 예수님은 "너희는 가서 모든 민족을 제자로 삼아 아버지와 아들과 성령의 이름으로 세례를 베풀고 내가 너희에게 분부한 모든 것을 가르쳐 지키게 하라"(마태복음 28:19-20)고 말씀했다. 이 사명을 이루기 위해서 목회자와 평신도들을 조직하여 훈련하고, 사명을 구체화하여 그 성과를 분석하고, 미래 목회를 위한 전략을 세우는 것을 교회 경영이라고 할 수 있다.

김선도 목사가 광림교회를 통하여 이룬 교회의 모습은 복음주의에 입각한 선교 중심의 교회이며 동시에 교회성장을 추구하는 교회이다. 교회성장은 언제나 질적인 성장과 양적인 성장에 대한

※ 피터 드러커, 『비영리단체의 경영』, 현영하 역, 한국 경제신문, 1995

논란이 있어 왔다. 이에 대해서 '하나님은 교회성장을 원하시는가?'를 질문할 때 예수님이 말씀하신 '잃은 양을 찾은 목자의 비유'(누가복음 15:1-7)를 통하여 '예'라는 대답을 얻었다. 이후에는 '왜 성장해야 합니까?'라는 질문에 대해서 선교와 봉사를 하기 위해서 교회는 성장해야 한다는 목표를 얻게 되었다. 즉 성장을 위한 성장이 아니라 선교와 섬김을 위한 성장이다. 그리고 교회성장을 통해서 얻게 된 교훈은 '교회가 양적인 성장을 추구할 때 교회의 체질은 그 성장을 담아낼 수 있는 질로 혁신된다'는 것이다.

교회성장에 대한 김선도 목사의 주장은 내가 2010년부터 현재까지 10년간 상계광림교회를 담임하며 직접 체험하고 증명된 사실이다. 부임 당시 교회는 외부적으로 교단 정치의 폐해와 내부적으로 교세 감소의 어려움을 겪었다. 그러나 교회성장이 이루어지게 되면서 이 문제들은 자연스럽게 해소되고 교회가 질적으로 성장하게 되었다. 선교 중심의 교회로 변화했다.

교회의 운동성과 생명성

분명한 사명과 목표를 가져라

교회의 사명은 '모든 민족을 제자로 삼아 세례를 베풀고 예수님의 가르침을 가르쳐 지키게 하는 것'(마태복음 28:19-20)이라고 할 수 있다. 그리고 이 사명에 따라 교회를 개척하기도 하고 교회를 담임하여 목회하기도 하지만 이 사명을 실현하는 데 성공하는가 하면 실패하기도 한다. 결과적으로 교세가 감소하기도 하고 심지어는 교회가 폐쇄되기도 한다. 그러면 교회가 분명한 사명을 가지고 있는데 왜 이런 어려움을 겪는가? 질문할 수 있다.

이에 대해서 김선도 목사는 "교회의 운동성과 생명성"에 주목한다. 생명은 성장하고자 하는 본능이 있고, 그 본능이 역동적으로 나타나는 것이 운동이라는 것이다. 따라서 생명이 있는 교회라면 성장하기 위해서 끊임없이 운동해야 한다고 말한다. 또한 교회성장이 반드시 이루어져야 하는 이유는 교회성장은 성장을 위한 성장이 아니라 선교와 섬김을 위한 성장이기 때문이라고 정의한다.[*]

2000년대 초반 한국 교회는 교회마다 사명선언문을 작성하고 발표했다. 그러나 아무리 공들여 사명선언문을 만들었다고 하더라도 그것을 실행하는 것은 별개의 문제이다. 사명선언문에 담긴 내용을 구체적으로 실천하기 위해서 최선의 노력을 다하는 것이 목회 경영의 중요한 과제이다.

김선도 목사는 풀러신학대학에서 피터 와그너Charles Peter Wagner (1930-2016)를 통해 교회성장에 대한 체계적인 이론을 접했다. 그리고 와그너의 이론을 한국적으로 변형시킨 이론이 '교회 진단법'이다. 이에 따르면 건강한 교회는 강력한 리더십을 가지고 있으며 성도들은 열정적이고 확실한 목적의식을 가지고 있다.[**] 그리고 이 이론에 근거해서 실천적으로 세운 목표가 교회를 이전하고 2,400평

---

[*] 김선도, 『5분의 기적』, 넥서스CROSS, 2013, p.220

[**] 김선도, 『5분의 기적』, p.240

의 예배당에 4,300명의 좌석을 배치하는 것이었다.

어떤 사람이 유리병에 벼룩을 넣고 관찰하는 실험을 했다. 그런데 유리병에 벼룩을 넣으면 가볍게 튀어나왔다. 왜냐하면 벼룩은 자신의 신장의 400배나 뛸 수 있기 때문이다. 실험자는 유리병의 뚜껑을 덮었다. 그러자 처음에는 벼룩이 튀어서 뚜껑에 부딪혔다. 수차례 뚜껑에 부딪히기를 반복하던 벼룩은 자신이 뛸 높이를 조정하고 더 이상 뚜껑에 부딪히지 않았다. 하루가 지나고 실험자가 유리병 뚜껑을 열었지만 벼룩은 튀어나오지 않았다. 일주일이 지났지만 결과는 변하지 않았다.

김선도 목사는 교인들이 가지고 있는 패배의식과 현실에 안주하는 태도를 극복하게 하기 위하여 도전장을 내밀었다. "세계에서 가장 큰 오순절교회가 한국에 있고 세계에서 가장 큰 감리교회가 한국에 있습니다. 우리 광림교회는 세계에서 제일 큰 감리교회가 될 수 있습니다. 선교와 섬김, 사회봉사를 위하여 성장해야 합니다. 이것이 나의 비전이고 교회의 비전입니다."라는 것이다. 짐 콜린스는 '고슴도치 콘셉트의 세 원'을 통하여 다음과 같이 질문한다. "깊은 열정을 가진 일이 무엇인가?", "세계 최고가 될 수 있는 일이 무엇인가?", "경제 엔진을 움직이는 것은 무엇인가?" 이 세 가지의 질문을 원으로 표현할 때 겹치는 공통분모가 존재한다. 그리고 이 공통분모를 단순화할 때 그 기업은 좋은 기업을 넘어서 위대한 기업으로 성장할 수 있다고 말한다. 김선도 목사에게 있어서 세 원의 공통분모는 교회성장이었다. 교회성장이라는 분명한 목표를 세우고 선교와 섬김, 사회봉사의 사명을 비전으로 제시했다.

목표를 이루기 위해서 때로는 무엇인가를 추가해야 할 때가 있고 반대로 진행 중인 것 가운데 중단하거나 아예 포기해야 할 것이 생길 때도 있다. 이때 필요한 것이 조직의 유연성이다. 김선도 목사는 목회자를 교육하는 시간이나 임원전지훈련을 통해서 교우들에게 교육할 기회가 있을 때마다 교회성장의 가장 큰 장애물로 교회의 관료화를 꼽았다. 교회가 관료 조직처럼 경직되면 유연성이 떨어지고 그것 자체가 교회성장을 막는 가장 큰 어려움이 된다면서 동시에 다음 목표를 분명하게 제시했다.

포기하지 말라

제2차 세계 대전을 승리로 이끈 영국의 윈스턴 처칠Winston Leonard Spencer Churchill(1874-1965)이 옥스퍼드대학의 졸업식 자리에서 축사할 때 청중을 향해 했던 첫마디가 "포기하지 말라Never Give-

Up"는 말이었다. 청중들은 처칠의 다음 말을 기다렸고 그는 목소리를 높여서 "절대로 절대로 절대로 포기하지 말라Never, Never, Never Give-Up"고 말했고 이것이 축사의 전부였다. 이 말은 전쟁을 승리로 이끈 처칠의 리더십을 보여 주는 말이고 김선도 목사가 좋아하는 말이기도 하다.

"그들로 장차 올 풍년의 모든 곡물을 거두고 그 곡물을 바로의 손에 돌려 양식을 위하여 각 성읍에 쌓아 두게 하소서"

(창세기 41:35)

구약성경의 요셉은 애굽에 흉년이 닥칠 것을 예견하고 풍년의 시기에 각 지역에 곡물을 쌓도록 제안했다. 교회는 다양한 위기를 맞이할 수 있다. 그것이 교회 내적인 문제에서 비롯된 위기일 수도 있고 혹은 외부적인 요인에 의한 위기일 수도 있다. 이때 지도자는 위기를 예측하고 한발 앞서서 나아가야 한다. 위기가 닥쳐올 때까지 기다린다는 것은 직무 유기라고 할 수 있다. 위기의 원인이 어디에 있든 지도자에게 필요한 덕목은 자신이 먼저 용기를 내어 앞서 나가고 따르는 사람들에게도 그 용기를 전하는 것이다. 사기가 떨어져 있는 조직은 아무리 많은 자원을 가지고 있어도 성과를 이룰

수 없는 반면 서로 믿고 행동할 수 있는 조직은 적은 자원을 가지고
도 큰 성과를 이룰 수 있다.

오늘날의 광림교회를 이룰 수 있었던 가장 결정적인 도전은 교
회를 쌍림동에서 신사동으로 옮긴 것이다. 쌍림동에 있던 광림교
회는 구도심의 도시 공동화 현상에 따른 인구 감소와 주차장 부족
이라는 현실에 놓였다. 이것이 교회성장에 위기로 작용할 것임을
예견한 김선도 목사는 강남이 개발되면서 강남의 인구가 해마다
40퍼센트씩 성장하는 당시의 추세를 보고 교회성장의 기회로 삼아
용기내어 교회를 이전했다.

"매주 토요일마다 기획위원회를 열고 그때마다 매해 40퍼센트
씩 인구가 성장하는 강남으로 이전해야 한다고 설득했다. 쌍림동
교회를 판 돈으로는 새로 구입할 땅값의 절반도 되지 않았다. 게다
가 2,400평 규모의 예배당 건축과 4,300명의 좌석 배치를 한다는 비
전은 강남에서 1,000평 이상의 건축은 허락하지 않는다는 법의 규
제에 막혀있었다. 새벽기도를 마치고 여리고성을 돌 듯 교회 부지
를 돌며 '성전건축'을 외치며 뛸 때 함께 달리는 성도들도 '성전건축'
을 따라 외쳤다." 아침마다 교회 건축 부지를 뛰며 구호를 외친 일

---

* 김선도, 『5분의 기적』, p.228-229

은 자신에게 용기를 주는 일이었고 동시에 함께 뛰는 성도들의 마음에도 열정을 불러일으키는 일이 되었다. 위기 앞에서 가장 두렵고 강력한 적은 실패할 것이라고 생각하는 자기 자신이다. 심각한 좌절에 부딪히더라도 비전을 바라보며 용기를 잃지 않을 때 그것이 다른 사람에게도 영향을 미쳐 위기를 극복할 수 있는 에너지가 된다.

2009년 광림교회는 장교로 임관되는 학군사관후보생ROTC을 대상으로 임관식 전날 축하예배를 하게 되었다. 교회에 모인 천여 명의 임관생들은 임관에 대한 기대로 소란스러웠다. 그때 김선도 목사가 축하 메시지로 전한 주제가 "Never Give-Up"이었다. 자신의 목회 경험과 처칠을 인용하여 이 메시지를 전할 때 소란했던 분위기가 가라앉고 진지해졌다. 그때 임관 후보생들의 눈에서 새로운 도전에 대한 열정과 초급 장료로서의 사명이 분명해지는 것을 볼 수 있었다. 어떤 후보생은 눈물을 닦기도 했다.

이 메시지가 광림교회 교인들의 심장을 관통하고 혈관 속에 흐르게 되었을 때 교회는 여러 가지 시험과 영적인 도전에 대해서 낙심하지 않고 승리하게 된 것이다. 또한 교인들은 영적인 군사로서 자리매김할 수 있게 되었다.

리더의 가치를 지키라

어떤 조직에서든 지도자의 리더십이 중요하다는 것에는 예외가 없다. 더군다나 교회는 사명을 이루기 위해서 모인 공동체이기 때문에 다른 조직에 비해서 월등한 리더십이 필요하다. 왜냐하면 영리를 추구하는 기업에서는 이윤 추구라는 목표를 달성하면 지도자로서 인정받지만 교회를 이끄는 지도자는 사명을 감당하는 것뿐만 아니라 그것을 성취하는 과정의 일거수일투족을 교우들이 지켜보기 때문이다.

지도자의 역할이 돋보이는 때는 평상시보다는 긴급한 위기에 맞닥뜨렸을 때라고 할 수 있다. 그러나 위기를 극복하는 것 못지않게 중요한 것은 늘 반복되는 평상시의 일을 잘 처리하는 것이다. 이를 위해서 지도자로서 기본적인 자격을 갖추어야 한다. "지도자의 기본적 자격은 일을 성취하고자 하는 의욕과 능력, 자신이 가지고 있는 생각을 적극적으로 소통하는 자세, 높은 수준으로 일을 마침으로 조직에 긍지를 심게 하는 것 등이다."*

2010년 1월 일본의 항공회사인 JAL Japan Airline 은 2조 3,221억

---

* 피터 드러커,『비영리단체의 경영』, p.62-63

엔(한화로 약 20조 5,000억 원)이라는 엄청난 부채를 남기고 파산했다. 파산 후 JAL의 주가는 1엔까지 떨어졌다. 법원은 7,300억 엔의 부채를 감면하고 정부가 9,500억 엔을 지원했다. 하지만 대부분의 사람들은 JAL이 2차 파산을 거쳐 소멸할 것이라고 생각했다. 왜냐하면 통계적으로 회생할 확률이 7퍼센트였기 때문이다. 이때 이나모리 가즈오*가 JAL의 회장으로 취임했다. 그가 JAL에 부임해서 한 첫 번째 일은 리더 교육이었다. 많은 사람은 이것을 매니지먼트 교육이라고 생각했지만 실제로 있었던 교육은 지도자로서의 마음가짐을 만드는 리더 교육이었다. 그는 리더 교육을 통해 직원들과 적극적으로 소통하며 그들의 생각을 변화시키고 결국 기업의 변화를 이끌어냈다.

김선도 목사가 1971년 광림교회에 부임했을 때 교회는 500명 좌석에 150여 명이 앉아있었다. 주변에는 다른 교단의 대형교회가 있었지만 교회 내부에는 패배주의가 자리 잡고 있었다. 그래서 수요일마다 30분은 성경공부를 하고 30분은 전도하는 운동을 시작했다. 제자교육의 목적이 '땅끝까지 이르러 내 증인이 되라'는 사명을 이

---

* 교세라의 창립자이자 명예회장, 2010년 회사 갱생법 적용을 신청한 일본항공의 회장에 취임하여 1년 만에 흑자전환, 2년 8개월 만에 주식 시작에 재상장 시켰다.

루기 위한 것이라고 할 때에 30분 성경연구와 30분 전도의 과정은 교회 안의 가장 기본적인 리더 교육의 모습이라고 할 수 있다. 교육과 훈련을 소홀히 하면서 목표를 이룰 수는 없다. 교육과 훈련을 병행할 때 150명 교인은 300명이 되고 얼마 지나지 않아서 500명이 되었다. 그리고 1,000명이 될 때 교회 이전에 대한 새로운 비전을 가지게 되었다.

교회가 처한 문제에 대해서 그냥 덮어 두거나 구렁이 담 넘어가듯 처신하는 것은 책임 있는 목회자의 모습이 아니다. 직면한 문제를 인정해야 창의적이고 혁신적인 생각이 나올 수 있고 이때 일어나는 변화는 위협이 아니라 기회가 된다. 변화가 필요하다고 생각할 때 '이 변화가 우리에게 기회가 된다면 그것은 어떤 기회일까?'를 질문해야 한다. 기회는 기다린다고 저절로 오는 것이 아니라 교회 내부에서나 외부에서 찾을 수 있는 것이다.

그리스도인의 사명은 시대를 따라 변하지 않는 영구적인 것이다. 따라서 교회의 역할은 사람들이 어떤 시대에 살더라도 사명을 확실히 보고 들을 뿐만 아니라 삶의 자리에서 구체적으로 나타내도록 이끄는 것이다. 이때 필요한 것이 지도자의 일관된 역할이다. 이나모리 가즈오는 지도자의 역할에 대해서 강조한다. "경영자라는 자리에 있는 사람은 어느 나라에서든 고독합니다. 사원이라면 싸움도 하고 불평도 터트리겠지만 사원을 책임지는 경영자는 그럴 수가 없지요. 전부 혼자서 맡고 혼자서 판단해야 합니다. 그래서 모두가 뭔가 의지할 수 있는 마음의 지표를 원하고 있습니다.”[*]

짐 콜린스는 ‘좋은 회사에서 위대한 회사’로 도약한 모든 기업의 전환 시점에서 발견할 수 있는 리더의 특징을 ‘5단계의 리더’라고 말한다. “이는 겸손하면서도 의지가 굳고 변변찮아 보이면서도 두려움이 없는 리더이다.”[**] 5단계의 리더는 자아의 욕구를 떼어내 조직에 바치는 리더이다. 김선도 목사의 교회 경영이 자신의 자아실현이나 야심을 이루기 위한 것이 아니라 전적으로 교회를 위한 것이라는 것은 그의 은퇴 이후의 삶을 통해서 확인할 수 있다. 교회에서 은퇴 예우로 마련한 사택 대신에 교회 부목사들이 거주하는 사택에 기거하며 새벽마다 교회에 나와 기도하고 있다. 또한 기회가 있을 때마다 부목사들에게 자신의 목회경험을 공유함으로 여전히 교회의 성장을 위해 기여하고 있다.

---

[*] 오니시 야스유기, 『이나모리 가즈오 1,155일간의 투쟁』, 한빛비즈, p.255
[**] 짐 콜린스, 『좋은 기업을 넘어…위대한 기업으로』, 이무열 역, 김영사, 2005, p.48-50

사명을 사역으로

효과적인 교구 조직을 세워라

열정과 헌신만으로 도달할 수 있는 교회성장에는 한계가 있다. 이것을 담을 조직과 시스템이 필요하다. 그래서 교회의 사명을 이루기 위해서는 효과적인 조직 체계를 세우는 것이 필요하다. 그리고 조직 체계를 수립할 때 우선할 것은 교회가 처한 상황과 능력을 객관적이고 정확하게 판단해야 하는 것이다. 이런 판단 위에서 교회가 도달하고자 하는 목표를 명확하게 설정해야 한다. 그 목표를 달성하려면 결단력과 실행력이 필요한데 그것을 가늠할 수 있는 척도가 바로 사명을 사역으로 연결하는 조직 체계의 수립이다.

어떠한 조직이든 일을 수행하는 데 있어서 필요한 것이 있다면, 그것은 바로 '동기'이다. 영리를 추구하는 기업이라면 이윤 추구가 동기가 될 수 있지만 교회 조직의 동기는 사명이라고 할 수 있다. 따라서 교회 공동체는 '최선을 다해 사명을 감당하고 있는가?'를 계속해서 자문하며 현재의 상황을 돌아봐야 한다.

교회가 한 번의 성공이나 성장으로 끝나는 것이 아니라 계속된 성장으로 나아가려면 지도자는 변화에 적응할 수 있는 자세와 태도를 가져야 한다. 이에 더불어 최선을 다해 사명을 이루려고 하는 열심이 필요하다. 그리고 그 열심을 효과적으로 관리할 조직이 필요하다. 피터 드러커는 '성장이란 언젠가는 정지되며 더 이상 올라갈 수 없는 정상의 평지인 플래토Plateau에 머물게 되는데 그때 필요한 것이 유연성과 비전'이라고 말한다. 만약 그렇게 되지 못하면 그 조직은 성장을 멈추고 그대로 정체되고 만다는 것이다.

일을 추진할 때에는 균형이 필요하다. 이 균형은 일을 신중히 처리해 나가는 것과 신속히 진행하는 것 사이에서의 균형이라고 할 수 있다. 때로는 신속히 진행할 때 생기는 어려움보다 지나치게 신중히 처리함으로 더 큰 곤란에 빠질 수도 있다. 대표적인 것이 조직을 구성하는 일이다. 물질적인 어려움이 크지 않다면 조직의 구성은 신속히 진행해야 한다.

1980년대 광림교회는 지구, 교구, 선교구를 조직했다. 감리교회는 전통적으로 속회에 속장과 인도자를 각각 세우는데 반해서 1명의 속장이 자신이 맡은 속회의 인도와 관리의 모든 책임을 감당하게 하고 10개의 속회를 지구로 묶어서 평신도로 지구장을 맡게 하였다. 그리고 10-12개의 지구를 묶어서 지역별로 교구를 세우고 심방 전도사를 두었다. 또한 3개의 교구를 묶어서 선교구를 세우고 부목사로 담당하게 했다. 처음 선교구와 교구를 조직할 때는 구성원들이 충분하지 않은 상태에서 발전 가능성을 보고 모험적인 도전을 한 것이다. 그리고 이 도전의 시작은 광림교회를 쌍림동에서 신사동으로 이전할 때 시작된 것이다.

쌍림동 교회는 교회성장에 있어서 지역적 한계와 공간적 제약이 있었고 이것을 넘어서는 도전이 교회 이전이었다. 건축된 교회는 2,400평 예배당에 4,300석의 좌석을 가지게 되었다. 이것으로 이전에 가졌던 지역적이고 공간적인 한계를 극복할 수 있게 되었다. 그리고 새롭게 건축된 교회의 목회와 양육의 구조가 바로 선교구와 교구의 조직이다. 이것은 매년 전도되는 교인들을 폭발적으로 정착시키는 구조가 되었고 1983년 3개의 선교구에서 시작하여 1986년에는 8개의 선교구로 늘어났고 2020년 현재에는 지성전을 포함해 15개의 선교구로 확장되었다.

조직을 구성할 때 '현재를 담을 것인가, 아니면 미래를 그릴 것인가?' 하는 것은 지도자의 몫이다. 미래를 예측하며 그것을 담을 조직을 구성한다는 것은 목표 달성을 위한 첫 번째 단계다.

명확한 임무를 설정하고 사역하라

성공적인 조직의 비결은 우리가 성취해야 하는 것이 무엇인가를 분명히 알고 그 임무를 수행하는 데 필요한 업무가 무엇인가를 분명히 하는 데 있다. 이를 효과적으로 실현하기 위해서 업무와 목표를 설정한다. 그리고 업무와 목표를 설정할 때 그 기준은 가급적 높이 잡아야 한다. 왜냐하면 높은 기준을 가지고 일할 때 좋은 성과를 이룰 가능성이 크기 때문이다.

"사람들에게 일을 적게 시키면서 저지르는 실수보다 너무 많을 일을 시켜서 잘못되는 실수가 상대적으로 나은 것이 아닌가 생각한다. 왜냐하면 실수도 교육의 한 부분이기 때문이다. 내가 처음 모셨던 두 분의 상관이 내 코가 물속에 잠길 정도의 일을 시키지 않았더라면 나는 지금까지 아무것도 배우지 못했을지도 모른다."

김선도 목사는 교구와 선교구를 조직하고 그 업무를 분명하게 설정했다. 그것은 심방을 통한 돌봄과 치유 그리고 전도이다. 교구 담당전도사와 선교구 담당 목사가 수행하는 심방목회는 세 가지로 분류할 수 있다. 첫째는 일반 심방으로 전도사는 매일 자신이 담당하는 교구를 심방하고 선교구 목사는 전도사와 지구장과 동행하여 1년에 1회 선교구에 소속된 가정을 대심방을 하도록 한다. 둘째는 위기 심방으로 병원에 입원하거나 수술을 받는 교우를 심방하거나 장례를 치르는 가정의 장례 예배를 담당하고 후에 위로심방을 하도록 한다. 셋째는 전도 심방으로 교우의 전도 대상자를 심방해서 복음을 전하고, 교회에 등록한 가정이 있으면 교적을 작성하기 위해서 심방한다.

1년에 1회 담당 목사가 대심방을 하도록 하는 것은 성도들에 대한 관심과 돌봄의 목회의 실현이다. 그리고 심방 목회는 교구와 선교구에 소속된 교우들의 교회 소속감을 확인할 수 있는 시간이 된다. 연말에 교구의 대심방 퍼센트를 확인하면 담당 목회자의 업무 수행을 확인할 수 있고 동시에 교우들의 교회에 대한 소속감도 가늠할 수 있다.

※ 피터 드러커, 『비영리단체의 경영』, p.98-99

부지런히 소통하라

많은 지도자들은 자신이 하는 일의 목적과 동기를 조직 내에 있는 모든 사람들이 잘 알고 있다고 생각하지만 그것은 오해이다. 또한 자신이 해야 할 일을 지시하면 구성원들이 그것을 이해할 것이라고 생각하는 것 역시 틀린 판단이다. 왜냐하면 어떤 일이 결정된 후에야 사람들에게 전달되는 경우가 많고 혹 결정되기 전에 알았다고 하더라도 그것을 이해하고 참여하는 데 충분한 시간이 없는 경우가 많기 때문이다. 그런 의미에서 김선도 목사는 매주 한 번씩 주간회의를 통해서 부목사들과 소통하는 시간을 가졌다. 주간회의의 목적은 각 교구별 전도와 새신자 등록을 확인하고 심방의 진행을 보고하는 시간이다. 일반적인 보고 제도는 성과를 보고하고 성과를 이루지 못하게 된 이유나 문제점을 보고하게 된다. 이런 이유로 부목사들에게 주간회의는 합리적인 이유(교구의 장례 등)가 있으면 어떻게든 피하고 싶은 시간이었다. 예전에 한 선배 목사는 주간회의 시간에 김선도 목사에게 심하게 질책을 받고 회의 후에 식사를 할 때 제대로 먹지 못하고 있었다. 그때 그 모습을 본 김선도 목사가 이북 사투리를 섞어서 아무개 목사 팍팍 먹으라우! 라고 할 때 오히려 목이 턱 막혔다는 해프닝도 있었다.

그러나 피터 드러커는 "정보 교환은 많이 하면 할수록 좋다. 누가 언제 무엇을 함으로써 어떤 결과를 얻을 것인가? 필요한 도구는 무엇이며 어떤 언어를 사용해야 다른 사람이 알아들을 수 있을까를 질문해야 한다"[*]고 말한다. 주간회의는 문제점을 보고하는 것을 넘어서서 현재 교우들이 처한 환경과 현실에 대해서 진지한 소통이 일어나는 시간이 되었다. 교우들의 교구 이동 현황을 보면 왜 특정 지역에서 이사가 많이 일어나는지를 질문할 수 있다. 대답에 따라서 차량을 새롭게 배치하거나 그 지역에 적합한 전도 방법 등을 시행하기도 한다.

일반적으로 조직의 단계에서 계층 단계를 적게 하는 것이 좋다고 말한다. 그리고 계층 단계를 적게 하면 상하 간의 소통이 원활하여 의사 결정이 신속하다는 장점이 있다. 내부 구성원의 의견이 위로 신속히 전달되고 역으로도 제대로 의견이 전해질 때 효과적인 조직이 된다고 할 수 있다. 교구 전도사와 목사의 심방은 단순히 가정을 방문하는 것을 넘어서서 교인과 교회가 소통하는 자리가 된다. 그 시간을 통해서 교인이 요구하며 필요로 하는 것들이 무엇인지를 파악할 수 있다. 그리고 교우들의 필요는 주간회의를 통해서

---

[*] 피터 드러커, 『비영리단체의 경영』, p.138

교회에 전달될 수 있고 교회는 그에 대해서 민감하게 반응할 뿐만 아니라 신속하게 조치할 수 있었다.

정확하게 관리하고 철저하게 기획하라

효과적으로 세워진 조직이라도 시간이 지남에 따라서 조직의 목적과 업무에 대해서 명확하게 이해하지 못하는 경우가 있다. 이를 위해 필요한 것이 성과 관리이다. 선교구와 교구의 사역이 새 가족 정착과 심방에 있다고 할 때 이것을 점검하는 시간이 바로 매월 진행되는 월간보고와 6개월에 한 번 진행하는 목회세미나이다. 이를 통해서 각 교구와 선교구에 새롭게 전도된 사람의 수와 교적이 작성된 수를 확인할 수 있고 심방을 받은 가정을 확인할 수 있다. 이것을 토대로 교구 전도사와 목사는 사명에 대한 자기 확신을 다시 갖게 된다. 경영학의 오래된 이야기로 '좋은 의도는 산을 움직일 수 없지만 불도저는 움직일 수 있다'는 말처럼 분명한 사명에 대해서 전심전력하지 않으면 목표한 성과를 이룰 수 없음을 볼 수 있다.

1년의 마지막에 진행하는 목회세미나에서 교구와 선교구의 사역에 대해서 체크리스트를 가지고 평가한다. 교구의 성장을 확인할 수 있는 전도와 성장률을 비롯해서 대심방률, 임원의 전지훈련 참석률, 트리니티 성서연구의 참석률과 수료율 등으로 평가하고 시상한다. 김선도 목사는 병원에 입원한 환자를 심방할 때 환자의 머리에 기름을 바르고 정성껏 기도해 주신다. 그때 사용하는 기름통이 손에 반지로 낄 수 있는 형태이다. 목회세미나에서 1등으로 평가된 부목사에게 김선도 목사가 기름통을 선물로 주시면 그 부목사는 세상을 다 얻은 것처럼 좋아하곤 했다. 사역을 다양한 체크리스트를 가지고 공정하게 체크하는 것은 사역의 목적을 분명하게 하며 자신의 사역에서 간과하거나 잘못된 점이 무시되고 누락되지 않게 하는 기능이 있다고 할 수 있다.

사명은 영원하고 바뀌지 않는 것이지만 그에 따른 목적 및 목표는 바뀔 수 있다. 또한 일의 우선순위를 정하고 무엇을 새롭게 시도할 때는 과거에 진행하던 것을 삭제해야 할 필요가 있다. 그렇지 않으면 조직과 업무가 지나치게 방대해질 위험이 있기 때문이다. 과거에 중요했지만 현재에는 의미가 없는 것을 파악하고 덜어내지 않는다면 박물관의 전시품이 될 수도 있다. 교회에서 경영의 영역이 존재하는 이유는 교회를 관리하는 수단으로써의 경영 방법이 필요하기 때문이다.

"나는 경영학적인 마인드를 가지고 교회를 조직해 나갔다. 유니온대학에서 신학을 공부한 서창원 박사의 조직력과 실용력을 인정해 새로운 일을 함께 만들어낼 수 있었고 그것이 발단이 되어 기획실이 만들어졌다. 기획실을 통해 1년의 프로그램을 계획·진행하게 하고 선교구와 기관을 비롯한 교회 전체 조직을 조율하고 통제할 수 있게 되었다."*

광림교회에서 기획실은 단순히 행정을 담당하는 기관이 아니라 교회에서 일어나는 모든 일에 대해서 책임과 권한을 가진다. 교회의 핵심가치를 지키며, 새로운 전략을 가지고 혁신하고 기관들을 조율하는 역할을 한다.

핵심가치를 세우고 집중하라

어느 조직이나 그 목적을 이루기 위해서는 필연적으로 선택과 집중이 필요할 때가 있다. 이것을 효과적으로 이루지 못할 때 개인은 너무 많은 일에 소진되어 버리기도 하고 기업은 망하게 된다. 그

---

* 김선도, 『5분의 기적』, p.277-278

러나 놀라운 사실은 자신은 선택과 집중을 하고 있다고 말하는 대부분의 사람이 실상은 그렇게 하고 있지 못하다는 것이다. 선택과 집중은 일에 우선순위를 두는 것이고 그것에 집중하는 것이다.

김선도 목사는 교회가 성장해 나갈 때 가장 토대가 되는 핵심 가치로 '예배'를 두었다. 목회의 다른 영역인 심방과 행정의 부분은 교구와 기획실을 조직하여 책임과 권한을 주고 위임했다. 그리고 영감이 살아있는 예배가 되려면 어떤 면을 충족해야 하는가를 끊임없이 질문하고 정리한 것이 '영감 있는 설교, 음악, 의식, 안내'의 네 가지 핵심가치이다.

한번은 성가대 지휘자로 매우 유능한 지휘자를 청빙하게 되었다. 그는 교회 음악뿐만 아니라 정통클래식 음악계에서도 실력을 인정받은 지휘자였다. 그런데 주일예배 때 사회자가 부르는 찬송가 빠르기에 불만을 표시했다. 원곡의 빠르기와 맞지 않는다는 것이었다. 그러나 광림교회는 찬송가를 악보보다 반 박자 빠르게 부르도록 하고 있었다. 예배학에서 회중 찬송의 빠르기가 느려지면 찬송에 대한 예배의 긴장감이 떨어지기 때문이다. 그는 자신이 음악감독이기에 자신의 의견을 따라야 한다고 주장했다. 결국 그는 교회를 떠나게 되었다. 그는 음악감독이지 예배의 전체를 지휘하는 지휘자가 아니기 때문이다.

대담하게 혁신하라

교회와 목회의 영역에서 가장 어려운 과제가 있다면 교회의 체질을 혁신하는 것이다. 혁신은 지도자가 주도적으로 추진해야 한다. 지도자의 적극적인 주도와 참여가 없다면 혁신의 과정에서 부딪히는 저항을 이겨내기 어렵기 때문이다. 미래를 창조하기 위해 반드시 창조적 상상력이 필요한 것은 아니다. 필요한 것은 천재적인 능력이 아니라 고된 작업이다. 그런 점에서 누구나 미래를 창조할 수 있다고 말할 수 있다.

김선도 목사의 교회 경영에 있어서 대표적인 혁신의 사례는 교회에서 진행했던 민방위 훈련이다. 구청에서 민방위 훈련 장소로 교회를 대여해 줄 것을 요청했을 때 그것을 수용함으로 개인 전도와 지역 선교의 전략에 전환을 가져왔다. 당시 많은 교회들은 예배당을 신성시해서 교회를 주일에만 개방했다. 물론 교회에서 민방위 교육을 하면 교회 안팎이 더러워지고 관리가 안 될 것이라는 염려가 있었지만 교회 내부에서 외부로 시선을 돌리면서 교회 안과 밖을 동시에 혁신할 수 있었다. 교회에서 진행되었던 민방위 훈련은 공군사관학교 군종실장으로 예편한 김선도 목사가 강의를 맡아서 오일쇼크로 좌절에 빠져 있던 사람들에게 희망을 전하는 시간이 되었다. 교회는 폭발적으로 부흥하는 계기가 되었고 훈련에 참석한 사람들은 교회에 대해서 좋은 이미지를 가지게 되었다.

나는 민방위 훈련이 진행될 당시에 광림교회에 있지 않았지만 그 영향력의 실제를 경험한 일이 있다. 선교구 목사로 있을 때 한 노부인이 새가족으로 등록을 하게 되었다. 그래서 그 가정을 심방하면서 어떻게 교회에 등록하게 되었는가를 질문했고 돌아온 대답은 남편이 교회에 다닐 것이면 광림교회를 가라고 했다는 것이다. 남편이 20년 전 민방위교육 받으려고 광림교회를 간 적이 있는데 앞으로 자신이 교회에 나간다면 이 교회에 나가겠노라 생각했다고 한다. 그리고 아내에게 광림교회를 가라고 권했다고 한다. 20년 전 일어난 혁신이 계속해서 영향을 미치고 있다는 것을 확인하는 순간이었다.

"다국적 기업의 CEO가 한 젊은 경영자에게 질문했다. 당신의 회사를 혁신하기를 원합니까? 아니면 개선하기를 원합니까? 그는 생각하더니 저는 생존하기를 원합니다. 라고 대답했다. 그때 들려준 말은 생존을 원한다면 개선이 아니라 혁신해야 합니다. 개선하는 것은 순간적으로 쉬워 보이지만 그것은 임시방편입니다." 김선

※ 권오현, 『초격차』, 쌤앤파커스, 2018, p.205-206

도 목사의 혁신은 성경연구를 위하여 트리니티 성서연구를 도입하거나 영적 성숙을 위하여 호렙산 기도회를 시작한 일들을 통해서도 확인할 수 있다.

전략적으로 개척하라

교회에서는 새로운 사역을 준비할 때 계획이라는 단어로 표현하지 전략이라고 하지 않는다. 전략은 군대에서 사용하는 용어이다. 그러나 계획이라는 것이 책자로 만들어져서 고이 접혀 보관될 뿐 실제 행동으로 옮겨지지 않을 때 그것은 없는 것과 마찬가지다. 그러나 전략은 목적하는 바를 행동에 옮기는 것 자체라고 할 수 있다.

교회성장에 있어서 가장 중요한 개념이 관계성과 유기체성인데 한국 감리교회는 개교회 중심주의로 흐르는 경향을 가지고 있다고 판단한 김선도 목사는 다른 교회의 성장을 위해서 광림교회가 어떻게 공헌할 수 있는가를 질문했다. 그리고 내린 결론은 지성전을 세워서 개체 교회로 분할시키기로 결정하는 것이었다.[*]

---

[*] 김선도, 『5분의 기적』, p.398

이 시도는 개인이 교회를 개척하는 것이 아니라 교회가 교회를 개척하는 교회 개척에 대한 대안적 시도였다. 그뿐만 아니라 신도시가 새롭게 조성되는 곳에 지성전을 세움으로써 처음 교회가 세워져서 자리매김하기까지 필요한 물리적 시간을 단축하는 전략적 시도라고 할 수 있다. 이 전략을 통해 일차적으로 세워진 상계, 부천, 하안, 분당, 일산광림교회는 초기 지성전으로 유지되다가 차례로 독립했고 현재 각 지역에서 영향력 있는 교회로 성장했다. 그리고 이후에 세워진 동, 서, 남, 북 교회는 지성전으로 유지되면서 많은 성장을 이루고 있다.

교회 개척에 대한 이런 전략을 세운 이유는 단 하나의 질문에 대한 답이다. '이런 교회 개척이 교회를 안정적으로 성장시킬 수 있는 토대가 되는가?' 하는 것이다. 그리고 이 전략은 교회가 각자도생 各自圖生할 것이 아니라 유기적 협력으로 성장할 수 있다는 것을 보여준다.

계속되는 자기 계발

치열하게 독서하라

지도자가 자신을 계발하는 것은 조직이 지속적인 성과를 내는데 중요한 요소가 된다. 마찬가지로 교회의 사명과 목적 그리고 그에 따른 사역을 완성하기 위해서 교회 지도자는 계속해서 자기 계발을 위해 자신의 역량을 사용해야 한다. 만약 자기 계발에 충실하지 못해서 맡겨진 사역에 책임을 다하지 못하고 이런저런 변명을 찾게 되면 그 조직은 발전하지 못하고 침체하게 되어 있다.

짐 콜린스는 '좋은 회사에서 위대한 회사로' 연구 프로젝트를 진행하면서 기업의 지속 가능성을 '플라이 휠'로 비유한다. "크고 무거운 원통을 빠르게 굴리려고 할 때 처음에는 최대한의 힘을 써서 한 시간 만에 한 바퀴밖에는 굴릴 수 없을지 모른다. 그러나 계속해서 같은 방향으로 원통을 굴릴때 점점 원통이 굴러가는 속도가 빨라지게 되고 어느 시점에서 돌파가 일어난다. 원통의 굴러가는 힘이 추진력이 돼서 처음 원통을 굴릴 때보다 힘을 더 쓰는 것도 아닌데 원통이 굴러가는 속도가 더 빨라진다. 그때 누군가가 질문하기를 '이걸 이렇게 빨리 돌게 만든 힘이 무엇입니까?' 질문한다면 무엇이라고 대답할 것인가? 맨 처음 민 힘인가? 아니면 가장 최근에 가한 힘인가? 답은 일관된 방향으로 가해진 힘이 누적되어 합쳐진 힘 전체이다."*

　김선도 목사에게 있어서 자기 계발의 토대는 철저한 시간 관리를 통한 독서에 있다고 할 수 있다. 은퇴한 후에도 새벽기도회에 참석할 때 성경책 외에도 몇 권의 책을 더 가져오시는 것을 자주 보았다. 한번은 그 이유에 대해서 이렇게 설명했다. "새벽기도회 후에 아침 식사를 하기 전까지 다양한 분야에 대한 책을 읽고 해외에서 발간하는 신학의 동향과 교회 상황들을 전하는 잡지들을 읽으면서 스스로 정체되지 않고 계속 발전하도록 노력한다"는 것이다. 그리

---

* 짐 콜린스,『좋은 기업을 넘어…위대한 기업으로』, p.266

고 그것이 자신의 발전에 머무르지 않도록 정기적으로 시간을 할애해서 부목사들에게 교육했다. 부목사 교육을 할 때마다 아직 번역되지 않은 외국 서적들을 소개하고 그 내용이 교육에 어떻게 적용되었는가를 설명하곤 했다. 김선도 목사에게 있어서 자기 계발은 '셀프 매니지먼트Self-Management'이면서 동시에 인재 계발이 된다. 그리고 이것이 교회성장의 지속적인 동력이 된다.

낚시하는 법을 가르치고 배워라

자기 계발과 발전을 위한 가장 효과적인 방법은 다른 사람을 가르치는 것이다. 실제로 다른 사람을 계발하고 발전하도록 가르쳐 본 사람은 그것이 자신의 계발을 위한 성공적인 도구라는 것을 알게 된다. 김선도 목사는 은퇴 후에도 정기적으로 교회의 부목사들을 가르쳤다. 그 가르침은 노교수가 오래전 작성한 강의 원고를 가지고 신입생들에게 가르치는 것이 아니었다. 항상 강의는 주제와 관련된 신간을 소개하고 내용 가운데 어떤 부분이 새로운지를 설명한다. 강의 주제를 보면 '포스트모던 시대의 목회, 목회 리더십, 설교의 작성과 전달, 예배학, 속회 운영법' 등이다. 그때 강의를 받아

적었던 것을 펼쳐 보면 지금 이 원고를 토대로 어디에 가서 강의하더라도 구성과 내용이 부족하지 않다.

오래된 속담 중에 '자식에게 물고기를 주지 말고, 물고기 낚는 법을 가르치라'는 말이 있다. 자녀에게는 혹독한 말로 받아들여질 수 있다. 그러나 김선도 목사는 이 원칙을 지키고 목회자들을 교육했기에 한국 감리교를 대표하는 목사들을 길러낼 수 있었다.

새롭게 도전하고 창조적으로 경영하라

교회의 사명에 대해서 예수님은 "너희는 가서 모든 민족을 제자로 삼아 아버지와 아들과 성령의 이름으로 세례를 베풀고 내가 너희에게 분부한 모든 것을 가르쳐 지키게 하라"(마태복음 28:19-20)고 말씀했다. 이 사명을 이루기 위해서 목적을 분명히 하고 조직을 세우며 사람을 배치하고 일의 성과에 대해서 평가한다면 그것은 경영적인 일이라고 할 수 있다. 김선도 목사는 목회 전반에 있어서 분명한 목적의식을 가지고 목표를 설정했다. 그리고 그것이 구체적으로 실행되어 효과적으로 달성될 수 있도록 이끌었다. 그의 목회 경영의 토대는 리더십에 있다. 교회에 부임하여 먼저 걸레부터 찾아 청소를 시작하는 겸손함과 더불어 사명을 이루고자 하는 굳은 의지를 가진 리더십이다. 그리고 이 리더십을 가지고 교회가 처한 상황을 정확하게 이해하고 '예배, 선교, 교육, 구제, 봉사'라고 하는 교회의 기능을 단순하고 명학하게 구체화했다. 호렙산 기도회, 트리니티 성서연구, 임원전지훈련, 통일성취 기도회, 사랑부 운영 등이 대표적인 사례이다. 이러한 것들이 지속적으로 진행되고 내부적으로 다양한 축적이 일어나 결국 목표를 돌파하여 세계 최고의 감리교회를 이루게 된 것이다. 이는 기존에 존재하던 세계 최대의 오순절 교파 교회, 혹은 장로교회와는 전혀 다른 새로운 모델의 교회 창조였다. 이는 존 웨슬리로 시작된 감리교운동이 조직을 가진 교회로 구체화되어 세계적인 영향력을 가지게 된 최초의 모델이라고 할 수 있다. 오늘날 영국 감리교회가 웨슬리 채플에 김선도 목사의 흉상을 세운 것은 이런 창조적인 교회 경영을 통해 새로운 감리교회를 이룬 것을 인정하고 존중하는 의미로 볼 수 있다.

교회의 사명을 이루어 갈 때 가장 먼저 고려할 것은 사역에 대한 기준을 높이 잡고 그것을 이루기 위해 최선의 노력을 다하는 것이다. 그렇게 할 때 만족감과 성취감을 가질 수 있다. 김선도 목사는 은퇴 후에 자기 계발에 대한 새로운 목표를 세웠다. 그것은 일본어를 공부해서 일본인들에게 통역 없이 설교하는 일이었다. 과거 일제 강점기 때에 학생 시절을 보냈기에 일본어를 배웠지만 오랜 시간 동안 잊고 살았다. 그러나 일본인에게 통역 없이 설교한다는 목표를 달성하기 위해 새벽기도회에 나올 때마다 일본어 성경을 가지고 나오셨다. 그리고 기도한 후에 일본어 성경을 읽었다. 시간이 오래 지나지 않아서 어릴 때 배웠던 일본어를 기억해 내었다. 미네노 목사가 시무하는 일본 요도바시교회에서 설교할 때 통역 없이 일본어로 설교해서 그들을 깜짝 놀라게 했다.

언젠가 이런 질문을 한 적이 있다. "어떻게 하면 좋은 설교자가 될 수 있습니까?" 대답은 눈덩이에 대한 비유였다. '처음에는 조그만 눈덩이지만 눈 위에서 이리저리 굴리면 큰 눈사람을 만들 수 있는 것처럼 성경을 끌어안고 계속 뒹굴면 영혼을 울리는 설교자가 될 수 있다'는 내용이었다. 이것은 설교의 영역뿐만 아니라 목회영역 전반에 동일하게 적용되는 원리이다. 교회의 창조적 경영은 한 번의 성장에 안주하지 않고 계속해서 성장을 이끌어 내기에 변화된 사회와 환경 속에서도 성장을 통한 선교와 섬김을 지속할 수 있게 된다. 김선도 목사는 경영자의 마음을 가지고 목회의 돌을 굴렸다. 처음에는 아무도 주목하지 않는 것 같았고 위기도 있었지만 결국 사람의 생각을 초월해서 역사하시는 하나님을 증거하게 되었다.

1972년 광림교회 초창기 성가대. 김선도 목사는 예배에 있어
'영감 있는 설교, 음악, 의식, 안내'를 가장 핵심적인 가치로 보았다.

1973년 광림교회 20주년 기념관 건립 정초식 기념사진.
김선도 목사는 교회의 성장을 확장과 나눔과 섬김의 중요한 발판으로 삼았다.

1980년 광림교회 시무식을 집도하는 김선도 목사(왼쪽 첫 번째).
김선도 목사는 매주 한 번 주간회의를 열어 부목사들과 소통하는 시간을 가졌다.

광림교회 초창기 기획위원회 모습. 김선도 목사는 매주 토요일마다 기획위원회를 열고 당시 해마다 인구가 급격하게 증가하던 강남으로 교회를 이전해야 한다고 설득했다.

2부

영성과 신학,
희망과 긍정의
목회를 이루다

1장

장천 김선도 목사의 신학

서창원

서창원

뉴욕 유니언신학대학원 철학박사. 감리교신학대학교 교수, 한국조직신학회
회장을 역임했다. 광림교회에서 전도사 및 부목사로 섬기며 김선도 목사와 인
연을 맺었다.

김선도 목사는 한국 교회와 세계 교회의 위대한 지도자이다. 지난 40년간 광림교회 담임목사로 한국 감리교회와 세계 감리교회에 역사적 발자취를 남긴 설교자이고 목회자이며 동시에 탁월한 신학자이다. 새로운 21세기 문명의 전환기에서 그의 신학적 담론을 현대신학의 입장에서 구성하여 정립하는 것은 큰 의미가 있다. 선교적 상황이 척박하고 전근대적인 문화와 정치, 경제적 현실이 빈곤하고 세계에서 가장 가난한 나라였던 한국 땅에서 감리교회 창시자였던 웨슬리의 신학적 운동과 사상을 아시아의 지평에서 새롭게 구현해 낸 당사자이기 때문이다. 이제 세계 기독교 교회사의 축은 서구 유럽과 영국 그리고 미국의 시대를 지나 선교지였던 아시아와 아프리카의 제3축으로 이동하였다.

　　김선도 목사는 한국 개신교의 예루살렘이라 알려진 평안북도 선천에서 1930년에 출생하였다. 그의 생애는 한국 근대사 속에서 가장 중요한 격동의 시기를 관통하고 있다. 그는 1930년대 일제의 식민지 억압과 중일전쟁과 태평양전쟁 등 소용돌이치던 역사의 현장에서 성장했고, 감격의 독립과 이어진 이념의 갈등 그리고 한국전쟁을 살아냈다. 또한 전후의 재건과 경제부흥 산업화, 민주화의 현대사를 몸소 체험한 역사의 산 증인이다. 김선도 목사는 평안북도 선천군 선천읍에서 부친 김상현과 모친 이숙녀의 사남 삼녀 중 장남으로 태어났다. 조부 김탁하는 평안신학교를 수학한 적 있는 장로이며, 평안북도 정주 지역을 돌아보는 강도사였다. 그의 가정은 장로교의 청교도적인 신앙의 엄격함을 물려받은 한국 초대 기독교의 원형적 역동성을 체득하였다.

　　그의 삶은 6.25전쟁 중 수십 번의 생과 죽음의 갈림길에서 살아계신 하나님의 은총을 체험하면서 결정적 전환을 맞이하였다. 그는 청년 시절 북한군에게 강제로 징집되어 의무관으로 복무하였다. 공산주의 체제에서 영혼의 질식을 뚫고 신앙의 자유를 갈구하며 북한군을 탈출해 국군의 의무관으로 신분이 전환되는 은총의 카이로스를 체험하였다. 이 실존적 위기 가운데서 "살려주시면 하나님께 일

평생 헌신하겠다"고 서원하였고 이 서원으로 삶을 이끄는 목적의 지평에서 하나님의 교회를 섬기는 목회자로 일생을 살았다.

장천의 사상적 활동과 신학은 그의 저서 『김선도 목사 전집 1-12』에 고스란히 담겨져 있다. 물론 전문적인 신학적 지식을 강해하지는 않았지만, 장천의 방대한 설교 저술은 풍부한 신학적 사상과 담론의 보고이다. 신학은 시대적 산물이다. 모든 신학은 하나님의 말씀인 성서를 그 시대적 현장에서 실존적이고 역사사회적인 질문에 응답하는 해석학적 방법론이다. 장천의 방대한 설교집에는 목회자이며 설교자이며 신학자로서 시대의 변화에 따른 신앙 공동체인 교회 현장에서 양산된 인간과 역사의 질문과 삶의 요청에 따른 변증법적 철학과 살아있는 해석학적 원리에 의한 신학적 담론이 다양하게 구성되어 있다. 신학 계보적으로 살펴보면 '한국 웨슬리 복음주의협의회'*를 설립하여 회장을 역임한 것처럼 웨슬리 신학의 포괄적이며 관계적 성격의 핵심인 신인협동설synergism의 맥락을 계승하여 상황적이며 현실적으로 노력한 것이 장천의 신학 여정이었다.

---

* 웨슬리 복음주의협의회는 김선도 목사가 감리교회 목회자를 중심으로 1989년 구성한 신학연구 모임으로 웨슬리의 신학적 유산을 계승하고자 하는 목회자들의 협의회이다.

장천의 신학과 교회론

장천 신학의 구조와 형성

전통적인 이론신학을 표방하는 조직신학은 세 가지 유형으로 볼 수 있다. 첫째는 전통적인 교의학Dogmatics이고, 둘째는 슐라이에르마허 이후 근대신학으로 태동된 계몽주의와 근대성에 대응하는 조직신학Systematic Theology이 있다. 셋째는 역사 현장과 목회적 상황을 포괄할 수 있는 구성신학Constructive Theology으로 분류할 수 있다.[*]

미국 연합감리교회도 교단의 신학적 문제로 오래 고민을 해 왔

---

[*] 피터 C.하지슨, 『기독교 구성신학』, 손원영 역, 은성, 2000, p.70-75

다. 우리가 아는 것처럼 감리교회는 존 웨슬리의 신학적 전통을 이어서 성서해석의 4대 요소로 신앙, 이성, 전통, 경험을 부각하여 왔지만, 웨슬리 신학은 종교개혁자 루터나 칼뱅과 달리 전문적 신학 저술이 없었다. 그래서 웨슬리의 표준설교, 웨슬리의 일기Journal, 신약성서 강해 등이 신학의 원천적 근거가 되고 있다. 더구나 웨슬리는 전도자이며 설교자였다. 또한 그의 설교는 평이하며 전도적이기도 하다. 오랫동안 웨슬리의 신학적 전통을 이어 가는 영국과 미국 감리교회는 신학적 결핍의 열등감을 지녀 왔다.[*]

그러나 신학에 대한 구성적 가치가 발견되고 신학이 형이상학적 전제나 구조에서 벗어나 구성적인 신학 방법론이 제기되면서 새로운 신학적 유형으로 웨슬리 신학의 탁월성이 인정받기 시작했다. 웨슬리의 성화 신학사상은 현대신학에서 해방신학과 생명신학의 연장 위에서 독보적 방법으로 부각되면서 존 웨슬리의 신학적 탁월성과 방법론의 창의성을 인정하게 되었다.[**] 더구나 신학적 강조점이 정통orthodoxy에서 정행orthopraxy을 넘어 정감orthopathy으로

---

[*] George Cell, 『The Rediscovery of John Wesley』, 1935
William R. Cannon, 『Theology of John Wesley』, 1946

[**] Theodoro Runyon, 『새로운 창조』, 김고광 역, 기독교대한감리회홍보출판국, 1999

연장되고 있다. 이에 웨슬리는 공감과 감정ethos이 새롭게 부각되는 신학적 시대적 상황에서 새롭게 인식되고 있다.

이와 같이 '경험'이 웨슬리 신학에서 큰 역할을 하고 있다. 그는 '실험신학experimental divinity'과 '실천신학practical divinity'의 용어를 상호 교환하여 사용했다. 웨슬리는 사색신학자라기보다 실천신학자였다. 웨슬리는 '연결적connectional' 또는 '접속적conjunctive' 신학자로 표현될 수 있는 '이것도 저것도'이지 '이것이냐 저것이냐'가 아니다. 그의 구원론은 구체적으로 펠라기우스주의의 낙관론과 아우구스티누스주의의 비관론에 대한 '제3의 대안'을 제시한다. 값없이 주시는 은총과 협력은총의 긴장으로 나타나는 접속적 방식으로 이해될 수 있다. 같은 입장에서 웨슬리의 선행은총 이해는 지역과 문화에 제약을 받지 않고 포용적이며 보편적인 것으로 공로에 의해서가 아니라 값없이 주어진 은총이다. 이처럼 선행은총의 이해는 은혜의 주권적인 원인성은 유지하되 하나님의 결정론은 피해 가는 제3의 대안을 추구하였기에 인간의 자유의지를 말할 수 있는 책임적 은총responsible grace을 제시했다.[*]

장천은 감리교신학대학에 입학하기 전 구원론에 있어 장로교

---

[*] John B. Cobb, Jr. 『은총과 책임』, 심광섭 역, 기독교대한감리회홍보출판국, 1995

회의 전통에 따른 예정론 교리와 인간의 자유의지를 강조하는 감리교회의 선행적 은총론 사이에 오랜 갈등을 겪어 왔다. 오랜 실존적 갈등을 겪은 후 전통적 하나님의 주권과 자유의지 사이에 깊은 신학적 변증법을 터득한다. 인간의 전적 타락을 인정하면서 웨슬리가 주장하는 선행적 은총의 보편적 하나님의 사랑이 모든 인간에게 주어졌다는 것이다. 이 은총으로 말미암아 인간은 책임적 자유의지를 회복했고 인간 구원에서 무조건적 하나님의 예정을 넘어 인간의 협력적 책임을 말하는 구원론을 받아들이기 시작한 것이다.* 이 관심이 장천 김선도 목사가 신학에 대한 열정과 감리교신학대학에 입학하게 된 신학적 회심의 동기가 되었다. 개신교 구원론의 종교개혁 전통 안에서 새로운 변중법적이며 해석학적 통전의 이해가 싹튼 것이다.

이 체험을 신학적으로 구성하여 본다면 종합적이고 포괄적이며 역동적인 해석지평의 융합으로 볼 수 있다. 복음적 신인협동설 Evangelical Synergism을 구도자의 실존적 지평에서 체득한 것이다. 이 방법론적 자각은 장천의 평생 목회와 설교의 내용적 구조가 되었다. 극단적 갈등과 이원적 분리를 벗어나면서 늘 통전적 종합을 이

---

* 김선도, 『5분의 기적』, 넥서스CROSS, 2013, p.78

루는 실용주의적인 제3의 모색이다. 전형적으로 웨슬리 신학은 중도의 신학via media으로 '이것이냐 저것이냐'를 넘어서는 '이것과 저것도'의 신학적 유형을 체험적 현장에서 이항대립을 통합하여 하나로 지향 또는 승화시킨 것이다. 이 신학적 특징은 장천의 모든 사상과 현실 이해에서 지속적으로 표현된다.

장천은 복음주의적 로잔세계복음화협의회의 한국 대표를 맡아 한국위원회 회장을 역임했다. 동시에 세계교회협의회W.C.C.를 방문하여 에큐메니칼 진영의 한국 지도자인 사회와 봉사 분야 오재식 총무 등의 협력을 받아 북한 선천에 국수공장 설립을 지원하기도 했다. 이 같은 장천의 목회와 세계 교회 지도자로서의 실천과 행동에는 굳건한 그의 신학적 이론과 변증법적이 굳게 자리 잡은 것이다.

물론 이러한 신학적 진보에는 바울의 다메섹의 회심 사건처럼 6.25전쟁 중 수십 번의 삶과 죽음의 갈림길에서 하나님의 은총이 살아계심을 체험하고 서원하는 카이로스의 경험이 있었다. 죽음의 실존적 한계상황에서 그가 만난 '하나님 체험'은 인생에 있어 제2의 탄생이며, 전적으로 새로운 존재로 변모한 카이로스의 사건이며 회심의 사건이다. 1951년 1월 4일 스물두 살 청년 김선도의 실존 속에 예수 그리스도가 부활한 것이다. 그는 예수 그리스도와 함께 거

듭났다고 밝히고 있다. 교리적 신앙의 관념에서 새로운 존재로 변신(메타모르포시스)한 것이다.[*]

장천과 동시대의 전쟁을 경험한 세계적 신학자 위르겐 몰트만을 연결하여 보자. 제2차 세계 대전이 한창이던 1943년, 함부르크를 초토화한 영국군의 공습으로 바로 곁 친구들의 사지가 찢겨 나가는 모습을 지켜보며 "하나님, 당신은 어디에 계십니까?"하고 울부짖던 독일 소년은 그 후 세계적 신학자가 됐다.[**] 현대 신학자 몰트만은 1945년 제2차 세계 대전 중 나치 히틀러의 전쟁에 소년병으로 동원되어 패잔병의 신분이 되어 영국군의 포로수용소에 수감되었다. 그 후 영국이 세운 YMCA에서 신학을 접하고 1947년 목사가 되기로 결심하여 괴팅겐대학의 학생이 되었다. 몰트만은 1964년 『희망의 신학Theology of Hope』을 저술하면서 칼 바르트 시대의 신정통주의 신학의 사조를 넘어서는 신학적 전환을 이끌어 왔다. 그의 신학적 회심 사건에는 시대의 전환(카이로스)을 일으킨 예수 그리스도의 십자가와 부활에 대한 새로운 이해가 자리 잡고 있다. 이 변증법을 이끈 것이 몰트만의 하나님 체험인 것이다. 그의 저서에 대해

---

[*] 김선도, 『5분의 기적』, p.36
[**] 위르겐 몰트만, 『몰트만 자서전』, 이신건 외 2명 역, 대한기독서회, 2011

<뉴욕타임즈>는 '희망의 신학' 때문에 당시 미국을 풍미하던 "하나님은 죽었다"라는 신죽음의 신학이 그 근거를 상실하였다는 기사를 1면에 실었다. 남은 것과 단절하고 새로운 것을 시작할 수 있게 해 주는 희망은 모든 발단과 공통점을 갖는다. 곧 희망의 넘쳐흐름과 기대의 가치를 지향하게 된 것이다. 그는 역사적 전진의 희망을 종말론적 기대와 결합시켰다. 이 종말론적 기대는 역사적 가능성과 인간의 능력을 능가하는 것이다. 희망의 신학은 기독교의 진정한 희망을 세계를 위해 희망의 하나님과 결합하려는 의도가 있다. 그것은 '십자가에 달리신 그리스도의 부활'을 세계를 위한 하나님의 약속으로 제시한 것이다. "믿음은 바라는 것들의 실상이요, 보이지 않는 것들의 증거이다"(히브리서 11:1)라고 몰트만은 말한다.

그 후 신학자 몰트만은 광림교회를 수차례 방문하여 설교했고 명예목사로 추대되었다. 그는 『5분의 기적』 추천사에서 전쟁의 실존적 상황에서 하나님을 만난 장천의 체험에 대해 이렇게 말한다.

"김선도 목사는 6.25전쟁의 끔직한 비극 가운데서 주님의 종으로 부름을 받았습니다. 나 역시 1943년에 고향 함부르크를 불태웠던 폭탄의 소용돌이에서 비슷한 경험을 하였습니다. 당시 나는 그러한 상황에서 여러 질문을 던지게 되었습니다. 왜 나는 나의 곁에 있던 전우나 친구들처럼 죽지 않았을까? 나는 무엇을 위해 반드시 살아야만 했을까? (⋯) 일제 강점기, 제2차 세계 대전, 6.25전쟁, 조국의 분단 등을 경함한 대한민국의 역사에서 김선도 목사의 고난은 한국 국민들의 고난이었으며, 한국 국민들의 고난 역시 김선도 목사의 고난이 되었습니다. 따라서 김선도 목사의 하나님 체험은 한국 국민들을 넘어서 전 세계에 있는 압제당하고, 추방당하고, 모든 것을 잃어버린 사람들에게도 매우 설득력이 있을 것입니다."[*]

장천의 신학적 고백은 몰트만이 말하는 '희망의 신학'에서의 십자가에 달리신 하나님의 부활과 연결되어 있는 동일하신 하나님 체험에 근거한다. 신앙 사건의 원형적 모습에는 인간 실존의 죽음과 삶의 극적인 사건에서 체험한 살아계신 하나님의 이해가 자리 잡고 있다. 기독교 신앙의 상징인 '십자가와 부활'은 그리스도교 신앙의 핵심적 사건의 압축적 방법론이다.

몰트만이 『희망의 신학』으로 세계적 신학의 전환을 가져온 것처럼 장천은 2018년 7월 11일 세계감리교회협의회에서 최고 명예의 '예루살렘 휘장'을 수여받아 세계감리교협의회의 존경받는 지도자가 되었다.

---

[*] 김선도, 『5분의 기적』, p.4-5

장천의 신학적 전통 이해

장천의 설교를 듣는 교인들은 그의 설교에 늘 감동을 받는다. 그의 설교는 신앙, 이성, 성서, 전통의 복음주의적 4변형의 방법론에 근거해 균형 잡힌 내용으로 구성되어 있다. 웨슬리의 신학적 유산은 온전한 소망의 확신을 내적으로 강조하는 은총의 지각에 있다. 웨슬리는 성령의 '간접적 증거'와 성령의 '내적 증거'를 말하는 구원에 대한 확증을 말한다. 인간의 마음에 성령이 임재한다는 것은 하나님의 계속적인 활동이 인간의 영적 감수성을 불러일으키고 영혼을 깨워 인간으로 하여금 하나님께 책임적으로 응답하게 만든다. 이것이 웨슬리가 교회에 끼친 감리교도methodist의 신학적 유산이다. 장천은 이 신학의 지평에 굳게 서 있다.

웨슬리는 신학의 기본 형식이 되는 삼위일체에 대한 영국 국교회 종교 강령의 원본을 미국의 감리교를 위해 각색하면서 "감정도 없으시며"라는 구절을 빼 버렸다. 삼위일체의 전통적 신학의 위상에서 '내재적 삼위일체'는 너무 사색적이라고 생각하여 구원의 순서에 따라 구원의 경륜 안에 나타난 '경세적 삼위일체'에 관심을 두었다. 즉, 하나님의 사역을 통해서 하나님의 구원과 활동, 구속의 참 내용에 관심하는 삼위일체의 완전한 현존을 견지하였다. 웨슬리는 삼위일체 하나님의 활동은 믿는 자들의 삶 속에 활동하는 구원의 과정에서 경험적으로 인식된다고 주장한 것이다.[※]

장천의 하나님 이해는 경세적 삼위일체의 이해에 따라 하나님의 사역과 구원의 역사에 존재하는 삼위일체의 표현으로 전개되고 있다. 예를 들면, 아버지는 구원을 계획하시고, 아들은 위에서 오셔서 죽고 부활하시며, 성령은 타락한 인간 안에서 하나님의 형상을 회복시키시고 예수그리스도의 자리를 증언하고 심어 준다. 아버지와 아들, 성령의 역할인 하나님의 존재의 반영과 하나님의 경륜적 사역 안에서 인간의 구원 과정 사이의 상관관계 안에서 삼위일체의 표현이 드러난다. 때로는 성부 하나님의 모습으로 때로는 아들 하나님인 예수 그리스도의 모습으로 혹은 성령 하나님인 역동적이며 강렬한 공감의 사역으로 표현된다. 설교의 핵심적 주제와 전개에 따라 삼위일체 하나님의 존재와 사역의 모습이 설교에서 구체적으로 제시되는 것이다.

'삶의 변화'에 초점이 맞춰진 장천의 설교에는 '십자가와 부활'의 변증법적 신학 이해를 근거로 성령론적 성화, 변화, 변모를 제시하는 성령론적pneumatological 강조가 크게 부각되고 있다. 장천은 사

[※] 케네스 콜린스, 『존 웨슬리의 신학』, 이세형 역, kmc, 2012

색적이거나 비현실적 교리로서 삼위일체론을 신학적으로 전개하지 않았다. 그의 설교에 등장하는 살아계신 하나님, 전능하신 하나님, 절대적인 하나님은 단지 명사적 표명이 아니라 장천의 신앙과 삶의 체험에서 우러나는 역동적이며 인격적으로 참여하는 동사적 표명으로 이해되어야 한다. 장천의 예수 그리스도는 6.25전쟁의 포화 속에서 실존적으로 체험된 구원의 사랑으로 그리고 죽음을 생명으로 이끄는 살아계신 구주이시다.

성령론의 논지는 장천의 설교의 중심축이다. 설교를 치유의 과정으로 이해하는 장천은 한국전쟁 이후 집단적 트라우마 증상과 실존적 상처에 예민한 이해를 가진다. 장천은 설교를 통해서 영육 간에 하나님의 치유를 체험하였다. 인간의 육신을 살리는 의사에서 영혼을 살리는 의사로 소명을 바꾼 장천은 목회와 설교에서 보혜사 성령의 임재를 늘 강조하면서 성령의 충만한 역사를 전개하였다. 이러한 장천의 설교를 전개해 나가는 하나님 이해에 대한 모형을 귀납적으로 구성해 보면 경세적 삼위일체의 '삼위일체론'으로 추론해 볼 수 있다. 목회자나 교회 지도자마다 하나님의 이해에 있어 삼위일체 구조에서 신 중심적 목회자, 또는 그리스도론 중심적 설교자 또는 성령론적 교회 지도자 등으로 모형론에 근거해 특징을 설명하는 경우가 있다. 이러한 이해가 유익한 것은 하나님의 존재와 성격에 대한 이해는 삶의 이해에 대한 우리의 이해가 되기 때문이다. 은총의 하나님에 대한 확신과 이미지는 기독교 메시지에 즉각적인 영향을 미친다.

예를 들면, '하나님은 가장 기본적으로 어떤 분인가'하는 질문은 하나님의 성격에 대한 이해에 결정적 단서가 된다. 하나님의 성격에 대한 생각은 우리의 세계관을 결정하는 중대한 역할을 한다. 우리가 하나님의 성격을 어떻게 이해하느냐에 따라 우리의 생각과 나와 하나님과의 관계가 형성되기 때문이다. 이에 따라서 기독교인의 삶이 어떠해야 하는가가 결정된다. 장천의 설교에서 전개되는 하나님의 성격은 사랑과 인격적 관계의 하나님이다. 이것이 전통적인 초자연적 유신론supernatural theism을 넘어서는 것이다. 하나님을 하늘 위에, 저 밖에, 우주 너머에 계신 분으로 생각하는 '군주적 모델the monarchical model of God'을 넘어서는 것이다. 여기에는 범재신론적panentheism 경향이 드러나고 있다. 하나님은 모든 사람들과 모든 만물을 사랑하신다. 기독교인의 삶이란 하나님과의 관계를 통해 우리가 더욱 자비로운 존재로 변화되는 삶이다. 사랑과 인격적 하나님은 관계와 변화의 하나님이다. 이것이 웨슬리가 그의 설

❈ 마커스 보그, 『새로 만난 하나님』, 한인철 역, 한국기독교연구소, 2001

교에서 대비하였던 '노예의 영과 양자의 영The Spirit of Bondage and of Adoption'에서 제시한 길이다.

장천의 하나님 이해에서 기독교는 심판의 종교, 근심의 종교가 아니다. 지금 여기에서 새로운 삶으로 초대하는 메시지이자 우리의 개인적 삶을 변화시키고 세상의 삶을 변화시키려는 메시지이다. 그러므로 인간의 행동을 축소하고 책임을 무시하는 것이 아니라 인간의 책임적 존재를 강화한다. 장천의 메시지는 변화된 사람들에 대한 비전이고 하나님의 영광으로 넘치는 변화된 세계와 풍요로운 삶으로의 초대인 것이다.

영성운동을 이어주는 교회론

장천의 핵심적 신학의 심층적 단면도를 목회자와 설교자로서의 교회론을 중심으로 살펴보고자 한다. 웨슬리의 신성 클럽 이후 전개된 감리교운동은 그가 소속된 영국 국교회에서 분리되지 않았다. 그는 '큰 교회 안에 작은 교회'의 모임으로 감리교 운동을 전개했다. 그의 감리회는 밴드와 속회 등의 하부조직으로 연결되어 있었지만 웨슬리는 끝까지 영국 국교회의 사제로 남기를 원했다.

웨슬리의 메서디즘과 영국교회의 긴장은 증폭되었다. 내적 종교를 가르치고 성령의 직접적인 증거와 그리스도인의 완전을 가르치는 감리회원의 열심을 영국교회 성직자들은 교회의 삶을 교란시킨다고 오해했다. 평신도를 설교자로 세우며, 옥외설교를 통해 교구 제도를 어기고, 가난한 사람과 연대하고, 가난한 감리회원들을 섬기기 위해 속회의 구조를 음식, 옷, 연료 등을 나누어 주는 통로로 사용하는 메서디즘을 불편하게 생각하였다. 그러나 웨슬리는 더 나아가 기독교의 사랑과 자비에 기초한 구제 목회를 넘어 극빈 상태에 있던 여인들에게는 파운더리의 면 가공처리 공장에서 일하도록 배려하고, 1746년에는 대여금고를 세워 약 250명 정도에 무이자로 혜택을 주었다. 이러한 메서디즘의 영성운동은 영국교회 안에서 성서적 교회를 추구하는 운동이었다. 18세기 영국 국교회가 돌보지 못했던 사회계층을 중심으로 한 감리회의 영적이고도 세속적인 비전은 가난한 계층과 상인, 그리고 노동자들에게 큰 격려가 되었다. 웨슬리 전통에 나타난 영성운동의 계승은 장천의 교회론에 잘 드러나 있다. 광림교회는 남선교회와 여선교회 그리고 평신도 등의 직능에 따라 실업인 선교회가 그 주축을 이루고 있으며, 지역 교구 조직과 연결된 속회는 촘촘하게 조직되어 예배와 친교 그리고 돌봄과 섬김을 강력하게 추진하고 있다. 이 영성운동과 교회론

은 제도적 모델과 기능적 모델을 깊이 연결하고 서로 접속하게 하
는 교회론적 모델이다. 장천의 교회론은 제도적 모델의 형식이해
를 넘어서 기능적으로 연결되었다. 삶과 사회를 변혁시키는 거룩
한 하나님의 사랑에 응답하는 영성운동으로 교회를 더욱 기능적으
로 움직이게 하는 것이다.

전인치유 구원을 선포하는 교회

장천의 깊은 실존적 인간 이해는 그의 성장 과정에서 겪은 일제
식민지 경험, 해방 후 이데올로기 갈등의 경험, 그리고 한국전쟁에
대한 경험 등이 녹아 있다. '인간은 무엇인가?', 그리고 '인간이 살아
가는 삶은 과연 무엇인가?'라는 근본적이며 깊이 있는 질문은 장천
으로 하여금 하나님 앞에 그리고 성서를 철저히 대면하게 만들었
다. 성서의 진리를 통해서 살아계신 하나님의 인도와 구원과 삶의
의미에 대한 실존적 질문을 묻고 또 물었다.

구원론은 기독교 복음의 핵심이다. 하나님으로부터 창조된 인
간의 근본적이며 원래적 모습과 하나님과의 관계를 보여 주며, 인
간 타락과 불신 때문에 소외되고 현존재가 죄 된 인간의 모습을 벗

어나 하나님과의 관계를 회복하고 죽음에서 생명을 회복하는 속량의 과정을 체계적으로 전개하는 것이다. 구원의 과정에서 가장 주요한 출발점은 인간이 원래의 창조적인 하나님의 형상에서 타락되어 왜곡되었다는 것을 발견하는 것이다. 이것이 죄인으로서 인간이다. 원래적 존재가 아니라 비본래적 존재가 현존재가 되었다는 것이다. 이것은 인간의 실존적 고독과 절망 그리고 근본적인 죽음에 대한 성찰을 필요로 한다. 장천의 본래적 기독교 전통 신앙은 6.25전쟁을 통해서 처절하게 체험되었다. 그는 인간 구원의 요청과 과제를 깨달았다. 본인 자신과 집단적인 한국사회의 과제를 직시한 것이다. 예수 그리스도를 믿는 믿음을 통해서 살아계신 하나님의 은총과 섭리로 인도하심만이 새로운 존재로 거듭나게 하는 구원을 얻게 하는 것이라는 소명을 받은 것이다.

한국 개신교회의 폭발적 성장에는 다양한 요인과 이에 대한 분석이 있을 수 있지만, 분명한 한 가지는 전쟁 후 한국사회가 집단적 전쟁 트라우마를 경험하며 생긴 집단적 좌절과 소외감이 그리스도교적 복음의 메시지에서 새로운 삶의 동기와 목적과 에너지를 얻었다는 점이다.

장천은 개혁교회 일반적 신앙의 전통에 따라 인간 구원에 있어 하나님의 주권적 선택과 예정을 따르고 있었다. 그러나 웨슬리의 선행적 은총의 신학에 따라 비록 전적으로 타락하여 하나님의 형상을 상실한 인간이라도 보편적으로 베풀어 주신 하나님의 은총으로 인간이 하나님의 구원에 대해 적극적으로 응답할 수 있는 자유의지에 크게 감동되었다. 인간의 생명의 원천이며 터전이신 하나님과 관계를 회복할 수 있는 기회가 있다는 것이다. 누구나 예수 그리스도를 영접하여 자신의 삶의 목적으로, 삶의 에너지로 받아들이면 하나님께서 주신 원래적 하나님의 형상을 회복하여 자유롭고 풍성한 삶을 이룰 수 있다는 것이다. 그래서 하나님을 사랑하고 이웃을 내 몸처럼 사랑하며 하나님이 통치하는 하나님 나라의 종말적 실현이 크리스천과 그 공동체인 교회를 기반으로 한 장엄한 선교로 전개된다는 비전을 품게 되었다.

장천의 메시지는 하나님의 은총을 힘입어서 자유의지적 인간의 책임적 행동을 격려하는 내용이다. 인간을 죄인으로, 그리고 무가치한 존재론으로 행동을 축소하고 비하하는 내용을 타파한다. 이것이 십자가의 수난과 죽음에서 부활한 예수 그리스도의 능력으로 체험한 것이다. 이러한 구원론의 전개는 광림교회의 목회 현장과 목회철학에 녹아있다.

장천의 교회성장론

사회변화를 활용하는 교회성장론

목회자이며 교회 지도자인 장천의 교회론은 교회성장론에서 다른 차원을 가진다. 그는 교회를 역사와 사회 현장에 구체적으로 자리 잡은 신앙 공동체로 이해한다. 이것은 어거스틴이 신자의 어머니로서 교회는 성인들의 공동체가 아니라 성인과 죄인들이 혼합된 현실적 공동체라는 이해를 따르고 있다. 이러한 이해는 공동체로서 지상의 교회가 신자를 자신의 태 속에 품고, 자신의 가슴 속에서 양육하고, 자신의 보살핌과 지도 아래 지켜주지 않는다면 구원받는 신자의 생명으로 들어갈 수 없다는 실제적 이해이다. 따라서 교회는 영적인 성장과 발전이 필연적이며 유익하다. 장천은 한국 장로교회나 순복음교회는 대형교회로 성장하고 있는데, 감리교회는 그러한 성과를 이루지 못한 것에 대해 아쉬운 마음을 가지고 있었다. 더구나 감리교회의 창시자 웨슬리가 일으킨 신앙운동은 대중지향적인 신앙운동이었음에도 한국에서는 성장을 이루지 못하는 것이 한국감리교회에 무엇인가 문제가 있기 때문이 아닐까 자문하였다. 그래서 믿는 자의 공동체이며, 하나님의 유기체적인 기관이며, 선교의 공동체이고, 은사의 공동체로 교회를 이해하고, 불타는 열정으로 교회성장에 대한 비전을 펼쳐 나갔다.

장천은 교회의 양적 성장과 영적 성숙에 종교사회적 이론을 연결시켜 교회성장론에 차용하였다. 이것은 기능적 교회론의 연장선에서 현대 목회학의 매우 유용한 신학적 접근이다. 장천은 목회 현장에 도움을 주기 위해 '현대목회연구원'을 창립하여 광림교회의 목회뿐만 아니라 한국 교회 목회자를 위한 연수교육을 꾸준히 전개하였다.*

장천의 교회성장학은 새로운 선교 지역인 아시아와 한국 교회

---

* 한국 목회자를 위한 교회성장학 연수를 위하여 1980년 한국목회연구원을 설립하고 초대 원장을 역임했다.

현장에서 큰 역할을 하였다. 1971년 광림교회 부임 당시 교인수가 150여 명이었던 교회에서 세계 감리교회의 대형교회로 성장하기까지 장천의 교회성장학은 목회와 교회성장의 계획과 진단, 그리고 평가의 척도가 되었다. 중요한 관점은, 교회를 유기체적 공동체로 보아 구체적 진단을 한 것이다. 마치 의사가 한 인간의 건강을 진단하고 처방하고 성장시키고 치유하는 것과 같다. 그리고 성장과 성숙을 위해서 영적 은사를 구체적 데이터와 지표로 측정, 분석, 그리고 평가를 하는 목회신학의 중요한 이론이다. 여기에는 장천의 초기교육인 의사 수업이 크게 영향을 주었을 것으로 추측한다. 질병의 다양한 증상을 임상적으로 파악하면서 치유하고 건강한 몸으로 성장하고 활동하면서 삶의 창조와 성취를 이루어가는 것처럼, 하나님의 백성의 신앙 공동체인 교회와 신앙도 생명이 있는 유기체처럼 성장하고 성숙해야 한다는 것이다.

또 교회성장학에는 경영학적인 고찰도 부차적으로 요구된다. 현대 사회의 조직이 일반적으로 건전하게 관리되고 양육되기 위해서는 성장과 확대가 필연적 현실이 되기 때문이다. 서구 사회, 특히 미국 사회에서는 교회성장학이 목회 현장에서 넓게 받아들여지지만, 한국 교회의 현장에서는 교리적으로 편협하게 접근하고 교회를 제도적으로만 이해하는 목회자들에게 매우 부정적으로 받아들여겼다. 그러나 웨슬리가 영국 경험주의 철학의 영향을 받아 영적 감수성을 주장한 것처럼, 장천의 교회성장학 이론은 탁월한 기능적 교회론을 뒷받침하고 있다. 실제로 광림교회가 대형교회로 성장하는데 장천의 교회성장론적 교회론이 큰 주춧돌이 되었다. 이것을 현대 목회신학에서 실용주의적이며 기능주의적 교회론을 제시한 웨슬리 교회론의 지평확장으로 이해할 수 있다.

교회 목회의 신학, 광림교회의 5대 전통

위대한 설교자와 목회자는 하나의 체계를 가진 사상가로서 신학적 구조를 가지고 있다. 대부분의 한국 교회 목회자들은 자신의 신학적 입장, 위치 또는 해석학적 견해를 밝히는 경우가 매우 드물다. 그러나 장천은 자신의 목회철학을 명시적으로 밝히고 있다.[*] 이것이 광림교회의 5대 전통이다. 이 목회철학은 장천의 개인적 신학과 사상을 위한 정체성의 표현이며 동시에 의식적으로 이러한 목표를 삼아 자신을 정립해 나가는 데 목적이 있기도 하다. 따라서 이

---

[*] 김선도, "현대목회 개발론", 『김선도 목사 전집 12』, p.28-29

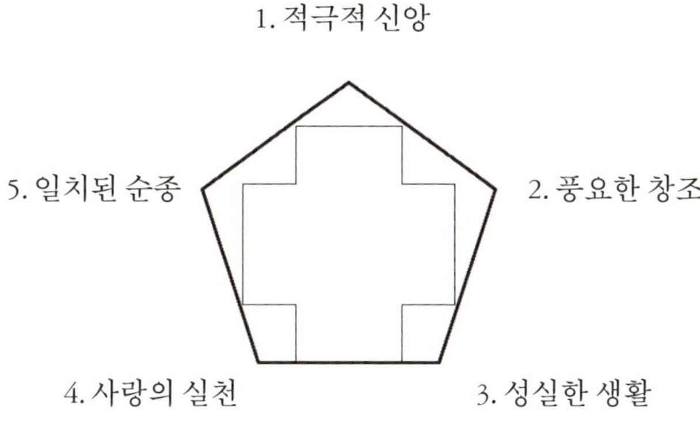

를 장천신학의 구성적 요소로 볼 수 있다.

이 5대 원리는 웨슬리가 말하는 구원의 질서를 '위대한 구원Great Salvation'에 대한 목적론적 과정의 비전과 연결된다. 다시 말하면 과정적이며 유기체적이고 해석학적 순환을 이루는 구조로 이해할 수 있다.* 따라서 장천의 구원론 전개와 광림교회 목회철학을 구성하는 5대 전통을 신학적으로 살펴볼 필요가 있다.

① 적극적 신앙

"신앙에는 부정적인 신앙과 적극적인 신앙이 있습니다. 그 사

---

* Theodore Runyon, 『새로운 창조』, p.13

람이 어떤 신앙을 가졌느냐에 따라서 그의 인생이 바뀌어집니다. 부정적인 신앙은 언제나 소극적이고 파괴적입니다. '나는 아무것도 할 수가 없어'라고 생각하는 사람은 실제로 아무것도 하지 못합니다. 여러분이 실패한 까닭은 여러분 스스로 실패를 선택했기 때문입니다. 부정적인 생각을 가진 사람은 자기도 모르는 사이에 자신의 운명을 부정적으로 만들어 놓습니다. 그러나 긍정적인 사람은 내가 오늘 이 땅 위에 태어난 것은 하나님의 뜻이 계시고 하나님께서 나에게 무엇인가를 맡기셨다는 적극적이고 창조적인 생각을 가지고 자신의 가능성을 개발함으로 말미암아 깜짝 놀랄만한 능력을 발휘하며 살아가게 됩니다. 우리에게 주신 무한한 가능성을 믿음을 가지고 자유롭게 개발하게 되면 깜짝 놀랄만한 기적을 일으키게 하는 것입니다."※

장천은 적극적인 신앙을 강조한다. 이 적극적 사고의 긍정적 신앙은 6.25전쟁 중 겪은 '5분의 기적'으로 예수 그리스도의 십자가 죽음과 부활의 신앙을 체험함으로써 탄생된 것으로, 장천은 노만 빈센트 필과 로버트 슐러를 직접 면담하면서 적극적 신앙의 실천적 위력을 다시 확인하였다고 밝힌다. 또한 의학도로서의 경험과 자

※ 김선도, "적극적 신앙을 발전시키다", 『김선도 목사 전집 1』, p.175-176

신의 치유 경험에 근거를 두고 있다. 첫 목회를 하던 전도사 시절 장천은 청교도적 결벽증 때문에 가벼운 위궤양 증세가 있었다. 그러나 영성수련을 통한 자기 치유 경험으로 장천은 비판적이며 부정적 신앙의 태도에서 적극적 신앙의 원리를 신앙의 본질로 이해하는 태도로 변하게 되었다. 변혁적 사람으로 하나님의 형상을 갱신시키는 데 역사하시는 성령을 체험하게 된 것이다. 즉, 직면해 있는 현실의 난관보다 어떤 관점의 눈을 가지고 그 현실적 난관을 바라보는 것이 중요하다는 것이다.

"내게 능력 주시는 자 안에서 내가 모든 것을 할 수 있느니라"(빌립보서 4:13)라는 말씀처럼 '적극적 신앙'은 우리 삶 속에 역사하는 예수 그리스도의 능력을 믿는 것이다. 예수 그리스도께서 우리를 붙잡아 주시고 강하게 세워 주시기 때문에 우리가 능력을 얻어 모든 것을 할 수 있다는 것이다. 장천은 한국 교회와 사회의 운명론과 부정적 신앙에 대항하면서 자신의 실존적 고민을 극복하려고 새로운 신앙과 은혜의 적극적인 능력을 체험했다. 그는 웨슬리의 이해에 따라 관계적으로 하나님의 형상의 경신을 선포하였다. 인간의 책임적 행동 확대주의에 따라 자신의 체험에 근거한 적극적인 신앙을 목회에 적용하기 시작했고 그의 설교의 핵심사상은 적극적이며 긍정적인 사고에 의한 신앙의 활용이었다.

② 풍요한 창조

장천은 하나님의 형상대로 지음 받은 우리도 하나님의 무한한 가능성을 이어받았다고 강조한다. 하나님을 아는 그 신앙으로 말미암아 창조적인 능력을 힘입어 구체적인 삶을 창조해 나가는 것이 그리스도 신앙이라고 선포한다. 결국 적극적 신앙은 우리를 풍요한 삶을 창조하는 데로 자연스럽게 이끌어 간다. 인간을 향한 하나님의 크신 뜻은 인간이 하나님께서 허락하신 행복과 풍요로운 삶을 살기를 간절히 원하신다는 것이다.(요한복음 10:10) 이것은 하나님의 형상을 회복해 가는 과정에서 새로운 창조의 비전으로 풍요해지는 과정이다.

장천의 이러한 비전은 웨슬리의 구원의 비전인 '새 창조'의 비전과 연결된다. 웨슬리의 새 창조는 하나님의 사랑이 흘러넘치는 것이다. 이를 통해 하나님 영의 복된 사역으로 보편적인 성결과 행복을 재수립하게 될 것이라 믿었다. 이것은 이레네우스Irenaeus가 '원原창조보다 타락 후 회복된 새 창조가 더 큰 것'이라고 말한 것과 같은 비전이다. 장천은 십자가보다 성육신을 강조하고 구원보다 더 성숙한 성화의 신성화defication를 말한다. 여기서 신성화란, 인간이 신처럼 되는 것이 아니라 하나님의 사랑과 영으로 에너지가 충만하게 되어 가장 연약한 존재들이 번성하게 되리라는 하나님의 긍정을 의미한다. 모든 형태의 생명들을 풍요롭고 충만하게 하는 것으로 인간들의 생존과 안녕을 위해 필요한 기본적인 구원의 새로운 방식, 즉 하나님의 풍성함의 방식으로 사는 것이다.

장천이 선포하는 '풍요한 창조'의 내용은 변증법적이며 중층적이다. 우리가 풍성한 물질의 축복을 받아서 가난한 사람과 어려움을 겪는 사람에게 나누며 살아가기를 원한다고 증언한다. 동시에 장천은 돈을 사랑하지 말고 있는 바를 족한 줄로 알며 돈을 사랑하는 것이 일만 악의 뿌리가 됨(디모데전서 6:10)을 강조한다. 따라서 장천의 설교는 변하는 것에 우리의 삶을 위임하지 말고 변치 않는 그리스도께 위임하여 삶의 풍성한 열매를 맺을 것을 권면하고 있다. 장천이 말하는 삶의 풍요한 창조는 포도나무 또는 시냇가 푸른 풀밭으로 인도되는 양떼의 이미지로 비유된다. 풍요함은 수량적이거나 물질적인 측면뿐 아니라 내면적이며 영적인 측면까지 포함하는 것이다. 그에게 있어서 인간의 궁극적 목적은 생명회복과 새로운 창조의 비전이다. 존재의 내면에서 우러나는 기쁨, 영혼의 안식에서 오는 여유, 억압과 질고에서 풀려나고 해방된 자유, 그리고 인간의 타락으로 신음하는 자연만물의 탄식 등이 인간 본성적 갱신에서 오는 삶의 풍요함과 온 우주가 속량되는 새 창조의 비전과 연결된다. 이러한 변혁이 성화의 창조의 과정이다. 장천의 풍요한 창조

의 개념은 웨슬리의 위대한 구원의 모티브를 현대 선교와 교회 목
회에 접목시킨 것으로 이해할 수 있다.

③ 성실한 생활

장천이 가장 좋아하는 덕목 중 하나가 성실성이다. 그는 한국교
회가 놀랍게 성장했지만 성숙한 인격자를 충분히 양육하지 못했음
을 안타까워한다. 이제 한국 교회가 성숙한 교회가 되고 모든 크리
스천들이 성숙한 인격과 성숙한 신앙인이 되어야 한다고 선포하며
성숙한 인격자의 핵심 내용을 사랑으로 희생할 줄 아는 것으로 본
다. 그래서 장천은 "기독교인은 보이지 않는 하나님의 사랑을 전하
고, 나를 위해 피 흘려 돌아가신 예수의 사랑으로 남에게 전하고자
하는 신앙을 가졌기에 성숙한 인간입니다."라고 설교한다. 이처럼
성숙한 인격자의 기초는 하나님의 사랑과 그것에 대한 믿음에서부
터 비롯된 것이다.

웨슬리가 말하는 완전한 그리스도인의 기준은 성령을 통해 전
달되는 그리스도의 완전한 사랑을 실천하는 사람이다. 우리가 예
수 그리스도의 인격의 분량까지 성령의 충만하신 성화 과정을 통
해서 도달하는 과정이 그리스도인의 완전이다. 이 그리스도의 완
전은 온전한 성화의 상태에 이르는 것이고, 그것은 목적과 동기에

서 마음을 다하고 성품을 다하여 하나님을 사랑하는 상태를 말하는 것이다.

장천이 말하는 성실한 생활은 다시 말하면 성령이 충만한 사랑의 에너지로 채워져 인간 품성의 실질적 변화를 동반하는 상태이다. 성실한 생활은 성화의 은총을 힘입어 외면적이고 관계론적으로 하나님의 형상을 회복하는 것뿐만 아니라 내면적이고 실질적으로 변화되는 과정의 결실을 맺는 것이다. 따라서 성실한 생활은 성화의 풍성한 열매를 맺는 생활을 나타내는 것이다.

장천은 진정한 경건은 성실성이 뒷받침되어야 한다고 확신한다. 그는 감리교신학대학교의 스승이며 토착화신학의 효시였던 윤성범 교수가 율곡의 '성誠' 사상과 기독교 계시를 연결 시켰던 예를 든다. 윤성범 박사는 '성'을 글자 풀이하여 '말씀言'의 '이루어짐成'으로 해석하면서 말씀이 이루어지는 것을 신학적으로 표현하기를 진리(로고스)가 성육신되는 것으로 예수 그리스도의 핵심적 개념이 '성'으로 이해될 수 있다고 하여 '성의 신학'이라는 개념을 수립하였다. 이처럼 장천은 자신이 정의하는 '성실한 생활'을 웨슬리가 구원의 과정에서 강조하는 '그리스도인의 완전'과 대응되는 개념으로 사용하고 있다.

④ 사랑의 실천

현대 신학의 큰 물결의 하나가 실천 중심적 경향이다. 바른 신앙, 바른 고백을 강조하는 정통orthodox에서 바른 실천, 바른 행동을 강조하는 정행orthopraxis으로 신학적 강조점이 옮겨진 것이다.

한국 교회는 종교개혁의 전통을 좁게 받아들여 예수 그리스도를 고백하며 구주로 받아들이는 의인화justification 중심의 신앙이다. 물론 이것은 구원에 이르는 중요한 믿음이지만, 이것이 성화의 단계에 이르는 구원의 과정에서는 믿음에 따르는 인간의 실천이 요청된다는 것을 소홀히 해 온 것이다. 웨슬리는 사랑으로 역사하는 믿음을 말하면서 믿음의 성숙으로 실천하며 행동하는 신앙을 그의 구원론적 체계 안에 정립하였다. 그는 로마서의 믿음뿐 아니라 야고보서의 행위를 동시에 말함으로써 구원의 변증법적 성격을 충분히 살려냈다. 즉, 우리의 믿음이 성숙해지고 우리의 믿음이 완전해지기 위해서 행함이 필요하다는 것이다. 보다 풍성한 영성, 보다 성숙한 영성, 보다 완성된 구원을 위해서는 행함이 있는 믿음을 강조한 것이 웨슬리였다. 신앙의 열매인 행동적 실천이 없다는 것은 죽은 믿음이며, 바람직한 믿음이 되지 못한다. 인간의 노력과 수고 없이 사랑은 표현될 수 없다. 하나님께서 우리에게 부여해 주신 풍성한 사랑은 무한한 것이다. 그러나 이 사랑은 책임적으로 받아들이는 믿음을 소유한 사람들을 통해서 증거되는 것이다. 한국 교회는 신앙 지상주의적 태도에서 행함 없는 정숙주의나 도덕 폐기론적으로 빠지는 경향이 있었다. 그러나 장천은 웨슬리 신학의 정통에 따라 선행과 성화를 강조한다. 경건을 훈련하고 사랑을 실천하고 산상수훈 같은 가르침 속에 나타난 선행을 실천해야 예수를 닮고 성화되어 갈 수 있다는 것이다. 웨슬리도 산상수훈 설교에서 기독교를 고독의 종교로 만드는 것은 기독교를 파괴하는 것이라고 했다. 웨슬리는 바울이 표현한 대로 '사랑으로 역사하는 믿음'(갈라디아서 5:6)이야말로 내적 마음의 종교와 지적 사회적 종교를 통합한 진정한 기독교의 모습이라고 말했다. 장천은 광림교회 목회에서 엄청난 사랑의 실천을 수행하였다. 이것은 상호 돌봄과 섬김을 통해서 하나님의 임재와 능력을 경험할 뿐만 아니라 사회적 아픔과 억압을 치유하는 신자와 신앙공동체의 사명인 것이다.

⑤ 일치된 순종

장천의 설교는 하나님께 순종trust and obey을 강조한다. 일치된 순종을 통해 교인들에게 그리스도를 중심으로 한 교회의 소속감, 그리고 안정감을 주려는 것이다. 교회는 한국 사회의 전통적인 지역 공동체 또는 대가족 체제가 붕괴되는 시점에서 바람직한 대안적 공동체의 역할을 하고 있다. 이러한 정감을 교인들에게 나누어 주기 위해 철저한 순종을 요청한다. 신학적으로 살펴보면 순종은 순교자적 삶의 태도이다. 하나님의 뜻에 전폭적으로 생명을 맡기며 사는 그리스도인의 종말론적 삶의 자세이다. 종말론적 삶의 자세와 일치된 순종을 견지하던 초대 교회는 교회 안에서 진정한 친교와 사귐이 형성되었다. 이처럼 뜨거운 사랑으로 연대하는 교회, 형제자매처럼 돌보는 공동체가 교회여야 하는 것이다.

일치를 말하는 장천의 견해는 결코 집단적 획일주의를 말하는 것이 아니다. 은사의 다양성을 인정하는 가운데 하나님의 뜻에 순종하는 일, 즉 다양성을 유지하면서 합일적인 연합을 찾는 태도인 것이다. 이는 교인 모두가 각자의 위상과 역할을 은사에 따라 다양하게 봉사하고 참여할 때 가능하다고 본다. 하나님의 뜻과 하나님의 선교를 위해 자신의 의지나 자격을 포기하고 순종하는 길에서만 진정한 일치와 단결과 연합이 가능하다는 것이다. 이 점에서 일치된 순종은 하나님의 뜻이 하늘에서 이루어진 것 같이 땅에서 이루어지기를 바라는 종말론적 신앙의 표현이다. 장천은 자신의 설교에서 하나님의 뜻이 무엇인지 확신이 서면 그 뜻 안에서 종말론적 희망을 안고 철저하게 일치된 순종을 해야 한다고 강조한다.

장천의 목회철학은 광림교회 5대 전통에 그대로 반영되고 있다. 이 전통은 광림교회의 임무의 표지가 되었고 '세상의 빛이 되는 교회'라는 유래를 가진 광림교회의 존재에 대한 표지가 되었다. 이 5대 전통은 다섯 가지 핵심가치와 연결되었고, 그 첫 철자를 따서 영어로 'LIGHT'라는 이니셜로 압축해 표기했다. 이 5대 전통과 핵심가치를 서로 연결해 보면 아래와 같다.

5대 전통	핵심가치
1. 적극적 신앙	사랑(Loving)
2. 풍요한 창조	소망(Investing)
3. 성실한 생활	성장(Growing)
4. 사랑의 실천	치유(Healing)
5. 일치된 순종	변화(Transforming)

여기서 사랑은 "적극적 신앙을 통해 하나님과 이웃을 사랑하는 공동체", 소망은 "영적 풍요로움으로 창조적 미래를 준비하는 공동체", 성장은 "성실한 생활을 통해 믿음이 성숙해지는 공동체", 치유는 "사랑의 실천으로 치유의 역사를 경험하는 공동체", 변화는 "일치된 순종으로 세상을 변화시키는 공동체"로 풀이된다.

설교자 장천과 교회론

교회론에 있어서 장천 설교의 유기체적 융합

장천은 1971년 광림교회에 부임하여 2001년 은퇴하기까지 30년 간 광림교회의 담임목회자로 설교했다. 그의 설교는 혼신의 힘을 다해 하나님의 말씀을 오늘날 시대적 상황에 맞게 설교자의 신앙과 신학적 고백 위에 선포한 증언들이다. 『김선도 목사 전집』에 나타난 장천의 주옥과 같은 설교들은 변증법적이고 합리적이며 설득력 있고, 균형이 잡힌 신학적 해석과 이해의 지평 위에 있다. 그의 설교의 위치는 매우 독특하다. 프로테스탄트 교회와 로마 가톨릭교회의 교회론의 차이가 말씀 선포와 성례전의 강조에서 드러나는 것처럼, 광림교회에 있어 강단의 설교는 매우 중요하다. 그의 설교에는 몇 가지 특이점이 있다.

첫째, 장천은 설교를 일방적 선포가 아닌 치유와 상담의 과정으로 인식하고 있다. 그래서 교인(청중)의 삶의 정황과 현장에서 문제점을 파악하기 위해 끊임없는 심방을 하며, 이를 통해서 파악한 교인들의 실존적이며 상황적 현실을 늘 그의 설교에 반영하고 있다.

둘째, 장천은 구체적이고 실용적인 설교를 전개하고자 주해적 설교보다 제목 중심의 설교를 선호한다. 주해적 설교는 본문의 원 이해를 출발점으로 현재의 상황으로 연결시키는 주해exgesis적 전개를 중시한다. 성서의 중심 메시지를 현대 상황에서 전달하려는 전개이다. 마찬가지로 현재의 문제의식을 성서본문에서 찾아 보려는 주제설교eisegesis 또한 중시한다. 폴 틸리히가 주장하는 것처럼 기독교의 메시지는 질문하지 않으면 대답하지 않는다는 상관관계적 방법론corelation method이 적용되는 것이다. 구체적인 삶의 질문이 있을 때 이 질문에 상응하는 기독교의 케리그마로 메시지가 창발된다는 관점이다. 그래서 장천은 교인들의 삶과 현장에 절실한 현재적인 요구에 응답하는 설교를 구성해 구체적 삶을 변화시키는 것을 설교의 목표로 한다. 설교는 교회론에서 생명의 씨앗이며 성령의 바람을 일으키는 초점인 것이다.

마지막으로 장천의 설교는 형식으로 전달되는 구조가 중요하다. 그는 이야기체story-telling 설교 스타일을 채용한다. 그리고 실존적이며 살아있고 감동적인 예화를 사용한다. 그의 설교는 문어체보다는 구어체적 수사를 쓴다. 이 방법은 후기 근대사회post-Modern Era에서 새롭게 증명 받은 설교 전달법이기도 하다. 이미지 활용과 함께 회중이 상상할 수 있도록 그림언어pictured language로 전달되는 그의 설교는 교인들의 계층차이나 학식의 장벽을 넘어서 모두에게 설득이 되며, 그 스스로 감동을 전하는 카리스마적 이야기꾼으로 자리매김하기에 부족함이 없다. 그의 설교는 수많은 이야기의 소재로 가득 차 있다. 그중에서 성서의 인물이나 성도 또는 설교자가 경험한 이야기를 통해 회중에게 확신을 준다.*

이러한 이야기 형태의 설교는 북미의 흑인교회에서 자주 활용되고 있다. 흑인들은 그들의 역사적 필요를 충족시켜 주는 '성서 이야기'를 찾아 인용했다. 사람들은 이야기를 하며 살아가는 존재이다. 원래 계시의 말씀인 성서도 이야기narrative였다. 이것이 말씀word으로 나아가 교리doctrine로 정리, 압축되고 여기에 다시 철학적, 이론적 설명이 추가되어 신학theology으로 형성된 것이다. 그 과정에

---

* 안석모, 『이야기목회 이미지영성: 해석학적 목회론』, 도서출판 목회상담, 2001

서 신앙 사건은 점점 추상화되어 갔다. 그러나 장천의 이야기체와 예화적 설교형태는 개인적 필요들과 그것을 채워줄 수 있는 그리스도의 풍성함을 연결해 주는 상담적 설교의 해리 에머슨 포스딕Harry Emerson Fosdick의 설교와 연결된다. 포스딕은 설교 자체를 근본적인 의미에서 목회상담 행위라고 생각했다. 그래서 포스딕은 이러한 설교의 관점을 '상담 설교the counseling sermon'라고 불렀다. 포스딕은 삶의 정황과 관련된 주제들을 중심으로 설교했으며 도움이 필요한 사람들에게 관심을 가지고 설교를 전달했다.

영적 훈련으로서의 예배로 생동하는 교회론

장천의 교회론의 특별한 점 하나가 예배를 영적 훈련과 습관을 형성하는 핵심적 행위로 보는 것이다. 웨슬리는 성화의 과정에서 예배가 성화의 도구라는 것을 제시했다. 장천은 영적 훈련과 실존적 습관으로 예배를 매우 강조한다. 최근 인간 행동 연구 전문가 웬디 우드는 '습관 설계'라는 독창적인 방법론을 제시한 바 있다. 무엇이 인간 행동의 지속성을 창조하는지 밝히면서 "우리 삶의 43퍼센트가 습관으로 이루어져 있다"는 사실을 과학적으로 증명했다. 충

동과 욕망에 굴복해 삶을 낭비해 본 사람이라면 습관 설계의 중요
성을 깊이 실감할 것이다. 웬디 우드는 내 안의 충동을 이겨 내는 습
관 설계의 법칙으로 인간의 삶을 바꿀 수 있음을 말한 것이다.*

장천은 메서디즘의 전통을 계승하는 현대적 영성훈련의 방편
으로 '예배를 통한 영성습관 체득'을 목회 현장에서 강조하였다. 현
대 교회의 목회 현장에서 교인이 단지 교회 출석만을 목표로 하는
것이 아니라 예배를 성화의 도구로 활용하여 새 창조의 인격을 형
성하도록 격려하는 것이다. 장천의 광림교회는 훈련하는 교회, 즉
메서디즘의 전도에 따라 예배를 생활화하고 더 나아가 영적 훈련
을 통해서 습관으로 정착되도록 영적 습관 설계를 진행한 것이다.
그래서 신앙 공동체 안에서 성장한 교인은 세속적 욕망의 충동에
서 벗어나 내 안의 충동을 이겨내는 영성습관을 내면화 하게 된다.
예수를 믿는다는 것은 결국 믿는 사람을 세속의 욕망에서 자유롭
게 하고 행복하게 하는 것이다. 장천은 교회론을 통해서 오랜 고난
과 고통의 질곡에서 허덕이던 교우 한 명 한 명을 모두 자유와 행복
으로 초대했다. 하나님의 풍성한 삶으로 초대하고 새로운 창조의
삶으로 살아가도록 이끌어 가는 것이다.

---

* 웬디 우드, 『해빗 HABIT』, 김윤재 역, 다산북스, 2019

한국 교회에서 장천의 교회론은 제사장적 역할을 강조하는 웨슬리 전통을 이어 가고 있다. 신학적 계보로 살펴보면 다음과 같다.[*]

전통신학에서 칼뱅은 그의 『기독교 강요』에서 삼직무를 들어 그리스도의 사역을 조직신학적으로 전개하였다. 믿음으로 그리스도 안에서 구원을 얻기 위한 확고한 근거를 찾고 그리하여 그 안에서 안심을 얻기 위하여는 하나님 아버지께서 그리스도에게 부여하신 직분은 세 부분이라는 원칙을 확립해 놓지 않으면 안 된다. 즉, 그에게는 선지자, 왕, 제사장 직분이 부여되어 있다는 것이다.

루터의 경우 제사장직이 율법폐지론적인 것이 안 되도록 제사장직에 예언자의 기능을 통합하였다. 따라서 루터에게 그리스도의 사역은 제사장과 왕이라는 두 직무munus duplex가 된다.

그리스도의 삼직무에 대한 웨슬리의 입장은 제사장직이 제일 먼저 나타나고, 그다음으로 예언자직과 왕직으로 연결된다. 제사장직은 속죄와 중보를, 예언자직은 하나님의 총체적 의지를 백성에게 가르쳐 나타내 보이는 사역을, 왕직은 권능으로써 만물을 다스리는 일을 그 내용으로 한다. 웨슬리의 경우 제사장직은 인간을 의롭게 하고 하나님과의 깨어진 관계를 회복하는 일에 집중되어

---

[*] 서창원, 『살림의 신학』, 한들, 2001, p.175-176

있고, 예언자직과 왕직은 참된 인간의 모습으로서의 하나님의 형상이 훼손된 것을 바로 고치며 거룩하게 하는 것에 참여한다. 더 나아가, 웨슬리는 그리스도의 삼직무를 높이 들리우신 그리스도와 마지막 심판과의 관련성에서 논의하고 있다. 웨슬리의 삼직무 이해는 '역사의 창조 전체'와 관련을 맺고 있기 때문이다. 이 삼직무론을 자신의 신학적 관심사, 인간과 역사 및 창조 전체의 구원이라는 관련에서 대제사장 그리스도론을 발전시켜 나갔다는 것이다. 웨슬리는 제사장직에 강조점을 둔 결과 그리스도는 인간의 구원과 성화를 완성하는 분으로 이해한다. '구원'은 이전의 죽음의 악한 삶에서 돌아서서 성령으로 말미암아 계속적으로 새롭게 되어감을 의미한다. 이와 같이 웨슬리는 구원론적 신학에서 구원의 기관으로서 교회의 공동체성 방향이 제시되므로 제사장적 공동체로서 교회론과 연결될 수 있는 것이다.

장천 신학의 발자취와 영향

장천의 신학은 웨슬리 신학의 유산을 한국적이며 현대적 상황에서 창조적으로 계승한 것이다. 그의 하나님 이해는 전적으로 6.25

전쟁의 페허 속에서 체험한 살아계신 삼위일체 하나님이었다. 그는 평생 동안 목회자로 설교자로 교회 지도자로 살아왔다. 그의 신학은 40여 년간 그가 섬기던 광림교회의 역사와 함께 유기체적으로 얽혀 있다. 그래서 이 글에서는 장천의 목회 과정에 얽혀 있는 교회론을 중심으로 그의 신학적 중심 단면도를 이론적으로 분석하여 교회론의 내용구조로 탐구하였다.

장천의 교회론은 다음과 같이 정리할 수 있다.

- 영성운동을 이어 주는 교회

- 사회변화를 활용하는 교회

- 전인치유와 구원을 선포하는 교회

- 목회신학 5대 전통의 교회

- 설교가 살아 있는 교회

- 예배와 영성훈련이 생동하는 교회

장천의 교회론은 광림교회 목회현장과 관련되어 있다. 교회 목회를 통해 이룩한 한국 교회의 성장과 세계 감리교회의 발전에 공헌한 교회론의 신학적 근거는 탁월한 의미가 있다. 이제 한국 교회

는 한국 사회와 선교의 관계를 새롭게 모색하고 결정하여야 할 격

변하는 전환기에 서 있다. 이러한 시점에서 장천이 활동해 온 시대

적·사회적 맥락에서 무엇이 어떻게 그의 목회를 탁월하고 창조적

으로 이끄는 동력이 되었는가 하는 방법론을 포착하는 것이 중요

하다. 그것이 무엇이었을까? 그것은 웨슬리의 전통적 유산을 지난

20세기 한국적 상황에서 주체적이며 창의적으로 보편화시키고 토

착화시킨 장천의 교회론이 그 역사 깊이 뿌리내리고 있기 때문이

라고 말할 수 있다.

새로운 위기의 시대에는 과거의 진리와 유산을 비판적으로 성

찰해 거듭나온 것이 우리의 신학적 방법이다. 장천의 신학적이며

교회론적 발자취가 새로운 시대의 목회를 창발적으로 여는 방향

제시와 영감이 되어 광림교회와 한국 교회에 깊이 뿌리내려 확산

되기를 기대한다.

1980년 제2회 현대교회성장학 세미나 전경. 1971년 광림교회 부임 당시 교인수가
150여 명이었던 교회에서 세계 감리교회의 대형교회로 성장하기까지
장천의 교회성장학은 목회와 교회성장의 계획과 진단, 그리고 평가의 척도가 되었다.

1996년 세계감리교협의회(WMC)에 참석한 김선도 목사.
2000년까지 회장직을 역임했으며, 2018년 '예루살렘 휘장'을 수여받아
세계 감리교회 최고의 지도자로 추대되었다.

1984년의 광림교회. 김선도 목사는 교회의 양적 성장과 영적 성숙에
종교사회적 이론을 연결시켜 광림교회의 성장을 이끌었다. 서창원 교수는
이러한 이론을 '장천의 교회성장학'이라고 명명했다.

1991년 춘천에 개원한 사랑의 집. 광림교회는 목회에서 사랑의 실천을 적극적으로
수행하며 사회적 아픔과 억압을 견디는 이들을 치유하고 돌보는 데 힘썼다.

1993년 광림교회에서 설교하는 김선도 목사. 그의 설교는 쉬운 언어로
설득력 있게 전개되어 교인들의 계층과 관계없이 모두에게 감동과 깨달음을 주었다.

2장

힐러로서의
김선도 목사

이창우

이창우

정형외과 전문의 및 선한목자병원장. 존스홉킨스·피츠버그·하버드대학에서 공부하고 한양대학병원 객원교수, 굳세퍼드 재단 이사장을 역임했다. 현재 미국정형외과학회 국제회원, 세계관절경학회 정회원, 선한목자줄기세포연구소 소장, 정신학원 이사로 활동하고 있다. 『마인드 바이블』, 『바디 바이블』, 『건너와서 우리를 도우라』 등을 집필했다.

김선도 목사와 박관순 사모의 회혼回婚을 진심으로 축하드린다. 이미 알려졌다시피 김선도 목사와 박관순 사모는 의사와 간호사 출신이다. 육체를 치료하시던 두 분은 하나님의 특별하신 부르심을 받은 후부터 '영혼의 힐러'가 되어 생애 전체를 불태웠다. 그리고 지금 우리 모두에게는 가장 아름다운 부부로서 '사랑의 모델'이자, 하나님 앞에서 인간은 어떻게 살아가야 하는지를 보여 주는 '믿음의 모델'이자, 생명을 살리기 위해 전 생애를 하나님과 세상에 바친 '희생의 모델'로 서 있다. 참된 소망은 값진 희생으로부터 탄생한다. 두 분의 삶에 엎드려 경의를 표하며, 존경과 감사하는 마음을 바쳐 본 글을 시작하고자 한다.

김선도가 걸어온 길

의사 김선도, 목사 김선도

내 책상 위에는 사진 한 장이 놓여 있다. 캐나다 야전병원에서 수술하고 있는 '의사 김선도'의 모습이 담긴 사진이다. 매일 출퇴근하면서 마주하는 흑백사진 한 컷. 이 사진은 의사의 사명과 본분을 깨우쳐 주기도 하고, 때로는 신앙인의 본을 보여 주는 자기 공명 영상MRI이 되기도 한다. 언젠가 서창원 목사가 김선도 목사에 대해 "김선도 목사는 원석原石과 같은 분입니다. 모든 것이 새롭게 창조될 수 있는, 그런 창조성이 가득한 분입니다."라고 말씀하신 적이 있다. 아흔의 김선도 목사는 여전히 우리 모두에게 원석과 같은 분이다.

기독교계에서 가장 존경받는 원로목사이자, 평생 새벽제단을 지키고 있는 기도자이고, 수천 명 목사의 멘토이며 손주들을 아끼는 할아버지이고, 대제사장처럼 성도들을 지독하게 돌보는 영적인 아버지다. 이처럼 김선도 목사는 많은 사람들에게 다양한 모습으로 존재하고 있다.

나에게 김선도 목사는 사랑하는 아내의 아버지이자 장인어른이시다. 교회밖에 모르고, 성도들을 자신의 몸보다 더욱 챙기는 분. 교회와 사택 사이를 걷기 좋아하셔서서 걸음 수마저 아는 분. 목사가 되기 이전에 의사이셨다는 사실을 처음 알고 받았던 충격은 그분의 의사 유전자를 이어받은 내 두 아들의 미래에 대한 자부심으로 이어지고 있다. 사랑하면 닮아 간다. 방송국 스튜디오에서 강연하는 내 모습에서 김선도 목사가 설교하시고 강의하시는 모습을 발견할 때면 깜짝 놀라기도 한다.

‘목사 김선도’를 나름대로 잘 알고 이해하고 흠모하는 분들이 많이 계신다. 나 또한 그분의 현재를 있게 한 경험과 의미와 목적과 가치 그 모두를 알고 싶었다. 하나님은 나에게 김선도 목사의 삶과 목회와 신앙을 더욱 깊이 들여다 볼 수 있는 눈을 허락해주셨다. 그렇게 해서 내게 주어진 키워드가 ‘의사 김선도’이다. 한 사람의 생애를 풀어헤치는 유일한 마스터키가 있겠는가마는, ‘의사 김선도’를

통하여 우리들의 믿음과 이 땅의 교회가 한층 더 성장하는 데 작은
보탬이 되기를 기도하는 마음이다.

대한민국 최초의 의사 출신 목사

병원에 내원하는 사람들이 수술을 마친 후에 퇴원하면서 공통
적으로 하는 인사말이 있다. "원장님, 감사합니다. 제가 수술을 받고
거듭났어요!" 중한 병환을 떨치고 건강한 삶을 살게 되었다는 감사
함을 '거듭남'으로 표현하는 것이다. 수술을 기점으로 인생의 전반
부와 후반부가 나뉘었다는 극적인 고백이다.

김선도 목사는 대한민국 최초의 의사 출신 목사다. 이 말은 두
가지 의미를 내포한다. 첫 번째는, 의사에서 목사로 '거듭난' 분이라
는 의미다. 김선도 목사의 생애 곳곳에는 수차례 거듭남의 체험이
있다. 공산 이데올로기 체제에서 민주시민으로 거듭남, 북한 군의
관에서 대한민국 의무관으로 거듭남, 군목의 신분 최초로 군장성
이 되리라는 꿈에서 세계 최고의 감리교회를 세우리라는 비전으로
거듭남, 개체 교회의 담임자에서 세계 교회를 대표하는 목사로 거
듭남, 최고 수준의 설교자이지만 가장 낮은 자리로 다가서는 말씀

의 거듭남. 이루 헤아릴 수 없이 많은 거듭남의 체험이 김선도 목사의 생애에 가득하다. 의사에서 목사로 거듭난 후 그는 육체를 치료하는 의사에서 영혼을 치유하고 거듭난 삶을 살게 하는 영적인 의사가 되었다.

두 번째 의미는, 목회 전반에 걸쳐서 의사의 정체성이 철저하게 관철된 '힐링 목회'였다는 점이다. 의정부 경찰병원 근무 당시에는 천막이던 의정부 감리교회를 철골로 건축했고, 대전 공군기술교육단 군목 재직 때에는 담임자가 없었던 영천감리교회를 찾아가 설교하고 건축했으며, 전농감리교회 시절에는 전도사의 신분이었으나 담임자로서 설교하고, 광림교회에 부임하여 세계 최고의 감리교회로 세워 나갔다.

마치 주치의가 없는 곳을 찾아가 의술을 펼치는 의사처럼, 김선도 목사는 쓰러지는 교회를 찾아가 다시 성장시키고 무너진 생명들을 일으켜 세우는 힐러Healer가 되었다.

이와 같은 거듭남의 체험과 목회 전반에 채워진 힐링의 과정들은 특별한 계기를 통해 탄생했다. 김선도 목사는 한국전쟁의 포화 속에서 목숨을 살려주신 하나님께 서원한 결과, 그 약속을 지키면서 목사가 되었다. 개인의 역사에서는 그렇다. 하지만, '거듭남'의 관점에서 보면 달라진다. 하나님은 소의小醫에 머물러 있던 '의사 김선도'의 삶에 적극적으로 개입하셔서 목사라는 신분으로 변화시키시고 그를 대의大醫로 만들어 가셨다. 개인의 역사에서 경험하는 극심한 고난과 위기 속에서 그는 전쟁의 죽음 앞에 직면한 것이 아니라, 하나님 앞에 직면했던 것이다.

하나님 앞에 직면해야 할 순간은 누구에게나 찾아온다. 사람들은 이른바 임사체험near-death experience을 한두 번씩 극적으로 겪으면서 삶의 좌표를 재설정하게 된다. 육체의 질병으로 인해서도 겪고, 극심한 고난의 상황으로도 겪고, 실의와 좌절의 경험이 쌓이면서도 겪는다. 한국전쟁의 참담한 현실을 말해 무엇하겠는가. 성경의 모든 인물들 또한 죽음에 직면해서 극적인 생의 변곡점을 맞이했다. 김선도 목사 스스로는 몰랐지만 그가 의사로서의 삶을 전부 내려놓았을 때, 하나님은 그를 대의로 사용하신 것이다. 이런 배경에서 김선도 목사는 기회가 닿을 때마다 목사들에게도 성도들에게도 "(하나님 앞에서의) 태도가 당장에 몰아닥친 사실보다 훨씬 더 중요하다attitude is more important than facts"고 말씀하시곤 한다.

같은 맥락에서 큰 병을 앓아본 사람이 큰 의사가 된다는 말은 진리다. '소의치병小醫治病, 중의치인中醫治人, 대의치국大醫治國'이라는 말도 있다. 이미 진행되어 버린 육체의 질병을 치료하는 의사가 소의라고 한다면, 질병들을 다스려 육체와 마음의 회복을 안겨주는 의사가 중의이고, 질병이 발생하지 않도록 사전에 환경을 바꾸고 예방을 하고 국민의 의식을 변화시키는 의사가 대의라는 말이다. 김선도 목사는 소의에서 대의로 거듭난 분이다.

의사 김선도의 탄생

한번은 누가복음을 설교하시면서 심장이 쿵쾅거리는 경험을 하셨다고 한다. 사도 누가에게 감정이 이입되면 유독 심박수가 빨라지신다는 거다. 그도 그럴 것이, 사도 누가 또한 의사 출신이다. 누가가 강조하는 복음은 '부활의 복음'이다. 거듭남의 최종 결론은 무엇이겠는가? 다름 아닌 부활이다. 수술대 위에 오르는 환자들이나 집도하는 의사들에게는 부활 믿음이 가장 중요하다고 생각한다.

나는 수술에 앞서 부활에 대한 확신 있는 믿음을 가지고 먼저 기도부터 한다. 기도로 시작하고 기도로 수술을 마친 결과는 확실히 다르다. 이른 아침 회진을 돌 때면 전날 수술을 담대히 마친 성도들의 얼굴에 생기가 감도는 것을 확인하면서 얼마나 가슴이 뿌듯하고 감사한지 모른다. 사도 누가를 설교하면서 가슴 뛰는 경험을 하신 김선도 목사는 수술을 집도하는 사위를 위해서 새벽제단에서 한결같이 기도하고 계신다. 수술실을 향해 발걸음을 옮기는 내 귀에는 기도하시는 김선도 목사의 심장박동 소리가 힘차게 들려온다.

2016년도에는 미국의 아담 해밀턴 목사님이 시무하는 부활의 교회에서 세계에서 가장 큰 스테인드글라스 봉헌 예배가 있었다. 스테인드글라스 좌편에는 성경의 인물들이 있고, 우편에는 20세기에 이르는 신앙의 위대한 인물들이 수록되어 있는데, 거기에 새겨진 인물들 중에서 현존하는 분은 김선도 목사가 유일하다. 사도 누가의 부활의 복음을 좋아하는 김선도 목사의 모습이 부활의 교회 스테인드글라스에 새겨진 것은 우연이 아닐 것이다.

김선도 목사가 처음 의사가 되려고 마음의 결정을 하게 되었을 때 가장 큰 영향을 미친 인물도 사도 누가였다. 김선도 목사의 고향인 평안북도 선천은 '동양의 예루살렘'이라는 명칭을 얻을 만큼 개신교회가 풍요롭게 성장하고 영적으로도 부요한 곳이었다. 어릴 적부터 복음서의 설교를 들으면서 성장했기 때문에 장래를 결단해야 할 시기마다 말씀에 미래를 비춰 보는 것은 당연했을 것이다. 게다가 한반도는 해방 이후 극도로 피폐해진 시대였고, 한국전쟁으로 인해서 두 동강이 난 폐허는 민족과 국가를 살릴 의사를 요구하고 있었다. 김선도 목사는 시대가 요구하는 현실에 자신의 청춘을 던졌다. 의사라고 하는 자격과 지위를 얻으려고 의사가 되기를 결단하는 사람들은 많아도, 민족과 국가를 살리겠다고 의사의 길에 들어선 사람이 몇이나 될까. 김선도 목사는 7년간 신의주의학전문학교와 해주의학전문학교에서 수학하며 의사가 되는 과정을 마쳤다. 의학교육은 기초의학과 임상의학으로 나뉘어 진행된다. 기초의학을 중심에 두는 의학도는 과학자에 가까운 의사로서 주로 연구실에서 근무하는데 비해 임상의학에 바탕을 둔 의학도는 전문분야에서 수술실 중심으로 일하게 된다. 김선도 목사의 의학공부는 강의실과 현장이 분리되지 않은 임상의 과정이었다. 현장의 부름에 끊임없이 달려가야 할 상황은 그를 실전형 의사로 만들어 갔다. 수술실이라고 하는 것은 무균의 환경과 제한된 영역에 만들어지기 마련이지만, 그에게 있어서는 역사의 현장이야말로 드넓게 펼쳐진 의술의 자리이자 그를 필요로 하고 재촉하는 거대한 수술실이었던 것이다.

내가 몸담고 있는 선한목자병원은 해외 의료선교를 시작한 지 20년 가까운 시간 동안 라오스, 파키스탄, 미얀마를 포함해 15개국이 넘는 지역을 오가면서 복음의 영역을 확장시켜 나가고 있다. 의도치 않고 예기치 못한 일들로 가득한 선교지에서는 사선을 넘나드는 일들이 넘쳐난다. 보이지 않는 영적인 선이 느껴지고, 복음이냐 죽음이냐를 가르는 그 팽팽한 선을 붙잡고 조금이라도 복음의 영역을 넓히고자 애를 쓸 때 그 지역민들의 가느다란 영적인 신음소리도 듣게 되고 하염없이 탄식하시면서 우리를 돕고 계시는 하나님의 손길을 뜨겁게 경험하고 있다.

북한 군의관으로 근무하던 김선도 목사가 얼마나 많은 사선을 넘나들었을지 감히 상상해 본다. 생명을 살려야 할 의사이고 예수님의 심장을 가진 신앙인인데 북한군의 신분으로 전쟁을 치러야 할 군복을 입은 모습이라니, 보통 사람 같았으면 스스로가 입고 있는 아이러니한 현실을 감당하기 힘들어 무너져도 진작에 허물어졌을 것이다. 목적이 없는 삶, 사명이 없는 일들은 들풀처럼 마르고 시드는 종말을 맞이한다.

김선도 목사에게는 뚜렷한 목적이 있었다. 육체적인 생명을 살리는 의료행위나 기술적인 일에 인생을 허비할 수는 없었다. 의사가 되리라고 처음 결정한 순간부터 이 땅에 부활생명을 가져오고야 말리라는 원대한 목적의식이 가득했다. 그 믿음이 인내력과 체력의 한계를 넘어서게 하는 원동력이 되어 주었고, 한국전쟁의 한복판 속에서 신분이 바뀌는 기적을 마침내 체험하게 된다. 우리 국군이 평양을 점령한 상황에서 북한 군의관 군복을 벗고 남한의 군의관 옷을 입게 된 것이다. 김선도 목사는 이 순간을 한사코 '5분의 기적'이라고 부른다.

치유의 목회 '홀리스틱 미니스트리'

5분의 기적으로 이룬 복음의 지평

'5분의 기적'은 단지 개인이 경험한 기적의 순간만은 아니다. 하나의 원형적인 체험으로 봐야 한다. 창세기 3장 21절에 이런 기록이 있다. "여호와 하나님이 아담과 그의 아내를 위하여 가죽옷을 지어 입히시니라" 에덴동산을 떠나게 된 아담은 스스로도 원치 않았던 무화과나무로 엮은 치마를 입고 있었다. 하나님은 아담의 옷을 벗게 하시고 가죽옷을 직접 지어서 입히셨다. '가죽옷'이라고 쓰여 있기에 그저 덤덤하게 지나칠 수도 있지만 거기 담겨있는 깊은 의미를 봐야 한다. 가죽은 '오르'라는 히브리어이고, 옷은 '케토네트'라는 단어를 썼다. '오르'는 벗긴다는 말이고 '케토네트'는 입힌다는 말이다. 아담이 무화과나무 잎사귀를 벗고 가죽옷을 입게 된 사실에는 죄악과 수치를 벗겨 버리고 은혜와 사랑으로 입혀 주시는 하나님의 손길이 짙게 배어 있다.

창세기는 하나님의 창조와 회복을 압축시켜 놓은 진료파일과도 같다. 새창조와 회복의 과정에서 하나님은 당신의 사람들을 부르시고 성경에서 일어난 기적의 순간을 체험하게 하신다. '5분의 기적'은 창세기에서 아담이 경험한 일을 오늘의 시대에 옮겨 놓은 원형의 체험이라고 볼 수 있다.

5분이라는 시간도 각별한 의미를 가진다. 의학에서 5분은 가장 긴박한 응급상황을 일컫는 시간이다. 급성 심근경색이나 협심증 등으로 심정지가 발생했을 경우, 5분 이내에 심폐소생술CPR이 온전히 이뤄져야 한다. 이 시간을 놓치면 영구적인 뇌손상이 발생할 수밖에 없다. 죽음에 이르는 절박한 5분의 시간에 김선도 목사는 신분이 변화되고 평생이 뒤바뀌는 하나님의 절대적인 개입을 체험했다. 그분에게 있어서 하나님은 치료하시는 하나님이셨고, 이 세상을 치료하도록 영적인 의사로 불러주신 하나님이셨다.

김선도 목사의 영성과 목회가 꽃피우고 열매 맺게 될 근본 씨앗이 바로 이 지점에 뿌려졌다. 치료하시는 하나님, 전 생애를 바꾸어 놓으신 하나님, 평생을 교회와 하나가 되어 살게 하신 하나님. 그 하나님의 마음과 심장을 품고 넓어진 복음의 지평과 목회의 현장에는 의사의 유전자가 곳곳마다 발동하고 있다. 이를 다섯 개의 범주로 종합해 볼 수 있다.

제1범주: 치료와 치료자, 사명과 사명자

김선도 목사에게 있어서 치료는 육체를 진료하고 고치는 의료행위에 국한되지 않는다. 치료는 곧 하나님이 주신 사명이다. 의사인 내가 가진 철학이 있다. '갓 큐어, 위 케어!$God cure, We care!$' 하나님께서 치료하시고 우리는 돌본다는 철학이다. 태초부터 우리는 청지기로 부르심을 받았다. 부르심 받은 사람은 하나님의 일하심에 적극적으로 나선다. 사명자는 적극적이다. 그리고 반드시 하나님께서 고쳐 주시고 새롭게 하신다는 긍정의 사람이다. 응급상황이 발생했다면 자신의 앞뒤 상황을 가리지 않고 분초를 다투어 환자를 향해 달려가는 사람이 의사다. 의사는 적극적이고 긍정적일 수밖에 없다.

김선도 목사의 목회철학에서 적극성과 긍정성은 빼놓을 수 없는 핵심 요소다. 그분의 목회철학을 연구하는 많은 분들은 노만 빈센트 필 목사나 로버트 슐러 목사의 긍정의 목회를 도입한 것이라는 견해를 보여 주고 있다. 나는 이러한 견해가 편견에 불과하다고 생각한다. 목회 현장의 요구에 따라서 긍정적 사고방식을 도입했다기보다는 오히려 하나님께서 영적인 의사로 불러주신 순간부터 이미 적극성과 긍정성은 김선도 목사의 몸에 배인 목회철학이었다고 봐야 한다.

목회철학과 긴밀한 연관을 지닌 심리학의 영역에 있어서도 김선도 목사는 선구자였다. 세계 3대 심리학의 거장으로 지그문트 프로이트, 칼 구스타프 융, 그리고 알프레드 아들러, 이렇게 세 사람을 꼽는다. 이 중에서 긍정의 심리학을 펼친 유일한 사람이 아들러이다. 아들러 역시 제1차 세계 대전 중 군의관으로 참전한 경험을 가지고 있다. 우리나라에 아들러의 심리학이 알려진 것은 2010년이 지나서부터였다. 우리나라의 근대 산업화와 모더니즘의 과정에는 무의식에 헤매고 부정성에 얽매인 사람들이 참으로 많았으나, 이미 김선도 목사의 손에는 아들러의 심리학이 들려져 있었다. 일제의 침탈과 전쟁의 상흔, 그리고 근대화의 역경에서 상처받고 아파하는 이들을 찾아가 치료하는 목회는 집단무의식에서 구출하는 적극성이었고, 하나님의 자녀라는 정체성을 회복시킨 긍정성이었다.

의학에서 '치료'라는 개념은 단순히 '고친다'는 의미를 넘어서서 '온전하게 치유한다'는 지점까지 다가서고 있다. 치료는 두 가지 단어로 파생된다. 하나는 힐링Healing이라는 단어이고, 다른 하나는 큐어Cure라는 단어다. 의사의 손이 직접 육체에 닿아서 그 상태가 호전되는 것을 큐어라고 한다면, 사람의 치료 메커니즘 안에 들어 있는 방법을 통해서 육체와 마음이 통전적으로 낫게 하는 것을 일컬어 힐링이라고 한다.

우리는 하나님을 무척 다양하게 표현한다. 의로우신 하나님, 복 주시는 하나님, 은혜로우신 하나님, 무소부재하신 하나님 등 퍽이나 많다. 의사의 입장에서 보면 하나님은 치료하시는 하나님이다. 성경적으로도 그렇다. 창세기부터 하나님은 죄악이 관영한 세상을 치료하시는 하나님이다. 창조주 하나님은 곧 세상을 치료하시는 하나님이다. 하나님은 직접 세상을 치료하시면서 하나님이 위임하신 힐러들을 통하여 건강한 세상을 만들어 가신다. 하나님께서 이 땅과 우리의 삶을 긍정해 주시지 않는다면, 그리고 적극적으로 개입하지 않으신다면 우리는 단 하루도 생명을 지속해 나갈 수 없을 것이다.

예배를 마치고 나면 김선도 목사는 교인들과 악수를 하며 안부도 묻고 한 주간 강건하시라고 활짝 웃으면서 인사말을 건네신다. 한 사람의 손길이라도 놓칠세라 일일이 잡아 주신다. 처음 광림교회 교인이 150여 명이었는데, 은퇴하시는 시점의 교인은 8만 5천여 명이었다. 긴 세월 수많은 교인들이 김선도 목사의 손을 붙잡으면서 신앙생활을 해 오셨다. 그 손 붙잡고 인생 하소연도 하셨을 것이고, 각종 고초와 시름에서 벗어나기도 하셨을 것이다. 악수는 단지 인사의 표현만은 아니다. 김선도 목사는 악수를 하면서 교인들의 건강상태를 점검하신다. 김선도 목사의 손은 일종의 청진기 역할을 한 것이다. 손이 불같이 뜨거우면 몸살을 앓고 있거나 몸에 염증이 심한 것은 아닌지 체크하셨고, 얼음장처럼 차가우면 심리적으로 위축되거나 불안한 상태는 아닌지, 혈관에 장애가 발생하지는 않았는지 염려하신다. 땀으로 흥건하면 대사성 질환을 고려하셨고, 마른나무 표면처럼 건조하면 피부에 문제는 없는지 슬쩍 내려다보기도 하셨다. 교인들의 눈망울과 얼굴빛을 보시면서 손으로는 온도를 체크하며 안부를 물으셨다. 김선도 목사는 몇 초 되지 않는 그 짧디짧은 순간에 문진과 시진, 그리고 촉진을 하셨던 것이다.

진단만 하고 손을 거두는 의사는 없다. 반드시 처방까지 이뤄진다. 건강상태에 문제가 있다고 여긴 교인들은 어김없이 기억하시고 그 주간에 연락을 취하신다. 교인들을 심방하실 때도 그 발걸음이 얼마나 빠른지 차량 안에 한 쪽 발만 들여놓으신 채로 "출발하지 않고 뭐 하시는가?"라며 불호령을 내린 적도 있다고 하신다. 교인들은 '의사 김선도'를 만나면서 극적인 회복의 경험을 했다. 믿음이 없는 사람에게는 믿음을 갖게 하기 위하여 치료하셨고, 믿음이 있는 사람에게는 믿음이 너를 낫게 하리라고 격려하며 치료하셨다. 이 과정에서 교인들은 말씀이 자신들에게 현재화되는 경험을 하게 된다. 김선도 목사는 말씀이 교인들의 생활 주변에 피상적으로 머물러 있는 것을 항상 경계하셨다. 진단에 실수가 있거나 처방에 과오가 생겼을 경우에는 처방이 무용해지거나 처방으로 인해 문제가 발생하게 마련이기 때문이다. 그런 점에서 김선도 목사 설교의 가장 큰 특징으로 '말씀의 현재성'을 꼽을 수가 있다.

> "하나님의 말씀은 살아 있고 활력이 있어 좌우에 날선 어떤 검보다도 예리하여 혼과 영과 및 관절과 골수를 찔러 쪼개기까지 하며 또 마음의 생각과 뜻을 판단하나니 지으신 것이 하나도 그 앞에 나타나지 않음이 없고 우리의 결산을 받으실 이의 눈앞에 만물이 벌거벗은 것 같이 드러나느니라"
>
> (히브리서 4:12 – 13)

성경말씀이야말로 생명을 살리는 처방약 중의 명약이다. 먼 해외 선교지를 방문할 때면 손바닥 크기의 말씀묵상집『다락방』을 꼭 챙기는 모습을 볼 수 있었다. 각 페이지에는 말씀구절과 예화가 있는데, 그 하단에 기도 포커스가 다음과 같이 기록되어 있어서 말씀이 무엇을 겨냥하고 있는지 알려 준다. "의료시설의 혜택을 받지 못하는 이들을 위하여, 안전한 곳을 찾아 자기 나라를 떠나는 사람들을 위하여, 암 환자들을 위하여, 환경미화원들을 위하여, 희망이 필요한 사람들을 위하여…." 김선도 목사가 '다락방'의 이사장을 지내신 이유도 분명 '말씀은 정확한 포커스를 가지고 처방되어야 한다'는 신념에서 비롯되었을 것이다.

김선도 목사 서재로 찾아뵐 때가 있다. 어김없이 책상에 노트를 펼치고 한 글자 한 글자 새겨 넣으면서 설교를 준비하고 계신다. 고요하지만 영적인 생명력이 가득하다. 책장에 꽂힌 책들은 마치 살아있는 인격처럼 두 다리가 있어 분주하게 다니고 있는 듯 보이기도 한다. 먼지 쌓일 사이가 없다. 책상 옆에는 수십 권의 책들이 앉아 계신 자리보다 높게 포개어져 있다. 한 편의 설교를 위해 들이는 정성과 노력을 눈으로 보면 마치 한 사람을 살리기 위해 지극정성으로 한약을 달이는 명의를 보는 듯하다. 동의보감에 소개된 약재가 전부 1,406종이라고 한다. 김선도 목사가 설교에 쏟아 넣은 예화는 과연 몇 편이 될까 마음으로 가늠해 본다.

신약성경에서는 치료를 세 단어를 사용해서 쓰고 있다. 43회로 가장 많이 쓴 단어가 '테라퓨오'다. 이 단어에서 영어 '테라피'가 나왔다. 뜻이 '고친다', '치료한다'는 의미인데, 현대 의학이 사용하고 있는 '큐어'와 '힐링'의 근본 개념이라고 할 수 있다. 다음은 26회 등장하는 '이아오마이'라는 단어다. 고대 헬라에서는 의학적인 용어로만 사용되었다고 한다. 그리고 드물게 나오는 '휘기에스'다. 단지 육체의 건강을 강하게 한다는 말이다. 신약성경의 치료에 해당하는 단어들은 인간의 신체 어느 한 부위를 고치는 데 사용된 말이 아니다. 신약성경이 지향하는 치료는 전인성全人性에 맞춰져 있다. 1990년대 후반에야 비로소 전인성에 대한 강조가 사회 각 분야에서 나왔는데, 김선도 목사의 목회는 처음부터 전인적인 목회였음을 눈여겨 봐야 한다.

제2범주: 홀리스틱 미니스트리

장모님께서 우리 집에 찾아오시면 가장 먼저 확인하는 것이 있다. 먹을 양식이 떨어지지는 않았는지 냉장고도 살피시고 "쌀은 충분하니?" 묻곤 하신다. 요즘처럼 먹을거리가 넘치는 시절에 괜한 염려를 하시는 것 같아서 "어머님, 근처에 좋은 식당도 많고 마트도 가까이에 있어서 염려하지 않으셔도 됩니다." 하고 대답을 한다. "쌀은 충분하니?" 이 말씀 한마디에는 아내와 내가 유학을 떠나 있던 기간 동안 건강히 잘 살고는 있는지 염려하셨던 세월이 들어있고, 아내의 어린 시절, 영양실조에 걸린 딸을 부둥켜안고 눈물 흘리신 엄마의 아픔도 섞여 있다. 아내도 지난 과거를 회상해보면 쌀독이 채워진 적이 없었노라고 얘기한다. 봉지쌀이라도 생기면 그것을 어깨에 들쳐 메고서 교인들 가정 돌아보는 일이 최우선이었다는 말이다. 지금도 장모님은 "애, 너희 집에 먹을 쌀은 충분하니?"라고 입버릇처럼 말씀을 하신다. 나는 이 말씀이 부활하신 예수님의 음성으로 들린다. 예수님이 제자들을 찾았을 때, 갈릴리 동서남북을 오가시면서 사람들을 치유하셨을 때, 또 다른 현장에서 만난 사람들에게도 항상 똑같이 건네신 말씀. "애, 너희들 평안하니?"

말씀의 양식을 먹이는 일에는 육체의 양식을 먹이는 수고가 동반되어야 한다. 성경은 오병이어를 실례로 들고 있다. 한국의 많은 교인들이 교회를 떠나는 시대라고 목청을 높인다. 원인은 무엇일까? 어떤 목사님들은 교인들의 어려운 상황을 듣고 나서 "기도하겠습니다"라는 한마디만 남기고 훌쩍 돌아선다고 한다. 이렇게 되면 교인들 귀에 목사님의 말씀은 공허하게 들릴 수밖에 없다. 심방 와

달라는 간절한 요청에도 교회에 와서 기도하라는 말씀만 하시면 신뢰성이 급격히 떨어지고야 만다.

전인성이라고 하는 말이, 현실과 멀리 동떨어진 학문용어일 수는 없다. 오늘날의 의학계는 사람의 신체 부위별로 전문화되어 있다. 전문화는 의사의 전문성을 담보하고 있지만, 문제가 발생하는 창구가 되기도 한다. 뼈관절에 문제가 있는 것으로 진단하여 수술까지 받았는데 정작 혈관질환이 근본원인인 경우도 있다. 위암을 고쳤으나 심장이 더 큰 문제로 번진 경우도 있다. 마음의 병 때문인데 정형외과를 찾는 분들도 계신다. 병원에서 협진을 하는 까닭은 육체가 전인성을 가지고 있어서다. 하물며 영혼을 돌아보는 목회는 전인성이 훨씬 강조되어야 할 분야일 것이다.

실제로 교인들 생활의 한쪽만 봐서는 온전한 목회를 성취할 수 없다. 주일예배에 참석하는 교인들이 얌전하고 경우 있게 잘 차려입고 오지만, 그 가정의 실상은 전혀 다른 모습일 수가 있다. 말씀만 선포하고 교인들의 현실을 외면하게 되면 교인들은 더 큰 상처를 받게 된다. 현실을 끌어안는 목회를 이루기 위해서는 반드시 찾아가서 살피고 돌봐야 한다. 별도로 약속을 하지 않는 이상 김선도 목사와 사모님은 언제나 교인들과 함께 계셨다.

두 분의 목회가 의사인 나에게는 환자를 온전하게 대하라는 하나님의 영상 메시지로 보인다. 매분기 의료선교를 떠날 때에는 반드시 현장의 결핍된 상황을 파악하고 필요로 하는 물품들과 의료장비들을 챙기고, 환자들의 진료차트를 한 번 더 꼼꼼하게 들여다보고 회복경과를 살피게 된다.

병원에 내원하는 사람들은 정장 차림으로 오지는 않는다. 선교 현장에 있는 원주민들도, 교회를 찾아오는 사람들의 내면도 동일하다. 참고 참다가 견디지 못해 병원을 찾는 환자들처럼, 아픈 영혼의 상처와 고난 가득한 현실을 감추면서 교회를 찾는 사람들이 얼마나 많은지 모른다. 수술받기 위해 찾아온 환자를 의사가 오진해서 돌려보내거나 외면한다면 환자는 더 이상 갈 곳이 없다. 교회는 사람들이 살고자 찾아오는 영적인 마지노선이다.

김선도 목사의 목회는 특정 분야에만 특화되고 전문화된 목회가 아니었다. 오늘날의 교회는 일부 분야에 편중하고 있어서 점차 목회의 범위가 협소해지고 있다. 제자양육에 치중하는 목회, 선교전략에만 몰입하는 목회, 위로와 심리적 치유에만 집중하는 목회, 가정생활만 온전하면 된다는 목회, 성경을 집중 연구만 하는 목회, 레저와 쉼을 제공하는 목회, 문화콘텐츠에 올인하는 목회, 청년 세대만을 대상으로 하는 목회 등등. 외면상 교회는 하나인데 교단이 갈라져 있는 것처럼 이제는 목회의 분야가 나뉘어져서 바울파와

아볼로파와 그리스도파로 나뉘었던 교회의 문제성을 드러내고 있는 것이 아닌가 한다. 의학계가 전문화하는 것처럼 교회들도 급속하게 전인성을 놓쳐 버리는 목회적 경향성을 보이고 있다. 반면, 김선도 목사는 전인성의 목회를 일관되게 추구했다.

신약성경에서 치료라는 단어의 원어가 '테라퓨오'라고 했다. 이 단어는 몸과 마음과 영혼을 통전적으로 치료한다는 의미로 쓰인다. 성경이 말하는 치료는 그 자체로 전인적 치료라는 얘기다. 초대교회가 사용한 '테라퓨오'라는 단어는 중세로 이어지며 '미니스테리움'이라는 라틴어로 번역이 되었고, 현대 영어로 '미니스트리'가 되었다. 단어로만 추적한 결론도, 성경이 우리에게 가르치고 행하라고 말씀하고 있는 치료 '테라퓨오'란, 전인적 목회 '홀리스틱 미니스트리Holistic Ministry'를 행하라는 사명인 것이다.

김선도 목사의 목회철학을 고유명사로 칭한다면 '홀리스틱 미니스트리'라고 할 수 있다. 여기서 의사인 내가 주목한 단어는 '홀리스틱'이다. 히브리어로 '카도쉬'라는 이 단어는 '잘라내다, 구별하다, 정결하다, 깨끗하다, 온전하다'는 의미를 가지고 있다. 암세포의 증식을 억제하기 위해서는 반드시 유해한 세포덩어리를 잘라내야만 한다. 레위기에서도 '거룩'을 말씀하면서 식생활과 치료 방법에 대한 이야기를 함께 등장시키는 이유가 여기에 있다. 홀리스틱을 영어로 보자면 네 가지 단어로 살필 수 있다. '호울Whole, 홀리Holy, 힐링Healing, 헬스Health'. 이 네 단어가 '카도쉬', '홀리스틱'에 전부 포함되어 있다.

김선도 목사가 최초로 시행한 목회 프로그램은 셀 수 없이 많다. 다양한 목회 프로그램이 세간의 주목을 받고 여러 교회들이 배운 까닭은, 그것이 홀리스틱이라는 분명한 목회철학을 바탕으로 탄생했기 때문이다. 시류에 영합하는 단순 콘텐츠는 쉽게 사라지는 유명세에 불과하고 결국에는 교회를 약화시키거나 교인들에게 상실감을 안겨 줄 수밖에 없다.

김선도 목사의 '힐링 목회'는 목회의 전체 영역에 걸쳐서 구현되었다. 강단에서 선포된 치유의 메시지뿐만 아니라, 심방을 통해서도 영혼의 돌봄과 치료가 멈춤 없이 진행되었다. 교회의 최소 단위인 속회 또한 낯선 타인들이 모인 자리가 변화되어 위로하고 치유 받으며 영적인 가족 공동체로 세워지는 은혜의 현장이 되었다. 한국 교회 최초로 헌혈운동을 벌여 교회 앞마당에 적십자 헌혈차량이 가득한 상태에서 전교인이 헌혈하는 장관을 낳기도 했다. 힐링 목회는 교인 한 사람부터 속회와 전교회로 확장되었고, 교회가 움직이자 지역사회가 광범위하게 새로워지는 영향력이 되었다. 교회 안에서는 트리니티 성서대학원을 통해 교인들이 변화되고, 교회성장학 세미나가 교단을 넘어서 한국 교회 전 목회자들에게 전해지면서 한국 교회가 몇 단계 성숙하는 계기가 되었다. 비단 교회만이 아니었다. 1992년 사할린 고령 동포를 맞이하고 이들을 위해 사랑의 집을 건축한 것은 정부조차도 해내지 못한 일로 당시 신문의 사회면을 가득 채우는 일대 사건이었다. 1997년에는 북한 선천에 국수공장을 세웠다. 로버트 슐러 목사가 방한한 이래로 매해 전 세계의 신학생들과 목회자들이 광림교회를 방문하여 목회를 배우고 있다. 동양인으로서는 최초로 영국의 웨슬리채플에서 설교를 하고 흉상도 제막되었다. 이처럼, 교회의 작은 단위에서 사회와 세계로 확장하는 힐링 목회가 홀리스틱 미니스트리의 첫 번째 성격인 '전체성Whole'이라고 할 수 있다.

김선도 목사는 개신교의 특성이 말씀의 성례전에 있다고 강조하면서도 예전Litergy이 약화된 모습에는 아쉬워했는데, 이 지점에서 홀리스틱 미니스트리의 두 번째 특성인 '거룩성Holy'이 생성되었다. 거룩이라고 하면 일반 사람들에게 막연하게 느껴진다. 마음이 감동을 받으면 거룩함을 느끼는 건지, 성인들처럼 살아야 거룩해지는 건지, 설교에서 거룩해지라는 말씀은 듣긴 했으나, 머리로 납득이 되지 않고 가슴을 울리지 않을 때가 많다. 김선도 목사는 거룩이 단지 마음의 변화가 아니라 레위기 말씀처럼 전인적인 변화라는 사실을 일깨워 주기 위해 홀리스틱 미니스트리를 펼치면서 교인들의 마음 문을 열기 위해 부단히 노력했다.

사람에게는 오관五官이 있다. 눈, 귀, 코, 입, 피부다. 겉으로 드러나 있는 감각기관이기에 언제나 오관을 의식하면서 산다. 조금만 이상해도 민감하게 반응을 한다. 눈은 빛을 받아들이고 사물을 구별하며 정보를 가장 많이 모아들인다. 귀는 소리를 수용하며 평형감각을 유지하는 데 관여한다. 코는 냄새를 맡으면서 심장을 뛰게 하는 호흡기관이다. 입은 육체가 대사를 시작하는 첫 관문이다. 피부는 노출되어 있는 뇌세포 조직이라고 할 수 있다.

오관은 한 사람이 거룩성을 받아들이는 첫 번째 신체기관이다. 김선도 목사는 예배실과 예배시간을 통하여 거룩성이 전달되는 오관을 열게 만들었다. 앉고 일어서는 예전과 함께 인사를 나누는 접촉을 통해서 피부를 열고, 스테인드글라스와 파이프오르간을 설치하여 눈을 열고, 강렬한 설교말씀의 선포와 은혜로운 성가대의 곡조는 귀를 열고, 함께 부르는 찬송으로 입을 열었다. 세련되고 최적화된 예전은 단순한 예배 순서가 아니라, 예배에 참석한 교인들이 거룩성으로 충만하도록 오감이 열리게 하는 홀리스틱 미니스트리였던 것이다.

거룩성으로서의 홀리스틱 미니스트리가 심화된 것이 한국 최초의 특별새벽기도회인 호렙산 기도회라고 할 수 있다. 대상은 전 교인이었고 그 자체로 거룩한 집회였는데, 놀랍게도 각종 병으로 고생하던 이들에게 신유의 기적이 나타나기 시작했다. 가족 모두가 참석하던 가정은 새벽 일찍 일어나며 건강도 회복되고 관계성도 회복되기 시작했다.

홀리스틱 미니스트리의 세 번째 성격은 '치유Healing'다. 긍휼이 빠진 목회는 울리는 꽹과리에 불과하다. 믿음과 소망과 사랑 중에 사랑이 제일이기 때문이다. 수술을 하다 보면 전혀 예상하지 못한 병환이 발견되기도 한다. 그래서 "열어 보기 전에는 아무도 모른다"고 말하기도 한다. 심장병을 고치기 위해 반드시 가슴을 열어야 하듯이, 상처받고 아파하는 교인들의 마음을 긍휼과 사랑으로 열어야 한다.

정형외과 의사인 나의 눈으로 보았을 때 사람들이 안고 있는 질환의 대부분은 잘못된 자세에서 시작된다. 앉아있을 때의 자세와 누워있을 때의 자세, 서 있을 때의 자세 등 오랜 시간 잘못된 습관이 익숙해져 뼈마디와 근육이 뒤틀리고 변형되면서 발생한다. 내과 전문의는 식습관의 불균형이 질환의 원인이라고 먼저 진단할 것이다. 전문의가 각자 전문분야에서 진단하고 처방하고 수술하듯이, 김선도 목사의 목회는 진단과 처방이 분명한 치유의 목회다.

2004년경 인도네시아에 진도 9를 넘는 지진이 일어나고 해일이 덮쳐 23만 명의 목숨을 앗아 갔다. 당시 선한목자병원에서 근무하는 대부분의 의료진이 인도네시아 '반다아체'라는 지역에 의료선교를 간 적이 있다. 수천 명의 환자들이 진료를 받고자 계속 밀려드는데, 이분들 모두 가슴을 움켜쥐고 의료진 앞으로 다가서는 것이다. 처음에는 이해를 못하였다. '왜 다들 가슴을 움켜쥐고 있는 거지? 감염증후군이 발생한 것인가?' 알고 보니 전혀 다른 이유가 있었다. 사랑하는 가족들이 하루아침에 사라져 버린 슬픔에 가슴을 움켜쥐고 있던 것이다. 김선도 목사의 목회는 가는 곳마다 만나는 사람들마다 가슴에 맺힌 응어리를 풀어 주는 치유의 목회였다. 육신이 살기 위해서는 의사를 찾아가야 한다는 사실을 누구나 알고 있다. 몸과 마음과 영혼이 살기 위해서는 반드시 하나님을 찾아가야 한다. 모든 생명은 성장한다. 교회도 생명이다. 김선도 목사의 홀리스틱 미니스트리는 교회의 생장점을 짚고 살리는 치유의 성격으로 가득하다.

홀리스틱 미니스트리의 네 번째 성격은 '건강Health'이다. 김선도 목사는 목회를 관계성이라는 한마디로 정의를 한다. 전인적인 회복을 위해서 우선 정리되어야 할 것은 관계성이라는 말씀이다. 하나님과 나와의 관계성, 이웃과 나와의 관계성, 물질과 나와의 관계성. 건강을 회복하는 첫 단계에 관계성의 회복이 있다. 개인의 차원에서 관계성의 회복만이 아니다. 사회적인 차원으로 관계성의 회복이 전파되면 한 국가를 새롭게 변화시키는 긍정의 시너지로 전환하는 것이다. 그는 육체의 건강을 위해 교인들과 함께 걷고 뛰었다. 전교인 한마음체육대회와 전교인 걷기대회는 단발성 행사로 끝나지 않고, 교인들과 어울려 전인적 목회를 이뤄 가는 중요한 역할을 했다. 거기서 교인들의 건강 척도를 재어 보기도 하고, 개인이 홀로 참석했는지 전 가족이 함께 참석했는지 여부를 살피고, 교인들 서로 간의 건강한 관계성도 들여다보는 계기를 얻은 것이다.

제3범주: 기초의학과 임상목회

21세기에 들어서면서 '건강한 교회'는 일종의 화두처럼 작용하고 있다. 북미와 유럽의 교회들과 교회 관련 연구소들이 내놓는 클리닉 서적이 열풍처럼 쏟아져 나오는 현실이다. 초대 교회를 모델로 삼은 연구가 있는가 하면, 20세기에 지역사회에 긍정적 영향력을 끼쳤던 교회들을 검토하여 주된 핵심 사항들을 제시하기도 한다. 교회 컨설팅도 등장하여 SHCspiritual health condition를 명칭으로 한 진단자료도 만들어졌다. 요한계시록의 일곱 교회를 진단 도구로 삼기도 한다. 교회면 교회지, 왜 하필이면 '건강한'이라는 수식을 붙이게 되었을까?

건강한 사람도 무엇인가 병이 들게 마련인데, 이를 의학에서 다루는 용어가 '병리학'이다. 병리학은 기초의학에서 필수 과목이다. 21세기에 들어와서야 교회의 건강 척도에 관해 분주하게 논문도 나오고 세미나도 열리는 현실이지만, 김선도 목사는 이미 1970년대부터 기초의학에서 공부했던 병리학을 목회에 그대로 적용하고 있었다. '교회 병리학church pathology'이라고 하는 생소한 용어도 김선도 목사가 처음 사용했다. 교회가 병이 들지 않기 위해서는 건강해야 한다는 것이 평소의 지론이었고, 성장하지 않는 교회는 건강에 문제가 발생한 교회Growth is healthy, non-growth is sick라는 이론을 내세우기도 했다. 교회도 하나의 유기체적인 공동체이기 때문에 지속적으로 성장하고 확장하는 교회가 건강한 교회라는 것이다.

병든 사람이 보이는 병증에 대한 확인이 끝났으면 곧장 진단과 처방이 있어야 한다. 이때 사람의 신체 구조를 정확하게 알지 못한다면 바른 진단은 불가능하다. 그래서 반드시 익혀야 할 학문이 '해부학'이다. 해부학에 병행하여 '생리학'도 동원되어야 한다. 해부학이 몸의 구조를 파악하는 학문이라면, 생리학은 그 구조물이 어떻게 유기적으로 활동하여 몸을 형성하는지를 알려주는 학문이다. 사람이 지닌 몸의 구조는 동일하지만, 사람마다 질병에 걸린 부위가 다르고, 체질이 다르고, 질병의 내용도, 연령층도 다르기 때문에 동일한 원리를 가지고 적용하는 것은 무리가 따르는 노릇이다. 한 순간의 충격요법만 가지고 가장 건장했던 시기로 돌이킬 수도 없다. 의사가 약을 처방할 때에도 환자의 연령과 질병의 정도를 고려하여 그램 수를 늘리거나 줄이고, 중증인지 혹은 경증인지, 복합적인 질병인지 아닌지에 따라서 처방 과정이 달라진다.

최근에 쏟아지는 건강한 교회에 대한 많은 논의들과 기사들은 대체적으로 병리학의 차원에 머물러 있다는 사실을 보게 된다. 목회자들이 병리학의 관점에서 교회를 바라보고 분석하고 평가하는 일은 응당 필수적이고 바람직한 것으로 보지만, 여기서 멈추게 된다면 정말 행하고자 하는 건강한 교회상을 만들어 가는 데 어려움이 적지 않을 게 분명하다. 목회자들이 건강한 교회를 만들기 위해 새 기준을 제시하고자 한다면, 해부학과 생리학에 대한 이해와 적용도 반드시 겸해져야 한다.

김선도 목사는 의학도로서 기초의학에 충실했다. 기초의학에서 해부학, 발생학, 생리학, 조직학, 생화학, 병리학, 약리학 등은 반드시 이수해야 할 필수학문이다. 기초의학 과정을 거친 분의 눈으로 봤을 때 교회는 하나의 생명이고 유기체이며, 발생학으로 봤을 때 교회는 예수 그리스도를 구세주로 고백하는 공동체의 모임으로 정의된다. 해부학으로 봤을 때에는 뼈와 혈관과 근육과 피부가 연결된 구조물로 이해가 된다. 바울이 이해한 바대로 교회는 예수 그리스도를 머리로 한 몸으로 보고 목회를 하셨다. 여러 목회자들이 인문학자의 시선으로 몸으로서의 교회를 이해했다면, 김선도 목사는 자연과학자의 엄밀한 기준을 가지고 살아있는 생명체를 돌보듯이 '홀리스틱 미니스트리'를 행한 것이다.

광림교회가 세계 최대의 감리교회로 성장하게 된 이유를 교회 성장학의 관점과 사회학적인 관점에서 연구한 책들이 많이 있지만, 누구도 정확히 파악하지 못하는 광림교회 성장의 깊은 배경에는 김선도 목사가 의사로서 습득한 지식과 번뜩이는 지혜가 자리 잡고 있었다는 사실이 다른 어떠한 사실들보다 중요하다.

의학계에서는 세계보건기구WHO나 세계의사회WMA 등 국제 기구들을 통해서 그간의 임상결과를 모으고 종합하여 새로운 의료 표준을 매해 제시하고 있다. 세계적인 의학저널들은 하루를 멀다 하고 최신의 임상의학 논문과 신치료술, 그리고 개발된 신약을 소개하고 병원동향들도 다루고 있다. 의학을 포함한 과학 분야에서 최소한 총 80개국, 234개 학문, 11,655종에 이르는 저널이 출판되고 있다. 그리고 영향 지수Impact factor를 마련해 저널을 순위별로 평가하여 신뢰도를 높이고 있다. 육체를 다루는 의학과 과학 분야가 이렇다면, 영혼을 전인적으로 다루는 목회는 어떤지 궁금하다. 그리고, 평신도의 입장에서 한국과 세계의 목회자들을 향해 묻고 싶은 질문이 많다. 교회를 건강하게 성장시키기 위한 공동의 지표는 있는지, 교인들을 돌보는 목회시스템과 제반여건은 제대로 점검되고 있는지, 설교를 업데이트하기 위한 노력이 목회자 상호 간에 충분히 이뤄지고 있는지, 굳이 질문지를 마련하고자 한다면 100여 개 정도의 물음은 어렵지 않게 나올 것 같다.

21세기를 전후해서 건강한 목회가 화두가 되고, 교회 병리학을 다루면서 교회를 점검하고자 나서는 것이 지금의 현실인데, 김선도 목사는 1970년대에 이미 교회 병리학이라는 용어를 쓰면서 해부학과 생리학 등의 혜안을 가지고 교회를 성장시켜 왔다. 한국 교회와 목회를 최소 50년 이상 앞서 가셨다는 말이다. 아직도 기초의학 관련분야의 엄밀한 적용이 없는 교회의 현실에서 김선도 목사 홀로 목회의 표준을 정하고, 검토하고, 수정하고, 다시 적용하고, 교인들을 일일이 찾아가 살피면서 '홀리스틱 미니스트리'를 수행하신 것을 염두에 두었을 때, 김선도 목사가 얼마나 외롭고 고독하고 철저하게 목회 선각자의 길을 걸어가셨는지 짐작하게 된다.

그나마 상담분야에서 2000년도를 전후해서 임상목회clinical pastoral care가 이뤄지고 있는 것을 다행으로 생각한다. 이마저도 김선도 목사가 없었다면 도입시기가 훨씬 늦어졌을 것이다. "김선도 목사님이 한국 역사상 처음으로 임상목회를 도입하셨고 시행하셨습니다." 한국임상목회교육협회의 연세대학교 유영권 교수의 증언이다. 오랜 세월 신학은 해석학과 비평학에 선구적인 역할을 해 온 것으로 알고 있다. 성경을 읽고 해석하는 프레임이 곧 인문학을 융성케 하는 기초학문 역할을 했기 때문이다. 4차 산업혁명의 시대에 성경의 고유한 가치를 살리고 구원의 복음을 증거하고 구속의 공동체인 교회를 성장시키는 목회에는 반드시 의학 분야의 자연과학적이고 엄밀한 사고가 필요하다고 생각한다. 한국 교회와 세계 교회가 이를 시행하려고 할 경우, 분명코 그 출발지점과 표준은 '의사 김선도'에서 시작할 수밖에 없을 것이다.

김선도 목사는 공산주의 체제의 서슬이 퍼렇던 시절에 의학공부를 했다. 의학용어들로 빼곡한 노트 한 귀퉁이에 기도문을 적었다가 적발되어 불순분자로 몰리기도 했고, '의학을 하는 사람이 어디에 신이 있다고 기도를 하는가, 그게 말이 되느냐'는 책망을 듣기 일쑤였다. 새로운 기술사회가 사람들의 생활상과 법률을 바꾸고 국가를 압도하고 있다. 이러한 시대를 살고 있는 목사님들의 설교

노트와 기도노트 귀퉁이에는 어떠한 글이 기록되고 있을지 가만히 눈여겨본다. 이단이나 사이비에 대처하고, 건강한 교회를 건설해 나가기 위해서는 예방의학적 차원에서 임상목회가 강화되어야 할 것이다.

제4범주: 메디칼 교회론

김선도 목사가 구소련을 방문했을 당시, 미하일 고르바초프를 만나 "기도의 힘을 믿습니까? 함께 기도합시다."라며 손을 맞잡고 기도했던 일화는 너무나 유명하다. 아마 그 당시에 하셨던 말씀으로 기억하는데, 평생에 시베리아 횡단열차를 꼭 타 보고 싶다고 하셨다. 그때에는 단순하게 여행이나 선교를 마음에 두고 하신 말씀이겠거니 생각할 따름이었다. 모스크바에서 블라디보스토크까지 이어지는 9,334킬로미터의 거리에 7박8일이 소요되는 대장정의 노선이다. 일제 강점기에는 시베리아 횡단철도의 건설에 박차를 가하는 러시아의 팽창정책을 고려해서 일제가 경부선과 경의선 등 한반도 철도 건설을 서두르는 계기가 되기도 했다. 그런데 2018년에 블라디보스토크에 선교센터를 설립하시는 과정을 지켜보면서 비로소 그때 하신 말씀이 떠올라 무릎을 치게 되었다. 김선도 목사는 복음의 경로를 헤아리면서 말씀이 이동할 루트를 가슴에 담고 시연하고 계셨던 것이다. 마치 심장을 중심으로 온몸 구석구석 산소를 공급하는 혈액의 이동 경로를 고려한 듯한 얼굴 표정으로 말이다. 모스크바 광림교회를 설립했을 때에도 계단을 몇 번씩이나 오르내리시면서 각 방 구석구석을 다니시는데, 그 모습은 마치 심장을 중심으로 손끝 발끝까지 면밀하게 체크하는 의사의 모습이었다. 문을 여닫고 벽면을 두들겨 보시는 과정도 신체의 근골격계를 어루만지는 듯한 영락없는 의사의 몸짓이었다.

김선도 목사의 세계 선교와 국내 선교의 역사 과정도 '홀리스틱 미니스트리'가 심화하고 확장되는 관점에서 이해할 필요가 있다. 이를 굳이 교회론으로 치환시켜 본다면, '메디컬 교회론'이라고 명명해 볼 수도 있겠다. 영어 '메디신medicine'은 라틴어 '아스 메디시나ars medicina'에 기원하는데, 영어로 풀어보자면 '치유의 기술the art of healing'이라는 의미다. 김선도 목사의 목회가 '힐링 목회'라고 보았을 때, 교회론도 그와 같은 의미에서 '메디칼 교회론'으로 불릴 수 있다는 견해다.

기초의학과 임상의학을 소화한 김선도 목사의 눈에는 공산주의와 사회주의 이데올로기와 무신론과 다신론, 그리고 이단 종파로 가득한 상황이라든지 복음 없이 허무한 질주를 하고 있는 사회 현실은 '페스트'에 감염된 상태와 다르지 않은 것이었다. 이러한 땅의 질서를 회복하기 위한 영적인 심장이 교회이고, 건강한 교회는 건강한 혈관을 통해 복음의 혈액을 공급해야 하는 사명의 전초기지다. 이 때문에 교회는 병리적 상황church disease을 반드시 제거하고 건강한 심장의 기능을 해야 한다.

기초의학에 해부학, 병리학 등이 있다면 임상의학에는 내과, 외과, 소아과, 산부인과, 정신과, 정형외과, 흉부외과, 신경외과, 안과, 이비인후과, 비뇨기과와 같은 임상 과목이 있다. 이외에도 예방의학, 공중보건학, 법의학처럼 사회 건강을 책임지는 파라메디컬 학문도 늘고 있다.

김선도 목사는 교회마다 병리적 상황을 먼저 진단하고 교회성장을 위해 처방하는 목회를 이끌었다. 대표적으로 교회 내의 소수파 그룹들을 예로 들 수 있다. 이들이 헤게모니를 잡고 주변에 영향을 미치거나 자신들의 입지를 공고히 하기 위해서 휘젓고 있다면 이는 대표적인 영적 염증현상이다. 신체부위 중 코를 영어로 라이노rhino라고 칭하는데, 여기에 염증을 의미할 때, '이티스it is'를 붙여서 라이나이티스rhinitis라고 한다. 비염이라는 말이다. 김선도 목사는 이처럼 교회 안의 소수 집단ethnic으로 인하여 발생한 염증을 '에

스니시티스ethnicitis'라고 이름하여 이러한 문제점들을 초기에 치료하는 데 목회적인 노력을 기울였다.

교회가 성장하는 과정에서 야기되는 다른 걸림돌들도 있다. 가령, 교회는 충분히 교인들로 북적이는데, 교회의 터전이 작아서 발생하는 문제다. 중구 쌍림동 시절, 김선도 목사는 고스트타운이 되어버린 주변 환경으로 인해서 교인들이 늘지 못하고 성장에 제한이 있다는 점을 또 하나의 병리현상으로 진단하고 강남으로 교회를 이전하는 엑소더스를 이루었다. 때로는 교회에서 시각장애 현상이 일어난다는 진단을 하기도 했다. 교회 내에 소외된 계층들을 바라보지 못하고 돌보지 못하는 현상, 교회 안에서만 신앙의 편리를 누리다 보니 정작 교회 밖의 사람들에 대한 관심을 갖지 못하고 그들이 주목하는 교회에 대한 시선을 전혀 고려하지 못하는 현상은 대표적인 영적 시각장애였다. 다른 병리현상도 존재했다. 교인들이 모이기는 것에는 힘쓰면서도 정작 신앙의 본질을 놓쳐 버리는 것이다. 이러한 경우 말씀 중심으로 모여 성령을 받으려 하기보다는 세상적인 모임처럼 친교 단체로 변질되어 가는 현상koinonitis 등이 발생한다. 김선도 목사는 이러한 병리현상들을 치료하기 위해 끊임없이 심방을 시행하고, 속회를 찾아가 돌아보고, 임원전지훈련과 트리니티 성서대학원을 통하여 교인들을 교육했다.

또한 올드 퍼스트 처치 신드롬old first church syndrome을 극복하기 위하여 젊은이들을 양성하고 교회학교들을 활성화하는 등 일거에 많은 신앙 교사들을 투입하여 자라나는 세대들에게 극진한 관심을 기울이면서 성장을 이끌어 왔다.

그 밖에도 사회적인 낯섦sociological strangeness으로 칭해지는 병리현상도 있다. 새로운 교인들을 받아들일 수 있는 준비가 되지 않은 상황이다. 준비가 되지 않은 교회는 성장하지 못한다. 교회에 주차를 하지 못해서 주변을 맴돌다가 예배에 들어오지 못한 사람이 결국에는 지금까지 돌아오지 않는다고 말씀하시면서 일침을 가한 적도 있다. 그래서 김선도 목사는 친절하게 배려하는 안내를 강조한다.

교인들 서로 간에 과도하게 힘을 사용하는 현상hypercooperativism도 있다. 교회들이 연합행사만 하다 보니까 정작 개체 교회의 성장에 걸림돌이 되는 병리현상이다.

위와 같은 임상병리적인 교회의 질병들을 김선도 목사는 치료의 관점에서 해결하였다. 교회를 몸으로 이해하는 관점이 아니고서는 눈에 띄지 않는 현상들이다. 김선도 목사는 교회건물과 교회의 구성원이 위치하는 구조를 해부학적으로 이해했다. 해부학은 거시해부학과 조직학으로 나뉘는 데, 육안으로 볼 수 있는 인체의 각 장기를 연구하는 학문이 거시해부학이고, 인체의 조직을 현미

경으로 들여다보며 연구하는 학문이 조직학이다. 살아 숨 쉬는 생명의 구조가 온전히 제 기능을 하기 위해서는 근육계와 골격계가 단단해야 하듯이, 교회에 있어서도 교회의 각 기관이 제대로 기능을 수행하고 있어야 한다. 교회도 개인과 속회, 선교회와 선교구 등이 유기적으로 연합하여 한 교회를 이루는 것이다. 조직학적으로 접근을 해 보자. 한 사람은 100조 개의 세포를 가지고 있다. 이 세포들이 유기적으로 연합하여 한 몸을 이루고 있다. 신체가 강건하기 위한 핵심은 세포의 밸런스에 있다. 세포는 바이러스나 병원균이 침입했을 때 백혈구와 임파구 같은 면역체계를 동원해서 밸런스를 맞추려고 한다. 면역력의 핵심도 밸런스에 있다. 이러한 관점에서 교인들 서로 간에 이뤄지는 친교와 봉사와 헌신은 교회의 면역체계를 강화하는 핵심 요소가 되는 것이다.

교회를 한 몸이라고 이해했을 때, 그 구조와 핵심을 해부학과 조직학으로 보았다면, 이제는 생리학의 관점에서 혈액과 신경의 흐름이 온전하게 이뤄지고 있는가를 살펴야 한다. 교회의 각 속회와 선교회, 각 기관들, 선교구들 상호간에 친밀한 교제와 건강한 영적 흐름이 이어지고 있는지 혹은 단절되지는 않았는지를 점검해야 한다는 것이다. 손끝이나 발끝에서 예민하게 느껴지는 감각들이 뇌신경으로 전달되는 시간은 0.25초에 불과하다. 0.25초라는 시간은 교인들의 영적 상태에 대해서 파악하고 반응하는 담임목사의 영적인 시간이기도 하다. 교인들 서로 간에, 그리고 목사와 교인들 간에 공감대가 향상되기 위해서는 반응시간이 무뎌져 있는지, 느려졌는지, 아니면 단절이 되었는지를 반드시 점검해야 한다. 예수님의 제자들은 예수님의 말씀에 '즉각적으로 결단'한 사람들이었다. 반응시간이 그만큼 빨랐다는 얘기다.

'홀리스틱 미니스트리'는 질병을 치료하는 프로세스처럼 진행되었다. 병을 고치려면 세포 단위에서 독을 빼야 한다. 디톡스다. 그리고 결핍된 영양소를 공급해 주어야 한다. 면역력을 증강시키는 것이다. 이와 함께 그 마음에 독이 되는 생각들을 빼낸다. 회개다. 그리고 생명을 살리는 확신을 심어 준다. 믿음이다. 이처럼 교회를 의학적으로 이해하고 그 구조를 든든하게 만들자 마치 세포가 분열하듯이 광림교회가 하나의 심장이 되어 그 심장을 중심으로 그리스도의 몸 된 교회는 점점 영역을 확대하기 시작했다.

김선도 목사의 교회론이 낳은 결과로 국내의 지교회들이 지속해서 세워졌다. 광림의 영적인 혈액이 공급된 안산광림, 하안광림, 부천광림, 상계광림, 일산광림, 광림남, 광림동, 광림서, 광림북 교회 등의 지교회들이다. 김선도 목사의 영성이 녹아든 기관들도 몸의 면역체계처럼 광림교회를 중심으로 반경 40킬로미터 안팎의 위치에 설립되었다. 광림수도원, 광림세미나하우스, 광림사랑의집, 국제광림비전랜드 등이다. 러시아, 뉴질랜드, 몽골, 일본, 중국, 블라디보스토크 등 해외 선교 지역에는 광림의 영적인 유전자를 품고 교회들이 설립되어 지속적으로 성장하고 있다.

하나님의 구원역사는 전인적이다. 한 사람의 전인적인 구원을 위한 목회는 교회 구성원들의 전인적인 구원으로 이어지고, 교회를 중심으로 한 전인성의 목회는 한 사회와 세계적인 영역으로까지 뻗어 나가고 있다. 모든 것이 '홀리스틱 미니스트리'를 일관되게 수행한 결실이다.

건강한 교회는 과연 어떤 교회의 모습을 취하고 있을까? 일반인들이 이해하는 '건강'에 대한 정의가 필요하다. 과거에는 건강에 대해 '질병이 없거나 허약하지 않은 상태'라고 생각을 했다. 1948년 세계보건기구는 건강에 대해 '단순히 질병이나 허약함이 없는 상태가 아니라 신체적, 정신적, 사회적으로 완전한 안녕 상태'라고 정의를 내린다. 1998년에는 이 정의에 '영적 건강spiritual well-being'을 추가해야한다는 논의가 진행되어 화제가 되기도 했다. 기존의 사고 수준에서는 건강을 두고 '자연에 의해서 디자인된 구조물의 생리현상'에 불과한 것으로 치부했지만, 현대 사회에서는 포괄적 의미의 '건강'을 생물학적 건강을 포함해 영성의 영역까지 확장해 가야 한다는 의견이 제기된 것이다.

나는 '홀리스틱 미니스트리'를 일관되게 목회 현장에서 실현해온 김선도 목사의 통찰과 시행력에 놀라움을 금치 못한다. 1998년 당시 세계보건기구에서까지 건강의 중요 영역으로 포함되어야 한다고 논의된 '영적 건강'을 목회의 현장에서 최소한 30년은 앞서 실천했기 때문이다.

제5범주: 새창조의 메커니즘과 성육신의 목회

김선도 목사의 설교는 쉽게 들린다. 어린아이도 금방 집중시키는 매력이 있다. 청년들은 그 설교에 매료되어 기립박수도 친다. 같은 현장에서 듣는 설교인데 세대와 연령을 불문하고 자신들에게 맞춤형으로 설계된 설교로 모두가 듣는다. 얼마나 감동을 받았는지 똑같은 설교를 다시들 듣고 싶어 한다. 아이 콘택트를 하고 있는 교인들이 수천수만 명이지만, 자신 한 사람을 바라보며 설교하는 것으로 여긴다. 저 높이 강대상 위에서 설교하고 계시는 게 분명한데 마치 코앞에서 말씀하는 것 같은 착각도 불러일으킨다. 설교자가 공들이고 힘들여 설교를 준비하는 만큼 교인들의 귀에는 설교가 쉽게 들려온다. 성육신Incarnation하지 못한 설교는 어렵다.

김선도 목사와 대화를 나누고 있으면 시간이 멈춰진 사람처럼 느껴질 때가 있다. 은퇴하시고 한참 지났음에도 여전히 꿈꾸는 눈빛으로 말씀한다. 인생을 돌아보고 회고할 연륜이지만, 새로운 비전을 계속해서 발견하신다. 사람들이 나라와 민족을 걱정하고 있을 때 김선도 목사는 나라와 민족을 위해 무엇을 할지 이미 준비하고 있다. 시간을 나누고 쪼개어 활용하는 법을 찾는 순간에 김선도 목사는 시간 속으로 성육신해 들어가고 있다.

매순간 그는 상대방의 말을 귀 기울여 경청하고 그 내용에 공감하면서 그 사람의 입장에 도달하기 위해 온 힘을 기울인다. 헤어지는 순간에는 한 번 더 손을 잡으시고 한 번 더 안부를 묻고 떠나가는 사람의 그림자가 사라지고 나서도 한참을 바라보신다. 마침내 그 사람의 자리로 성육신하신다. 김선도 목사의 목회와 설교는 성육신하는 목회이고 성육신하는 설교다. 김선도 목사처럼 나도 성육신하는 의사가 되고 싶다. 그리고 노력한다. 그게 쉽지 않은 일이라는 사실을 너무나도 잘 알고 있다. 미국 존스홉킨스대학에서 헝거포드 교수에게 배우던 1997년 한 해 동안 나는 500여 차례 엉덩이와 무릎 관절 수술에 직접 참여하여 첨단 의술을 배우고 또 익혔다. 피츠버그에서는 2년 동안 하루 평균 13건의 수술에 참여했다. 의술은 전인적으로 나에게 체화되지 않는 한 절대로 다른 사람들의 생명을 위하여 사용할 수 없다.

김선도 목사 목회의 소재를 '힐링'이라고 한다면, '힐링 목회'가 작동하고 움직이는 프레임과 시스템은 '홀리스틱 미니스트리'라 할 수 있다. 나는 여기서 하나님의 섭리를 느낀다. '홀리스틱 미니스트리'의 시스템은 목회자도 교인들도 성육신의 도상으로 이끄는 하나님의 새창조 메커니즘이다.

이미 광림교회는 그러한 섭리의 장을 열었다. 1980년대, 민방위 교육 장소로 광림교회 전체를 개방하면서 매달 3천 명의 젊은 남성들이 교회를 찾아왔다. 김선도 목사는 강사로서 강대상에 올라가 그들에게 '가능성'을 강의했다. 실의와 좌절에 빠진 다음 세대들을 향해 '용기'를 심어 주었다. 새로운 인생관과 가치관을 설계하라는 말씀에 그들 중 800명이 넘는 이들이 교회에 새신자로 등록했다. 그로부터 전국 어느 기도원을 가더라도 광림의 교인들로 북적거렸다. 당시만 해도 교회 밖을 향한 목회 프로그램들을 '사회 선교' 차원으로 인식하는 수준이었지만, 이미 그것은 '홀리스틱 미니스트리'의 이정표가 되고 있었다.

이러한 힐링 시스템이 하나님의 섭리 안에서 구축된 것은 김선도 목사와 박관순 사모가 러닝메이트가 되어 헌신하고 희생했기에 가능했다. 박관순 사모의 긍휼이 낳은 '사랑부'는 정신지체와 발달 장애의 아픔을 겪고 있는 가족들을 20년이 넘는 시간 동안 품고 있다. 사회에 떠밀려 고통받고 소외된 이웃들 속으로 성육신하는 삶이 아니고서는 엄두도 내지 못할 일이다. 2013년 하나님께 봉헌하고 세상을 향해 문을 연 사회봉사관은 '홀리스틱 미니스트리'가 구현된 실체라고 볼 수 있다. 하나님은 무한한 가능성을 사회봉사관에 담아 두셨다. 루체포레에서 청년들과 소규모 공동체들이 활동하며, BBCH홀을 찾는 이들에게 교회가 어떠한 곳인지를 자연스럽게 알도록 하고 있다.

성육신하는 줄기세포와 영적 거듭남

교회는 거듭남이 작동하는 구원의 공간

김선도 목사와 사모님은 시편 126편의 말씀대로 평생을 눈물로 씨를 뿌리시고 기쁨으로 곡식단을 거두신 분들이다.

"여호와께서 시온의 포로를 돌려 보내실 때에 우리는 꿈꾸는 것 같았도다 그 때에 우리 입에는 웃음이 가득하고 우리 혀에는 찬양이 찼었도다 그 때에 뭇 나라 가운데에서 말하기를 여호와께서 그들을 위하여 큰 일을 행하셨다 하였도다 여호와께서 우리를 위하여 큰 일을 행하셨으니 우리는 기쁘도다 여

호와여 우리의 포로를 남방 시내들 같이 돌려 보내소서 눈물
을 흘리며 씨를 뿌리는 자는 기쁨으로 거두리로다 울며 씨를
뿌리러 나가는 자는 반드시 기쁨으로 그 곡식 단을 가지고 돌
아오리로다"

(시편 126: 1-6)

성육신은 거듭난 사람의 삶의 원리이고 실체다. 하나님의 말씀
이 가르쳐 주고 있는 성육신의 사실을 나는 첨단 의학을 공부하는
가운데 더욱 확실히 알게 되었다. 정형외과 의사로서 최고의 인공
관절 전문가를 꿈꾸며 미국에서 수학했다. 하나님은 내게 뜻밖의
교수님들을 통해 새로운 의학을 배우게 하셨고, 그중 하나가 골종
양학과 줄기세포 연구였다.

줄기세포 연구를 하면서 하나의 신앙원리를 발견했다. 거듭
남의 원리고 성육신의 원리다. 사람에게는 100조 개의 세포가 있
다. 그 세포들이 한평생 살아가는 게 아니다. 1년 동안 98퍼센트가
새롭게 바뀐다. 세포가 죽고 다시 태어나는 횟수가 일생 동안 50번
정도 반복된다. 위장세포는 2-3시간, 백혈구는 48시간, 적혈구는
120일 정도가 평균 수명이다. 뇌세포는 60년이다. 세포 하나하나가
제 시간에 맞춰 죽어야지만 세포가 모인 생명체는 역설적으로 더

건강하게 살 수 있다. 세포가 죽는 것을 아포토시스Apoptosis라고 한다. 세포가 때를 맞춰 죽는 아포토시스를 하지 않을 경우, 암세포로 돌변한다. 죽고 다시 태어나는 '거듭남'이 있어야지만 참된 생명을 살아갈 수가 있는 것이다.

아포토시스가 온전히 이뤄지고 나면, 세포의 거듭남을 가능하게 하는 세포가 작용을 하기 시작한다. 이를 '줄기세포'라고 한다. 전지전능한 배아줄기세포가 스스로를 낮추고 낮아져 성체줄기세포로 성육신을 하면, 이 성체줄기세포 안에서 우리의 몸이 거듭나고 재생하게 된다. 성체줄기세포를 통해 우리가 다시 살아나는 것이다.

성경도 이미 세상에 태어나 있는 우리 모두를 향해서 다시 태어나라고 말씀한다. 다시 태어나기 위해서는 반드시 죽어야 한다. 그리고 하나님께서는 성육신하신 예수 그리스도를 통하여 우리를 다시 살리신다. 부활케 하신다. 성체줄기세포가 우리 몸을 거듭나게 하듯이, 예수 그리스도께서 우리를 다시 살리신다. 이러한 말씀의 원리, 과학의 원리가 김선도 목사의 삶과 '홀리스틱 미니스트리'를 통하여 시스템화한 것이 광림교회라고 생각한다. 하나님께서 죄와 악이 가득한 이 땅에 교회를 세우셨다. 교회는 새창조의 메커니즘이 작동하는 구원의 공간이어야 한다. 건강한 교회는 한 사회 내에서 성체줄기세포의 기능을 해야 한다. 이런 점에서 평생을 성육신하는 삶을 살아오신 김선도 목사야말로 하나님께서 우리 가운데 보내주신 영적인 줄기세포가 아니겠는가.

김선도 목사의 영적인 유전정보를 간직하며

개별 세포들은 죽음을 맞이한다. 그럼에도 생명체가 지속될 수 있는 이유가 있다. 세포가 새롭게 만들어져도 생명체를 유지하는 데 필요한 정보를 유지하기 때문이다. 이것을 '유전정보'라고 한다. 세포핵 안의 유전정보는 생명체의 형태와 기능에 대한 정보를 품고 있다. 의사인 나의 세포핵 안에는 '의사 김선도'의 정신과 영성이 담겨 있다. 가장 고귀한 가치를 주신 사랑에 감사한다. 은혜에 빚진 아들로서 김선도 목사의 성육신해온 삶을 나도 결단한다.

김선도 목사를 통하여 '홀리스틱 미니스트리'를 경험한 이들 모두의 세포핵 안에도 동일한 믿음의 유전정보가 충만할 것이다. 우리 가운데 있는 믿음의 씨앗이 이 땅 가운데 새하늘과 새땅을 열어가시는 하나님의 능력이자 마침내 최후 승리를 얻는 하나님의 영광이 될 줄로 믿는다.

나는 의사로서 김선도 목사의 목회를 그대로 따라가며 하나님께 서원한 대로 의료선교에 힘을 다하고 있다. 13개국의 16개 지역에 무료진료소를 설치하고, 정기적으로 진료를 가면서 현지 의료진도 양성하고 있다. 멈춤 없이 영적인 국경을 넘어가서 그들을 도울 수 있는 것도 '의사 김선도'의 정신과 영성이 부단히 나에게 새 힘을 공급하고 있기 때문임을 고백한다.

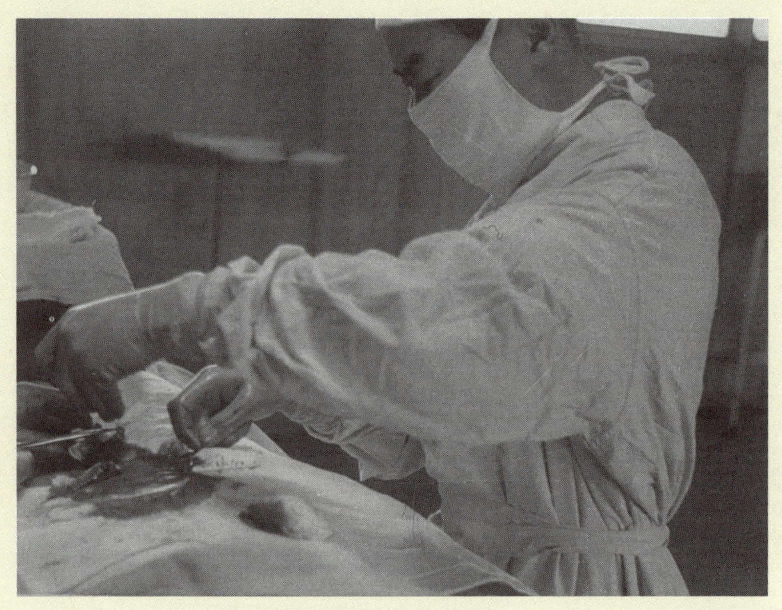

1953년 유엔종군경찰병원 의무관으로서 캐나다 야전병원에서
수술하고 있는 의사 김선도.

이창우 박사(김정신 권사의 배우자)가 설립한 굳셰퍼드 재단의
의료봉사 현장에 참석한 김선도 목사 부부.

1993년 강대상 위의 김선도 목사와 박관순 사모.

2016년 미국 부활의 교회에 봉헌된 대형 스테인드글라스 부분.
성경에 등장하는 인물들과 20세기의 종교 지도자들이 수록되어 있는데,
현존하는 종교 지도자로는 김선도 목사가 유일하다.

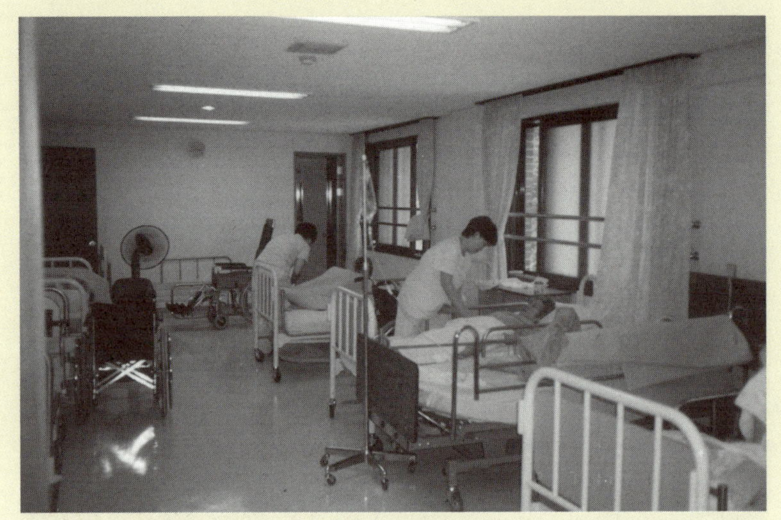

1992년 개원한 사랑의 집은 사할린 고령 동포를 맞이해
고국에서 보살핌을 받으며 여생을 보내도록 하기 위해 건립되었다.

1999년 중국 광림교회 예배당. 김선도 목사는 광림교회만의
성장에 그치지 않고 세계 각지에 지교회와 기관을 세워 선교에 힘썼다.

3장

구원의 확신과 성화적 영성으로 충만한 설교자

김홍기

김홍기

교회사·웨슬리 철학박사 및 와트버그신학교 명예신학박사. 감리교신학대학교 제12대 총장 및 교수, 한국교회사학회와 한국웨슬리학회의 회장직을 역임했다. 현재 샌프란시스코 제3세계신학교에서 강의하며 오이코스대학교 대학원장, 겨자씨선교회 이사장으로 봉사하고 있다. 『감리교회사』, 『종교개혁사』, 『존 웨슬리의 구원론』 등을 집필했다.

김선도 목사의 구순 생신을 축하드린다. 육체적인 장수에다 영적인 능력도 쇠하지 않고 독수리 날개가 올라감같이 강건함을 유지하시는 것을 보며 경이로움을 느낀다. 그것은 끊임없는 자기 관리와 깊은 기도의 열매로 하나님의 은총과 축복이 늘 함께 있기 때문이라고 믿는다. 하나님이 일하시니 나도 일한다는 '복음적 신인협조설evangelical synergism'적 영성수련에서 솟아오르는 능력이다. 김선도 목사의 설교에는 복음적 신인협조설적 에너지가 강하게 나타난다. 김선도 목사의 설교를 듣고 있으면 은혜의 경지로 몰입되는 느낌을 받는다. 그것은 깊은 기도와 경건한 삶의 영성에서 우러나오는 성령 충만이 그의 설교에 그대로 발현되기 때문이다.

열두 권에 달하는 방대한 양의 『김선도 목사 전집』(이하 『전집』) 설교 저술들을 읽고 연구하면서, 그의 설교에 웨슬리 신학에 등장하는 '구원의 질서the oder of salvation에 따른 구원의 확신inner assurance'이 새겨져 있음을 발견할 수 있었다. 이것은 한순간의 설교로 끝나지 않는다. 평생토록 성장과 성숙의 순례로 이어져 그 스스로 작은 예수로 완성되어 가는 '완전 성화entire sanctification의 영적 달음박질'에 이르렀다고 평가한다.

『전집』 1권부터 11권(12권은 논문들이다.)에 등장하는 그의 설교들은 663편이나 된다. 나는 이번 기회에 이 설교마다 번호를 매겨 보았다. 『김선도 목사 전집』을 다음에 다시 출판할 기회가 온다면 웨슬리의 기록된 설교처럼 각 설교마다 번호를 붙이고 설교한 실제 날짜도 언급하는 것이 좋겠다는 생각이다. 나는 김선도 목사의 『전집』이 한국 개신교의 역사에 영구적인 연구 자료가 될 것이라고 본다. 사실 김선도 목사의 설교를 연대순으로 연구하여 역사적 발전과정을 추적하고 싶은 뜻이 있었지만, 그렇게 하지 못해 아쉬운 마음을 가지고 있다.

김선도 목사의 설교를 비롯하여 한국 유수의 설교자들의 설교를 영문으로 번역하여 이제는 세계에 알릴 필요가 있다. 최근 현대 교회사의 추세는 아시아와 미국과 유럽 교회 지도자들이 서로 영향을 주고받으면서, 죽어 가고 있는 미국과 유럽의 교회들이 아시아 교회, 특히 한국 교회의 복음주의 부흥운동을 배우려 한다. 이를 일컬어 '환태평양적 시각trans-pacific perspective'이라고 한다. 빌리 그레이엄Billy Graham이 1973년 서울 여의도 광장에서 110만 명이 모이는 기네스북 기록의 집회를 했기에 세계적인 복음주의 부흥가로 주목을 받게 된 것이지 한국이 아니었으면 그의 부흥설교가 세계적인 주목을 받을 수 없었다. 한국과 한국 교회의 복음주의 부흥운동 열기가 빌리 그레이엄을 지금의 빌리 그레이엄으로 만든 것이다.

이런 환태평양적 관점에서 나는 한국 선교사들의 10년, 20년의 선교 간증 이야기가 이제는 영문으로 출판되어 나와야 한다고 세계감리교회선교사 임원회에서 주장한 적이 있다(2018년 10월, 조지아 애틀랜타에서).

구원의 질서를 순례케 하는 설교

선행적 은총 prevenient grace 과 은총의 낙관주의 optimism of grace

김선도 목사의 설교 전집 1권에서 11권까지의 설교 663편은 양적인 면에서도 마틴 루터의 출판된 설교량(8권, 175편)이나 존 웨슬리의 출판된 설교량(4권, 151편)을 능가한다. 물론 웨슬리는 4만여 회 설교들을 즉흥 설교로 하기도 하였다. 김선도 목사의 설교 속에는 먼저 하나님이 찾아오시는 선행적 은총과 은총의 낙관주의, 그리고 복음적 신인협조설(하나님이 먼저 일하시는 은총과 나도 일하는 의지적 열심)로 구원이 시작되고, 이러한 원리로 우리의 삶이 풍성해질 수 있다고 해석하는 입장이 자주 등장한다.

설교 제목들만 보아도 미리 예감할 수 있다. "무한한 가능성을 개발하라", "성공과 번영의 길을 걸으라", "정상에 올라서라", "성공적인 지도자가 되려면", "번영의 창문을 열라", "인간 희망의 근거", "능력의 원천에 접하라", "풍요한 삶의 열쇠", "소외감의 극복", "적극적 신앙의 위대한 힘", "정상에 이르는 열심 있는 크리스천", "정상에 오르는 삶" 등이 있다.* 그 이외에 설교 11번** "성공에 이르는 용기", 12번 "성공의 열매를 맺자", 13번 "신앙으로 성공하는 비결", 16번 "마지막 기회의 모험", 18번 "무궁한 힘을 개발하라", 20번 "적극적 신앙을 발전시켜라", 26번 "성공적인 삶의 에너지", 30번 "적극적 실천의 위력", 33번 "승리의 열쇠", 36번 "당신의 에너지도 위기인가?", 39번 "아직 기회는 있다", 46번 "꿈을 실현하는 힘", 54번 "하나님께 기회를 드리라", 62번 "성공과 번영의 길을 걸으라", 65번 "인간의 결점을 선용하시는 하나님" 등이다.

『전집』1권만 해도 이렇게 무수한 은총의 낙관주의 설교들이 선포되었다. 가정에 대한 설교들이 수록되어 있는 9권, 기도를 설교

---

* 김홍기, "존 웨슬리의 신학의 조명에서 본 김선도 감독의 설교", 『김선도 목사 전집 12』, p.281 (이하『전집』으로 표기함.)

** 『전집 1-11』에 나오는 663편의 설교에 번호를 붙여 보았다. (이하 번호만 표기함.)

하는 10권, 십계명과 산상수훈을 설교하는 11권을 제외하고, 『전집』 2권부터 8권까지에도 이런 선행적 은총, 은총의 낙관주의, 복음적 신인협조설적 설교들로 가득 차 있다.

웨슬리는 인간에 대해 도덕적 형상moral image의 차원에서는 전적으로 타락toatl corruption하였지만, 본성적 형상natural image의 차원에서는 부분적 타락partial corruption 하였다고 해석한다. 거기다가 먼저 찾아오시는 선행적 은총이 이성, 자유의지, 양심, 감정을 회복시킨다고 주장한다. 이러한 웨슬리적 은총의 낙관주의가 김선도 목사에게도 강하게 나타난다. 이런 설교들은 한국의 민주주의와 더불어 경제 근대화와 세계적인 국가로 성장하는 지구화에 동력이 되었다. 경제를 비롯해 문화, 정치, 사회, 예술, 리더십 등 사회 전반에 희망과 용기와 가능성을 불러일으켜 한국이 오늘날의 선진국으로 발전하고 진보하는 것에 심리적, 정신적, 영적 에너지를 제공한 것이다.

지금 우리나라는 스포츠 선수들이 국제적으로 좋은 성과를 거두고 방탄소년단 등으로 대표되는 케이팝이 세계를 강타하고 아카데미 네 개 부문에서 수상한 봉준호 감독의 <기생충>을 비롯하여 한국 영화나 한국 드라마가 세계의 안방을 독차지하고 있다. 동남

아시아를 가보면 대부분의 가정에서 한국 드라마를 즐겨보고 동경하는 현상을 어렵지 않게 볼 수 있다. 심지어 이스라엘 사람들도 일본 드라마보다 한국 드라마를 더 즐겨보고 있다는 이야기를 지인을 통해 들을 정도이다. 휴대폰과 TV를 비롯하여 가전제품도 전 세계적으로 한국 제품이 최고로 인정받는 시대가 되었다. 서양에서 현대차나 기아차를 타는 사람들의 숫자가 빠른 속도로 늘어나고 있다.

김선도 목사의 설교들은 외면적으로는 인간 본성의 낙관주의처럼 느껴지지만, 자세히 탐구해 보면 오직 은총과 말씀과 믿음으로 솟아 나오는 것을 발견할 수 있다. 그것은 먼저 찾아오는 은총과 그 은총에 회개로, 방향전환으로, 인간의 의지가 응답하는 긍정적인 신앙을 강조한다. 자기 숭배적이고 인본주의적이고 긍정적인 신앙이 아니다. 부정적인 신앙은 자기 파괴적이고 소극적인 반면에, 긍정적인 신앙은 창조적이고 적극적인 삶의 태도와 행동을 유발한다는 것이다.

"기독교 신앙은 긍정적인 믿음을 가지고 정신적으로나 영적으로 건강하게 사는 것이며, 과거에 불의와 죄 가운데서 살던 삶의 방향을 완전히 바꾸어 은총과 사랑과 의와 진리 안에서 살아가는 삶의 태도를 말합니다. 성서는 이것을 가리켜서 '회개'라고 말합니다. 그런 까닭에 삶의 태도에 혁명적인 방향 전환이 있어야 비로소 믿음 생활이 시작되는 것입니다. 우리는 긍정적인 신앙의 태도를 계속 발전시켜 나가야 하겠습니다."[*]

어떤 부흥사가 고름이 가득 찬 한센병자를 붙들고 기도하였다는 간증을 듣고 감동을 받아 금식기도하면서 뒹굴며 기도하던 김선도 목사는 부정적인 신앙에서 긍정적인 신앙으로 바뀌었다. 또한 군목 시절 새벽까지 행군하여 목적지에 당도하는 경험으로 적극적이고 긍정적인 신앙에 이르게 되었음을 고백한다.

"저는 군목이요 정신적인 지도자인데, 누구에게도 뒤져서는 안 된다는 각오로 최선을 다해서 행군을 하였습니다. 밤새도록 행군을 하던 중에, 다른 참모들은 모두 낙오했고, 저와 윤 장군만이 생도들의 앞에 서서 걸어갔습니다. 새벽 5시가 되어 겨우 목적지에 도달했습니다. 이상한 사실은 다른 사람들의 발은 모두 부르텄는데 저와 윤 장군만은 조금도 이상이 없었습니다. 저는 끝까지 어려움을 견디고 목적지에 이른 감격을 가지고 모인 모든 사람들에게 신앙의 위력을 증거 하였습니다"[**] 이것은 인간의 본성적인 의지만이 아

---

[*] 김선도, 20번 "적극적인 신앙을 발전시켜라", 『전집 1』, p.176

[**] 김선도, 『삶의 위기와 하나님의 기회』, 광림, 1991, p.120 (이하 『하나님의 기회』로 표기함.)

니라, 은총으로 주어진 믿음을 근거로 은총을 힘입은 의지가 응답하여 믿음의 위력을 발휘한 것이다. 하나님이 일하시니 나도 일한다(요한복음 5:17)는 것이다. 그리고 이 긍정적이고 적극적인 믿음은 기도와 말씀에서 솟아 나온다는 것을 역설한다. 말씀을 붙들고 의지하여야 긍정적이고 적극적인 에너지가 발산한다는 것이다.

"로마서 8장 28절에서 사도 바울은 '우리가 알거니와 하나님을 사랑하는 자 곧 그 뜻대로 부르심을 입은 자들에게는 모든 것이 합력하여 선을 이루느니라'고 말씀하셨습니다. 불행한 환경과 불리한 조건이 모두 합동하여 좋은 결과를 가져온다고 하는 것이 성경의 가르침입니다. 믿음의 사람은 고난과 어려움을 가장 좋은 복으로 변화시키는 삶의 자세를 가진 사람입니다."[*]

이러한 말씀 신앙과 함께 기도 신앙이 적극적인 신앙의 원동력임을 강조한다. 말씀과 기도를 조화 있게 활용하는 역사적인 신앙인의 적극적인 믿음의 사례들을 소개한다.

"'무엇이든지 기도하고 구하는 것은 받은 줄로 믿으라 그리하면 [*]너희에게 그대로 되리라'(마가복음 11:24) '사람으로는 할 수 없으되 하나님으로서는 할 수 있느니라'(마태복음 19:26) 예수님의 말씀에

---

[*]　김선도, 20번 "적극적인 신앙을 발전시켜라",『전집 1』, p.177

초점을 맞추면 우리 안에 있는 무한한 가능성이 개발되고 능력을 발휘할 수가 있습니다. 사도 바울이, 베드로가, 어거스틴이, 칼뱅이, 루터가, 웨슬리가 모두 적극적인 신앙인이었기 때문에 복음을 담대히 전하고 놀라운 종교개혁을 행하고 감리교회를 일으킬 수 있었던 것입니다."[*]

이 적극적이고, 긍정적인 신앙의 예로 요셉을 들고 있다. 요셉의 형들이 요셉을 시기하여 애굽에 팔았으나, 요셉이 오히려 그것을 긍정적이고 적극적인 신앙으로 삼아 하나님의 섭리와 계획으로 해석한 자세를 높이 칭찬한다. 그리고 김선도 목사는 예수 그리스도를 믿는 신앙을 긍정적이고 적극적인 신앙의 중심으로 생각한다. 무한한 가능성은 그리스도 안에서 폭발한다는 것이다.

"우리가 예수 그리스도와 초점을 맞출 때 무한한 가능성을 개발해 나갈 수 있는 것, 이것이 위대한 기독교 신앙인 줄로 믿습니다. 냉소적이고 부정적인 생각은 자기를 실패로 몰고 갈 뿐만 아니라 주변 사람까지도 못 살게 만듭니다. 답답한 일을 당했습니까? 실패와 좌절 가운데 있습니까? 내게 능력 주시는 자 안에서 모든 일을 이루게 하시는(빌립보서 4:13) 하나님의 은총 가운데서 오늘도 무한

---

[*] 김선도, 『하나님의 기회』, p.121

한 가능성을 개발하시고 예수님께 초점을 맞춰서 날마다 승리하시는 여러분이 되시기를 축원합니다."*

'믿음의 주요 온전케 하시는 이인 예수를 바라보자'는 히브리서의 말씀을 갖고서 "삶의 금메달리스트가 되려면"이란 설교를 했다.

"여러분의 삶의 목표는 어디에 있습니까? 권력에 있습니까? 지식에 있습니까? 돈에 있습니까? 우리의 삶의 목표가, 영원한 진리가 되시고 부활이 되시는 주님에게 있을 때에 그 밖의 모든 것을 더하여 주십니다. (…) 주님은 우리를 도우십니다. 낙심하지 아니하고 꾸준히 삶의 푯대를 정하고 주님과 함께 걸어가는 그곳에 삶의 금메달이 기다리고 있습니다. (…) 목표를 잃지 말고 달림으로 말미암아 그리스도 안에서 금메달을 소유하는 여러분이 되시기를 주의 이름으로 축원합니다."**

삶의 목표가 예수 그리스도에게 있어야 함을 강조한다. 주님의 영광과 주님의 뜻을 앞세우는 삶을 추구하는 것이 우리를 성숙하게 하고 성공적인 인생이 되게 한다는 것이다. 주님의 능력을 믿고 주님의 영광을 목표로 삼을 때, 하나님은 우리를 높여 주시고 우

---

* 김선도, 『하나님의 기회』, p.124-125
** 김선도, 124번 "삶의 금메달리스트가 되려면", 『전집 2』, p.503-504

리를 존귀하게 만드신다. 이렇게 우리의 이성과 자유의지와 양심과 감정 속에서 먼저 역사하시는 주님의 선행적 은총, 선재적 은총은 구원의 여명으로 우리에게 다가온다. 우리 속에 긍정적이고 적극적인 마음을 갖도록 회개의 영과 회개의 은총을 불어넣으신다. 우리의 마음에 먼저 다가오셔서 문을 두드리고, 회개하고 믿음으로 영접하라고 촉구하신다. 거기에 문 두드리는 홀먼 헌트William Holman Hunt의 그림처럼 내가 문 안에서 선행적으로 회복된 자유의지로 회개하고, 마음의 문을 열고 아멘으로 응답할 때 우리의 구원은 시작된다. 요한복음 5장 17절처럼 하나님이 일하시니(선행적 은총), 내가 일함으로(자유의지) 구원의 역사가 시작된다. 중세 천주교회를 지배한 펠라기우스적 자유의지론은 우리의 본성적인 자유의지가 먼저 일하면 은총이 다가온다고 하는 도덕주의적 선행의인화justification by good works가 아니다. 먼저 은총이 다가옴으로 인간의 의지가 응답한다는 복음적 신인협조설evangelical synergism이다. 김선도 목사의 설교는 철저히 이런 웨슬리적 복음적 신인협조설에 서서 긍정적이고 적극적인 신앙을 설교한다.

회개와 용서의 은총

웨슬리의 구원의 질서는 선행적, 혹은 선재적 은총으로 말미암아 촉발되는 회개에서 시작된다. 회개는 구원의 현관이라고 본다. 구원의 문은 믿음이요, 구원 자체의 성화이자 사랑이므로 종교의 안방은 거룩하게 성화되어 가는 작은 예수의 성숙 과정이다. 회개에서 구원이 비롯되는 것이다. 김선도 목사는 탕자의 비유로 회개와 용서의 은총을 설교한다. 탕자의 비유는 복음 중의 복음이요, 비유 중의 면류관이라고 해석한다. 회개는 탕자처럼 방향 전환을 하고 고향 아버지 품으로 돌아가는 것임을 강조하며 무조건 용서하고 용납하는 하나님 아버지의 사랑과 은총을 강조한다.

"아버지의 곁을 떠나서 자기 마음대로 살면서 어떤 죄를 지었다고 할지라도 아버지께로 돌아가기만 하면, 그 모든 것을 묻지 아니하고 용서하여 주시는 것이 아버지의 사랑입니다. 우리의 허물과 상처를 싸매주시고 용납하시는 것이 아버지의 사랑입니다. 아버지께로 돌아올 때 우리에게 평화가 있습니다. 그때에 우리 운명이 달라지고, 삶의 문제가 해결됩니다."*

---

* 김선도, 56번 "아버지 집으로 돌아오라", 『전집 1』, p.473

회개는 솔직하게 죄를 고백하는 것을 의미함을 설교한다. 죄의 고백은 영적 구원의 출발이요, 또한 육신의 질병이 네 친구의 도움으로 지붕을 뚫고 들어온 중풍병자처럼 치유되는 기적을 체험함을 강조한다.

"용서의 하나님께서는 이제 더 이상 여러분의 과거를 묻지 아니하십니다. 도리어 희망과 기쁨과 화평을 주십니다. (…) 우리 주님은 여러분을 사랑하십니다. 어떤 죄를 지었다 할지라도 그분께 나아가서 솔직하게 죄를 고백하는 사람에게는 반드시 용서와 치료의 복을 베풀어 주시고, 새로운 복된 삶을 살아가게 하십니다." [*]

웨슬리는 양심 속에서 하나님의 선행적 은총이 역사하여 회개가 일어남을 강조했다. 김선도 목사 역시 선행적 은총이 양심 속에서 회개를 촉발함을 설교한다.

"인간은 늘 하나님 앞에서 죄책감을 가지고 살 수밖에 없고, 양심의 가책을 느낍니다. 러시아의 문호 톨스토이Leo Tolstoy는 '양심은 하나님의 소리이다.' 라고 말했고, 칸트Immanel Kant도 '양심은 인간 내면의 법정이다.' 라고 말했습니다." [**]

---

[*] 김선도, 41번 "용서와 치료의 길", 『전집 1』, p.354
[**] 김선도, 58번 "용서받은 자의 행복", 『전집 1』, p.484

죄는 용서받을 수 있고 하나님은 용서한 죄를 기억하지 아니하시며, 그리하여 우리는 용서받은 과거를 기억하지 말아야 한다고 강조한다.

"기독교의 복음은 용서의 복음이요, 속죄의 기쁜 소식입니다. 이 복음의 능력 안에서 우리는 과거로부터 해방되며, 새로운 사람으로 다시 태어납니다."[*]

회개에 대한 설교는 주로 복음적 회개evangelical repentance에 집중된다. 웨슬리의 회개 이해는 복음적 회개와 율법적 회개legal repentance로 요약할 수 있다. 탕자의 비유는 율법적 심판과 경고에서 발원된 회개가 아니고, 먼저 하나님이 용서하시고 용납하시는 십자가의 은총에서 일어나는 것이다. 아버지의 사랑 같은 하나님의 선행적 은총으로 말미암아 거기에 응답하는 회개이다.

믿음과 의롭다하심의 은총

웨슬리의 구원의 질서에 믿음은 구원의 문이다. 믿음으로 칭의

---

[*] 김선도, 58번 "용서받은 자의 행복", 『전집 1』, p.487

稱義와 거듭남이 동시에 일어난다고 생각한다. 다만 논리적으로 하나님과 관계가 회복되는 수동적이고 객관적인 은총인 칭의가 앞서고, 실제적이고 주관적인 은총인 거듭남이 뒤에 따라온다. 칭의는 예수 그리스도의 십자가의 은총으로 우리 밖에서 다가오는 우리를 위한 은총이고, 거듭남은 성령의 능력으로 우리 안에 우리를 변화시키기 위해서 일어나는 은총이다.

① 십자가의 은총을 믿음으로 말미암는 칭의

웨슬리가 루터의 정신대로 오직 은총sola gratia, 오직 신앙sola fide, 오직 성서sola scriptura만을 중심으로 한 선행이 아닌 믿음에 의한 칭의론을 발전시켰듯이, 김선도 목사도 신앙에 의한 칭의론을 강하게 설교한다. 예수 없는 종교, 예수 없는 신앙, 예수 없는 교회, 예수 없는 착각을 회개하고 예수 중심을 강조한다. 예수님이 나의 구세주, 속죄주, 주인이 되심을 믿으면 구원의 확신이 일어난다는 것이다. 십자가와 부활의 케리그마이다. 사도행전에 나타난 사도들의 케리그마, 곧 십자가와 부활의 복음이 김선도 목사의 칭의론의 핵심을 이룬다. 구원파나 사이비 종파들이 구원의 순간을 지나치게 강조하는 것을 경계하기도 한다.

"몇 날, 몇 시에 구원받았느냐고 물어보면 대개 점잖은 교인들은 뭐라고 대답할까 주저합니다. (…) 분명히 내가 예수를 믿었으면 구원을 받을 것인데, 그 시간을 대지 못한다고 해서 구원받지 못한 것이 아닙니다. 대개 이단 사상을 가진 사람들이 유혹하기 위해서 그런 얘기를 합니다. 십자가의 보혈의 피로 용서받은 것을 믿을 때 우리의 죄를 정죄치 아니하시고, 쇠고랑을 끊어 주시고, 옥문이 열리게 하십니다. 죄악의 노예가 되었던 나를 자유하게 해 주신 그 예수님을 믿을 때에 우리는 이미 구원받은 것을 믿으시기 바랍니다."*

② 오직 예수 중심의 신앙

김선도 목사는 요한계시록 3장 20절의 말씀처럼 문 밖에서 문을 두드리시는 주님께 마음의 문을 열고 주님을 영접하여야 구원에 이름을 강조하고 있다. 잃어버린 예수님을 찾고 오직 예수께 나아와 회개하고 믿으면 구원을 받는다는 신앙이 구원의 중심이다. 김선도 목사는 군목 시절에 교육부 사령부의 부대장 장군을 전도하였다. 죄인임을 고백하고, 회개의 눈물을 흘리면서 예수님을 영접하였고, 세례까지 받게 되었다. 더 나아가 그 장군에게 군복을 갖추어 입고 예배 30분 전부터 병사들에게 주보를 배부해 달라고 제

---

* 김선도, 『하나님의 기회』, p.318-322

안했고, 그 장군이 주보를 나누어 주기 시작하면서 군부대 병사들이 놀라울 정도로 많이 찾아오는 부흥의 역사가 일어났다는 아름다운 간증을 하였다. 그리고 그 자리에서 예수는 죄인과 병든 자를 치유하는 영혼의 의사임을 강조하였다.

"교회는 영혼의 치유의 센터입니다. 온전한 사람을 부르는 곳이 아닙니다. 건강한 이에게는 의원이 필요 없다고 하셨습니다. 의인을 부르러 오신 것이 아니라, 죄인을 부르러 오셨다고 했습니다. 상한 심령을 주님은 원하십니다. 오늘도 여러분을 싸매주시고, 네 소원이 무엇이 무엇이냐? 딸아, 네 믿음이 크도다. 네 소원대로 되리라고 하실 것입니다."*

③ 구원의 확신

웨슬리에게 있어서 구원의 확신inner assurance은 아주 중요하다. 1725년부터 영성일기를 쓰면서 제레미 테일러Jeremy Taylor, 토마스 아 켐피스Thomas a Kempis, 윌리엄 로우William Law의 성화론 저서들을 읽고 영적 여정을 시작한 그에게 구원의 확신이 임한 것은 1738년 올더스게이트 거리에서의 체험이었다. 마음이 이상하게 뜨거워지

---

* 김선도, 134번 "네 믿음이 크도다!", 『전집 3』, p.51

는 체험My heart was strangely warmed을 하게 된 것이다. 모라비안 교도 목사 피터 뵐러Peter Boehler가 권하는 대로 사도행전의 즉흥적인 신앙 체험을 열망하면서 구원의 확신을 하게 된다.

김선도 목사도 그의 설교에서 구원의 확신에 대해 발언한다. 첫째로, 예수 그리스도를 주님으로 믿는 것이 구원의 확신임을 강조한다. 십자가의 보혈의 피로 속죄함을 받는다는 것을 믿을 때에 우리의 죄를 정죄하지 않고 옥문을 열어 주시는 은총이 임한다. 죄악의 노예가 되었던 인간을 용서하시는 그리스도, 속죄주, 주님을 믿을 때에 이미 구원받음을 믿으라는 것이다. 둘째로, 십자가의 능력으로 참된 자유를 얻는 것이다. 구원의 확신이 십자가의 능력을 믿는 믿음에 임한다는 것이다. 셋째로, 변화를 체험한 사람이 구원의 확신을 갖게 된다고 강조한다.

"주님을 믿고 고백하는 사람은 1, 2년 지나는 동안에 변화된 자신의 모습을 발견하게 될 것입니다. 이것은 우연한 변화가 아닙니다. (…) 점점 내 양심이 달라지고 의식구조가 달라져서 변화되는 것입니다. 이것이 구원받은 증거입니다."[*]

---

[*] 김선도, 244번 "구원의 확신을 가지라", 『전집 4』, p.481

④ 속죄의 기쁨과 평화를 체험하는 칭의의 은총

김선도 목사는 의롭다 함을 얻는 은총은 죄를 사함 받는 속죄의 은총임을 웨슬리 신학을 들어 설교한다. 웨슬리의 선재적 은총(선행적 은총)의 개념을 갖고 '사마리아 수가 성 여인'의 이야기를 통하여 속죄함의 기쁨과 평화의 체험을 소개한다.

"웨슬리 신학에 '선재의 은총'이란 말이 있는데, 이는 예수님께서 이미 성령으로 사람의 마음을 감동시키셔서 예수님의 복음을 받아들일 수 있는 가능성을 주신다는 것을 말합니다. 예수님께서 문화의 장벽을 초월하여 부도덕하고, 세속적인 세상에 말씀이 육신이 되어incarnation 오셔서 도덕적으로 타락하고 소외당한 사람들을 만나 주시고 그들의 영혼을 구원하시는 분이라는 것을 본문 말씀을 통해 알 수 있습니다. 야곱의 우물가에서 사마리아 여인을 기다리고 계시던 예수님께서 선재의 은총으로 우리를 찾으시고 우리의 갈증을 아시고 생수를 선물로 주시기를 원하십니다."[*]

사마리아 여인은 예수님을 만남으로써 자신의 모든 죄를 용서받고, 참 자아를 발견하고 거듭나 의롭게 되었다. 그 기쁨을 감출 수

---

[*] 김선도, 206번 "깊은 샘물을 찾아서",『전집 4』, p.147-148

없어서 물동이를 두고 동네 사람들에게 가서 예수님을 만난 복음을 전하게 된 이야기가 김선도 목사의 설교에 등장한다. 이 여인이 예수를 체험한 이야기를 듣고서 사람들이 메시아를 만나 동네 전체가 구원받게 되었다는 것이다. 속죄와 의롭다 칭하심의 은총을 통한 기쁨과 평화 체험은 복음 전도의 열정으로 이어진다.

⑤ 십자가를 지는 칭의의 신앙

김선도 목사는 "약할 때 주시는 강한 능력"이라는 주제의 설교에서 루터의 십자가 신학Theology of the Cross에 나타난 사상처럼 날마다 십자가를 지고 주님의 고난에 동참하는 신앙을 강조한다.

"감리교회의 창시자인 존 웨슬리 선생은 훌륭한 영적인 지도자였습니다. 그는 늦게야 결혼을 했는데, 그 아내가 얼마나 악처인지 웨슬리가 원고를 써 놓으면 불에 태워 버릴 정도였습니다. 또 어떤 때는 불평하면서 웨슬리 선생의 머리채를 움켜쥐고 온 방을 끌고 다녔다고 합니다. 그럼에도 불구하고 웨슬리는 묵묵히 그 악처의 뒤를 보살펴 주었는데, 결국에는 그 아내가 보따리를 싸 도망을 가 버렸습니다. 어쩌면 그는 불행한 가시와 같은 아내 때문에 위대한 인물이 되었는지도 모릅니다."

결국 웨슬리는 아내가 언제 죽었는지도 모르고 그녀의 장례식도 가지 못했다. 그녀는 남편을 의심하는 심리적 질병으로 인하여 남편을 괴롭혔다. 이러한 가시의 십자가를 지는 것이 나를 죽이고 하나님의 영광만을 위해 사는 성화의 영성으로 나아가게 하는 원동력이다.

믿음에 의한 거듭남의 은총

웨슬리 구원의 질서에서 믿음으로 거듭남은 구원의 문이다. 하나님의 원수에서 하나님의 자녀가 되는 수동적이고 객관적인 관계에서는 '칭의'가 앞서고, 하나님의 형상으로 변화되기 시작하는 실제적이고 주관적 변화 '거듭남'은 뒤따라온다. 그러나 믿음에 의한 칭의나 믿음에 의한 거듭남은 동시적인 사건이다. 웨슬리 자신의 경우도 올더스게이트 체험을 칭의와 거듭남의 동시적 경험이라고 분석한다. 나의 경험으로나 많은 성도들의 간증을 통해서도 칭의와 거듭남은 동시적임을 알 수 있다. 김선도 목사는 칭의와 거듭남을 특별히 비교해서 언급하지는 않았지만 과거에 비하여 현저하게 거듭남에 대한 설교를 많이 하였다.

---

* 김선도, 『(상처를 치유하는)사랑의 대화』, 광림, 1990, p.318-322

김선도 목사는 물과 성령으로 거듭난다는 예수님의 방법을 설교한다. 물세례를 통하여 과거의 죄악으로부터 깨끗함을 받는 것과 예수님의 말씀을 통하여 죄의 속성이 깨끗함으로 전환이 됨을 의미한다. 그리고 성령으로 거듭나야 함을 강조한다. 특히 '바람이 지나간 후에 그 결과를 통하여 바람을 느끼는 것처럼 바람 같은 성령의 역사는 그 변화의 열매로 알 수 있다'는 탁월한 통찰을 드러냈다.

"예수님께서는 성령을 바람에 비교하여 설명한 것은 적절한 것이라고 생각됩니다. 바람 부는 것은 눈에 보이지 않습니다. 하지만 나뭇가지가 흔들리는 것을 보고 바람 부는 것을 알 수 있다는 말입니다. 영적 세계도 눈에 보이지는 않지만 여러분의 변화된 삶을 통해서 알 수 있습니다.우리 교회에도 영적으로 거듭난 사람이 많이 있습니다. 예수를 믿은 뒤부터 게을렀던 내가 부지런해졌고, 아내에게 못된 짓을 하던 내가 진실한 남편이 되었고, 과거에는 거짓말과 악행만 일삼았지만 이제는 그런 일을 하지 않습니다. 이것이 거듭난 삶입니다. 성령의 역사입니다"[*]

요한복음 3장 13-16절의 말씀을 통하여 예수 그리스도를 바라보고 믿을 때 십자가를 통한 하나님의 사랑으로 영생과 구원이 주

---

[*] 김선도, 127번 "모두 거듭나야 산다",『전집 2』, p.531-533

어지고, 궁극적으로 거듭남의 변화를 받을 수 있음을 강조한다. 삭개오 이야기를 통하여 자기를 찾는 거듭남의 모습이다. 삭개오는 세리장이고 부자였지만 자기를 잃어버렸고 자기 정체성의 위기에 빠졌음을 지적하고, 예수님과의 인격적 만남으로 거듭남을 체험하였다는 것이다. 첫째는 뽕나무에 올라가는 입체적 노력을 한 것, 둘째는 예수님과의 인격적 만남, 소망의 만남으로 내가 거듭나고 새로운 존재가 되는 것, 셋째는 재물과 명예와 비인간적인 것을 청산하고 가난한 사람과 억울한 사람을 위해 사랑을 베푸는 가치관과 인생관의 거듭남을 통해 아브라함의 자손의 축복을 받게 되었음을 설교한다.*

고린도후서 5장 17절(그리스도 안의 새로운 피조물) 말씀을 들어 "날마다 새롭게 사는 세계"란 설교에서도 거듭남을 말한다. 니고데모의 '거듭나기 위해서 어머니 배로 다시 들어가야 하는가?' 라는 우둔한 질문을 해석하면서 김선도 목사는 위로부터의 영적인 세계의 힘을 통해, 다시 말해서 성령을 통하여 위에서 내려오는 능력으로 거듭나야 함을 주장한다.

"우리는 또 하나의 영적인 힘에 의해서 달라져야 합니다. 오늘

---

* 김선도, 239번 "잃은 자신을 찾으라!", 『전집 4』, p.431-432

우리의 신앙생활에서 다메섹 도상의 변화와 같은 급진적인 변화가
다 일어나는 것은 아닙니다. 우리의 인격의 변화는 갑자기 번개 치
듯이 달라지는 것이 아니라 새벽에 동이 트면서 날이 점점 밝아 오
는 것처럼 교회에 나오는 동안에 내 태도와 생각이 점점 달라져서
마침내 성령으로 말미암아 우리의 인격과 삶이 근원적으로 달라지
는 것입니다. 옛것은 다 잊어버리고 전적으로 성령 안에서 새로운
피조물의 생활입니다."*

흔히 한국 목사들은 즉흥적이고 순간적인 변화를 강조하는 경
향인데 반해 김선도 목사는 점진적인 변화를 강조해 왔다. 최근의
영성신학에서 말하는 영성수련도 점진적인 변화를 일으키는데 초
점을 맞추고 있다. 웨슬리 자신도 순간적이면서도, 점진적인 영적
진보를 강조한다. 그런데 동생 찰스 웨슬리는 순간적인 변화를 더
욱 주장하는 경향이었기 때문에 연회에서 형제가 논쟁을 벌이기도
했다.

또한 많은 한국 목사들이 영적 변화에만 강조점을 두는 경향이
있는 반면, 김선도 목사는 영적인 변화와 동시에 인격적인 변화에
집중한 것도 돋보인다. 한국 교회의 교인들은 인격적 성숙을 위해

---

* 김선도, 283번 "날마다 새롭게 사는 세계", 『전집 5』, p.256

영성수련하는 것이 매우 부족한 실정이다. 김선도 목사는 인격의 변화를 거듭남과 성화의 핵심으로 생각하고 있다. 웨슬리도 '거룩한 성품holy temper'이 거듭남과 성화의 핵심임을 강조한다. 김선도 목사의 결론적인 주장은 성령 안에서의 성품의 변화이다.

"욕심과 이기심과 탐심을 따라 살던 나를 예수님이 내 마음 가운데 계셔서 지배하게 될 때에 나는 전적으로 새로운 존재가 되어 거듭난 삶, 성령으로 새로워지는 삶을 살아가게 되는 것을 믿으시기 바랍니다."

같은 설교에서 웨슬리를 인용하면서 옛사람은 죽고, 새사람은 살아나는 거듭남과 성화를 말하기도 한다.

"존 웨슬리는 감리교도들을 향해서 '우리는 죽기를 잘하는 사람'이라고 말했습니다. 이 말은 옛날 것은 다 죽어 버리고 새로운 세계를 살아간다는 말입니다."*

웨슬리처럼 김선도 목사도 거듭남을 성화의 출발, 성화의 시작으로 본다. 거듭남이 영적으로 어린아이의 탄생이라면, 성화는 그 아이가 날마다 자라가는 것이다.

---

* 김선도, 283번 "날마다 새롭게 사는 세계",『전집 5』, p.258

거룩함의 은총

존 웨슬리의 구원의 질서에서 성화는 '종교 자체religion itself'이다. 선재적 은총(선행적 은총)과 회개가 구원의 현관이라면, 칭의와 거듭남의 믿음은 구원의 문이고, 성화(사랑)는 구원의 안방이라고 할 정도로 중요하다. 흔히 루터나 칼뱅처럼 심지어 감리교회 목사들도 구원은 칭의와 거듭남이라고 주장하고, 성화는 의롭다함을 얻고 거듭난 크리스천의 삶이라고 약화시킨다. 그러나 웨슬리는 구원을 칭의와 성화를 모두 포함하는 것으로 이해한다. 예수가 그리스도를 믿는 것(칭의)과 예수 그리스도를 본받는 작은 예수가 되어가는 것(성화)이 모두 구원이다. 구원은 순간이면서도, 점진적인 과정이다. 순간적 구원의 확신을 가지면서도, 두려움과 떨림으로 구원의 완성(작은 예수: 완전 성화)을 향해 『천로역정』의 기독도처럼 순례의 길을 가는 것이다.

김선도 목사는 아기가 아픔을 통하여 성장하듯이, 시련과 인내와 믿음으로 영적 성장을 이루어야 함을 주장한다. 웨슬리는 "신자의 회개The Repentance of Believers"란 설교에서 거듭난 성도는 계속 '쓴 뿌리'로 남아있는 죄악성이 죽는 회개의 아픔과 새 사람이 계속 살아나는 믿음의 부활이 있어야 한다며 성화적 성장이 이루어짐을 강조한다. 의롭다함을 얻는 칭의 은총에서 행위의 죄가 모두 사함을 받았더라도, 우리 속에 내적 죄악성이 남아 있어서 스스로를 괴롭힌다는 것이다. 그래서 계속 회개와 믿음으로 죄악성마저도 완전히 성결해지는 성령 충만을 성화의 과정에서 받아야 한다는 것이다.

① 인내와 믿음으로 성숙하는 성화

김선도 목사는 "인내를 온전히 이루라"는 설교에서 야고보서 1장 2-12절의 본문을 인용해 '성화적 성장의 아픔을 위해 인내와 믿음이 필요함'을 강조한다. "성장의 아픔을 기쁘게 여기라"는 설교에서는 성장의 아픔과 고통을 이겨내려면 희망을 늘 새롭게 가져야 하며, 도전의 용기를 가져야 하고, 믿음으로 확신을 가져야 한다고 설교한다. 특히 성장의 고통을 큰 믿음과 구원의 확신을 가지고 나아가는 것이라고 주장한다. 이에 대해 자신이 겪은 6.25전쟁 참전의 경험을 들어 다음과 같이 간증한다.

"'하나님, 내 생명을 살려주시면 하나님을 위해 살겠습니다'라고 수없이 하나님 앞에 기도하였습니다. 전쟁이 끝나고 평화롭게 되었을 때 내가 다른 일을 하는 것은 하나님을 배신하는 것 같았습니다. 그래서 저는 하나님께서 내 생명을 구원해 주셨는데, 하나님을 전하고 예수님을 전하는 삶을 살겠다고 결심했습니다. 공산군의 손에 죽을 뻔했던 내가 살아나서 도리어 그들의 영혼을 구하기 위해 중국까지 갔을 때에, 저는 믿음을 가진 사람의 삶과 믿음이 없이 살아가는 사람의 삶이 얼마나 다른가 하는 것을 깊이 깨닫게 되었습니다."[*]

구원의 확신을 갖고 전쟁과 시련 속에서 영적 성장을 이루어 마침내 목회자가 되는 소명의 사람으로 성숙하게 된 것은 위대한 성령의 능력이다.

② 마음의 평화로 성숙하는 성화

김선도 목사는 빌립보서 4장 4-9절의 본문을 갖고 "마음의 평강을 얻는 비결"이란 제목으로 성화의 설교를 하기도 했다. 우리가 관용의 마음을 가질 때 비로소 평화가 임한다고 설교한다. 나도 미국 콜로라도 스노매스라는 고지 수도원에서 일주일 동안 침묵기도를 할 때, '마음에 관용을 베풀라'는 성령의 감동이 다가온 적이 있다. 그 순간, 관용이 모든 평화의 근원임을 깨닫게 되었다. 마음을 모두 비울 때에 평화가 다가옴을 증거한다.

김선도 목사는 이 설교에서 아브라함의 예를 든다. 아브라함이

---

[*] 김선도, 281번 "성장의 아픔을 기쁘게 여기라", 『전집 5』, p.244

조카 롯에게 먼저 땅을 차지하는 선택권을 주었을 때에 진정한 평화를 얻었다고 설교한다. 범사에 감사하는 마음속에 평화와 기쁨이 다가옴을 또한 강조한다.

"평화가 아니고는 살 수가 없습니다. 우리 마음에 평화의 왕이신 예수님이 탄생하게 될 때에 하나님께서 주신 참 은혜와 평강이 여러분의 마음을 지키게 될 줄로 믿습니다."

③ 좋은 습관을 통하여 만들어지는 성화

김선도 목사는 웨슬리가 우연히 감리교회를 만든 것이 아니라 좋은 습관을 통하여 창시하게 되었다고 강조한다.

"그는 어려서부터 부지런한 생활, 성경 읽는 생활, 선하게 남을 돕는 생활을 어머니로부터 배워 습관으로 만들었기에 그는 '규칙주의자'라고 번역할 수 있는 '감리교Methodist Church'의 창시자가 된 것입니다."

웨슬리의 어머니 수잔나는 사무엘 웨슬리와 결혼하여 19명의 자녀들을 낳았다. 그 중 9명은 일찍이 어릴 때 죽고, 10명의 자녀

❊ 김선도, 341번 "마음의 평강을 얻는 비결",『전집 6』, p.190
❊❊ 김선도, 368번 "좋은 습관이 만드는 성도의 선한 생활",『전집 6』, p.421

들을 성인이 되도록 키웠다. 사무엘 웨슬리와 수잔나는 자녀들에게 매일 아침 신약 1장 오후에는 구약 1장을 읽게 하였고, 5살이 되면 주기도문과 십계명과 사도신경을 외우게 하였다. 또한 히브리어, 희랍어, 라틴어를 집에서 가르쳤는데, 수잔나의 교육시간표는 마치 기차시간표와 같았다고 한다. 이렇듯 웨슬리는 어려서부터 성경을 열심히 읽어 '한 책의 사람homo unius libri', '성경벌레the Bible moth'란 별명이 붙었다.

김선도 목사는 좋은 습관은 좋은 인격을 만든다고 주장한다.

"'행동을 심으면 습관을 낳고, 습관을 심으면 성격을 낳고, 성격을 심으면 운명을 낳는다'라는 말이 있습니다. 여러분이 좋은 습관을 가지고 살면 그 습관이 여러분의 인격과 성격이 되어 여러분의 일생을 바꾸어 놓게 되는 것입니다. 좋은 습관은 좋은 인격을 만들게 하여 성공적인 복된 인생을 살아가게 되는 것이 변화된 그리스도인의 삶입니다"*

좋은 습관은 거룩한 성품을 만드는 비결임을 계속 강조한다. 좋은 습관이 곧 그리스도를 본받는 원천, 작은 예수가 되게 하는 원동

---

* 김선도, 368번 "좋은 습관이 만드는 성도의 선한 생활", 『전집 6』, p.420

력임을 설교한다.

"좋은 습관은 가정에서 교회학교에서 속회에서부터 배워야 합니다. 좋은 선택을 통해서 좋은 습관을 가지고 좋은 성품으로 살아가게 되시길 축원합니다. 예배에 참석하는 습관, 성경을 읽는 습관, 기도하는 습관처럼 종교적인 습관을 들이는 것은 매우 중요합니다. 안식일에 성전에 들어가 규례대로, 습관대로 성경을 읽으신 예수님처럼 종교적인 습관이 몸에 배어, 그것이 여러분의 거룩한 성품으로 변화되기를 기원합니다."*

웨슬리는 여러 가지 좋은 습관을 기르기 위하여 '은총의 방편means of grace'을 강조하였다. 성경 읽기와 묵상, 기도, 금식, 성만찬 등은 '제도적 은총의 방편instituted means of grace'이고, 가난한 사람, 소외된 사람, 장애인 등을 돌보고 섬기는 것은 '상황적 은총의 수단prudential means of grace'이라고 하였다. 이 두 가지를 '경건의 수련works of piety', '사랑의 수련works of mercy'이라고도 한다.

김선도 목사는 이 두 가지 습관을 지난 한 주 동안 어떻게 실천하였는지 매주 속회에서 간증하게 하였다. 좋은 습관에 의한 속회

부흥이 감리교회를 놀랍게 성장시켰다. 그것은 광부속회, 농부속회, 노동자속회로까지 확산되었다.

④ 인격적 성숙을 통한 성화

김선도 목사는 '건실한 인격'은 바른 가치관을 소유하며, 형제의 아픔과 짐을 나누어 지고, 은혜에 항상 감사하며 사는 것이라고 강조한다. 그러면서 웨슬리의 종말론적 인격을 강조한다.

"존 웨슬리 선생에게 어떤 사람이 물었습니다. '당신이 만일 단 하루만 살 수 있다면 어떻게 살 것입니까?' 그러니까 웨슬리 선생은 '단 하루도 여느 날과 다를 수 없습니다. 다만 다를 것이 있다면 하루를 좀 더 열심히 일하고 좀 더 많은 사람들을 만나며 많은 사람에게 하나님의 말씀을 증거하며 병자를 돌보며 외로운 사람을 돌볼 것입니다.'"[*]

웨슬리처럼 공동체 의식을 갖고 책임감 있게 봉사하고, 성실하게 목회하는 것이 종말을 사는 태도임을 김선도 목사는 설교한다. 건실한 인격이 건실한 사회를 창조할 수 있다는 것이다.

---

[*] 김선도, "성숙한 그리스도인", 『사랑의 대화』, p.165

⑤ 사랑의 행함을 통한 성화

루터는 야고보서를 평가절하했으나 웨슬리는 차원 높은 영성으로 해석했다. 김선도 목사는 웨슬리의 입장과 같았다. 기독교가 사랑을 행하는 종교이기 때문에 타종교보다 우월하다는 주장이었다. 행동하는 사랑의 종교가 기독교라는 것이다.

"야고보서에는 '믿음이 그의 행함과 함께 일하고 행함으로 믿음이 온전케 되었느니라. 영혼 없는 몸이 죽은 것같이 행함이 없는 믿음은 죽은 것이니라 (…) 사람이 선을 행할 줄 알고도 행치 아니하면 죄니라'고 말씀했습니다. 우리 기독교는 불교와 같이 산속에서 명상하고 앉아 있는 신앙생활을 하지 않습니다. 기독교는 우리의 삶 속에서 예수 그리스도의 가르침을 구체적으로 실천하는 종교입니다."※

행함 속에서 온전한 신앙으로 발전하는 것이 기독교의 가치이며, 사랑의 실천이 생명을 주는 힘이라고 강조한다. 그러나 그 행함은 로마서의 믿음을 전제한 행함이다. 믿음에서 솟아 나오는 사랑의 행함이다. 아브라함이 75세에 갈대아 우르를 떠날 때 믿음으로 의롭다함義認化, imputation을 얻었고, 모리아산에서 이삭을 제물로 바치는 행함은 믿음으로부터 나오는 행함이다. 그때의 의롭다함은

※ 김선도, "행하라 그러면 살리라!", 『사랑의 대화』, p.302

의인화義人化, impartation이다. 곧 75세 때의 의인화義認化는 객관적, 수동적, 관계적 칭의로 인정받는 것이다. 그러나 약 105세경의 모리아 산의 의인화는 본성적, 주관적, 실제적 의인으로 변화되는 것을 의미한다고 웨슬리는 해석한다.

⑥ 감사를 통한 성화

"성숙한 크리스천의 감사"라는 설교를 통하여 누가복음 7장에 나오는 치료받는 10명의 나병환자 중 한 명만 감사하러 온 사건을 해석한다. 감사는 관계성을 좋게 하는데, 특히 하나님과 관계성이 좋아지는 것을 역설한다. 감사할 줄 아는 사람은 하나님의 마음까지도 움직이며 그러한 사람은 능력의 원천을 가진 사람이고, 건강한 힘을 가진 사람이며, 온전한 치유를 받는 사람이라는 것이다. 웨슬리 자신도 감사는 거듭남의 표시이고, 성화의 표시이며, 완전성화의 표시라고 하였다. 감사는 성숙한 크리스천의 성화영성을 가장 풍기는 덕목이다.

---

* 김선도, 343번 "성숙한 크리스천의 감사", 『전집 6』, p.201-207

사회적 성화

김선도 목사는 3.1절과 8.15광복절을 기념하는 설교에서 그의 사회의식과 역사의식을 표현하기도 했다. 특히 웨슬리적 '사회적 성화'의 정신을 뚜렷하게 전개하고 있다. 웨슬리는 『감리교회 찬송가』 출판 서문에서 '사회적 성결social holiness'아닌 성결을 모른다고 하였다. 사회적 성결이란 에베소서 4장에 나타난 사회 속에서 사랑의 높이, 너비, 깊이, 길이를 실천하는 것임을 강조한다. 그리고 그의 '산상수훈' 설교에서 세상의 빛과 소금이 되지 않는 고독한 종교를 모른다고 강조하였고, 사회적 종교 아닌 기독교를 모른다고 하였다. 또한 사회적 종교 아닌 기독교는 기독교를 파괴시킨다고 하였다. 현재 한국사회에서 기독교를 '개독교'라고 비판하는 것의 핵심은 사회적 종교성을 상실한 것에 대한 비판이 중심을 이룬다.

김선도 목사는 "예수정신과 3.1운동"을 주제로 한 설교에서 최남선은 기독교 정신을 바탕으로 독립, 자유, 평화 및 정의의 독립선언문을 썼다고 말한다. 독립선언문에 서명한 33인 중 16명이 기독교 지도자임을 밝히며 그 16명 중에 감리교신학대학교 출신이 7명이나 된다고 강조한다. 이러하듯 기독교는 들불처럼 일어난 3.1운동의 근거지가 되었다.

"독립만세를 부르짖던 사람들은 대부분 기독교 교인들과 미션학교의 학생들, 그리고 농민들이었습니다. 민간조직체로서의 교회가 주동이 되지 않았다면, 3.1운동은 결코 일어날 수 없었을 것입니다. 미션학교 가운데, 특별히 서울의 이화와 배화와 배제, 평양의 숭실, 선천의 신성과 보성, 함흥의 영생, 정주의 오산학교가 중심이 되어서 학생들이 학교와 교회의 지하실에서 태극기를 만들고, 독립선언문을 거리에 나가 뿌렸습니다. 이로 인해 47개 교회가 불탔으며, 특히 수원의 제암 감리교회에서는 예배드리던 교인들에게 총이 난사되고, 교회가 방화되어서 교인들이 모두 불에 타 희생되고 말았습니다."[*]

제암감리교회의 성도들은 담임목사가 없는 상황에서 평신도들이 매일 새벽기도를 인도하면서 예수사랑은 곧 나라사랑이라고 하는 사회적 성화정신으로 조국을 위해 한 알의 밀알같이 희생하겠다는 순교적 정신으로 무장하였다. 그렇기 때문에 과감하게 대한독립만세를 외칠 수 있었다. 김선도 목사는 이러한 세상의 빛과 민족의 빛이 되겠다는 사회적 성화의 정신이 자유정신의 운동, 의로운 운동, 민주정신의 운동, 비폭력 저항운동을 가능케 했다고 설

---

[*] 김선도, 453번 "예수정신과 3.1운동", 『전집 8』, p.36-37

교한다. 이어서 8.15광복절 설교에서는 일본 식민주의와 제국주의에서 해방된 것에 만족하지 말고 통일을 이루어 내는 민족이 되어야 함을 설파한다. "해방과 통일의 질서"라는 설교를 통하여 통일을 염원한다. 동베를린의 텔레비전 탑에 빛나는 십자가를 바라보면서 십자가 정신으로 우리 민족도 통일을 이뤄 내기를 기도한다. 1991년 8월 9일 유엔UN에 남북한이 동시에 가입되는 역사적 순간을 지켜보면서 민족의 통일을 기원한다. 통일이 되는 원동력으로 건전한 신앙이 세워지는 나라, 하나님께서 주신 자유를 잘 지키는 백성, 하나님의 공의가 세워지는 나라를 설교한다. 지미 카터가 미대통령 취임식을 할 때 선서한 미가서 6장 8절에 근거하여 오직 정의와 사랑이 실현되는 나라가 되는 것이 통일을 이룩하는 원동력이 됨을 역설한다.

"인간은 공의롭게 살아야 됩니다. 그리고 사랑을 베풀어야 됩니다. 불의와 부정 속에서는 부끄러움을 당할 수밖에 없습니다. 그래서 하나님께서는 '정의를 하수같이 흘릴지로다'(아모스 5:24)라고 말씀하신 것입니다. 우리 민족이 공의가 강같이 흐르고 사랑을 나누는 백성이 될 때에 하나님께서 베푸시는 축복의 나라를 바라보게 될 것이고 통일된 나라를 이루게 될 것입니다. 우리는 굶주리는 북한 사람들을 위해 1억 5천만 원을 헌금하여 사랑의 쌀을 보내는

데 앞장서고 있습니다. 공의의 질서 위에 사랑을 베푸는 우리 민족이 될 때 통일의 날이 가까워지게 될 줄로 믿습니다."[*]

해방과 자유를 맞이한 지 55주년(2000년 8월15일)이 된 날, 통일된 조국을 열망하면서 정의와 사랑에 바탕을 둔 영적으로 바른 질서를 이룩함으로써 하나님께서 은총과 축복으로 베푸시는 통일을 맞이할 수 있기를 축원한다. 또 다른 해 광복절 설교에서는 남미 해방신학이나 한국적 민중신학에서 자주 애용하는 누가복음 4장 16-19절의 말씀을 갖고 "전인 해방의 기쁜 소식"이란 제목으로 설교한다. '전인全人'이란 영혼만 아니라 육체까지 구원하시는 것을 의미하며, '전인 해방'이란 영적 해방만 아니라 경제적 해방도 의미하는 것이다. 이는 개인구원과 사회구원을 모두 함축하는 표현이다. 소위 WCC 에큐메니컬운동의 신학에서 말하는 복음화evangelization의 모이는 교회gathered church와 인간화humanization의 흩어지는 교회scattered church의 총체적 복음whole gospel을 뜻한다. 이런 표현은 김선도 목사의 표현 중에 가장 신학적으로 열린liberal 표현이다. 이 설교는 열린 복음주의liberal evangelicalism의 설교라고 해석할 수 있다. 한국의 복음주의가 너무나 닫힌 복음주의conservative

---

[*] 김선도, 463번 "해방과 통일의 질서",『전집 8』, p.132-133

evangelicalism: Fundamentalism이기에 세상과 사회로부터 비판을 받아 왔다. 더욱 열린 복음주의적 메시지를 많이 선포해야 한다. 이러한 메세지는 하나님은 역사의 주인이심을 선포하는 것으로부터 시작한다.

"우리가 믿는 하나님은 자연을 다스리시는 하나님, 내적으로 체험하게 하시는 하나님, 더 나아가서 역사 속에서 역사를 섭리하시는 하나님으로서 그 하나님이 우리 민족을 해방시키셨다는 것입니다. 이스라엘 역사 속에서 이스라엘을 해방시킨 하나님, 그 하나님께 우리 민족이 고난당하고 어려움을 당할 때 구원해 주셨다는 것입니다. 우리는 그 구원의 기쁨을 알고 깨닫게 될 때 하나님을 경험할 수 있고 하나님의 뜻에 순종할 수 있으며 '하나님이 보우하사 우리나라 만세'를 부를 수 있는 자격을 갖게 될 것입니다."[*]

우리 민족 역사의 주인이신 하나님이 우리를 해방하게 하시는 복음은 경제적으로도 가난한 자를 해방케 하시는 사회의 복음이다. 성서에는 하나님은 가난한 자의 편에 계신다는 말씀이 많이 나온다. 인간의 불의와 사회악 때문에 구조적으로 세계 인구의 5분의 1이 절대빈곤 상태에 있고, 세계 인구의 5분의 1이 세계 생산량의

---

[*] 김선도, 464번 "전인 해방의 기쁜 소식", 『전집 8』, p.135-136

5분의 4를 소비하고 있는 것을 지적한다. 그 가난으로부터 해방의 복음이 기독교 복음이라는 것이다.

그리고 그리스도의 복음은 자유의 복음이라고 강조한다. 사회 구조악structural evil으로부터 영적인 자유를 억압당한 사람이 많다는 것이다. 특히 북한 땅에는 정치적, 경제적 구조악으로 억울하게 시달리는 사람이 많음을 지적한다. "지금 북한 땅에는 자유를 잃고 억압당하는 수천만 명의 동포가 있습니다. 아프리카에서는 흑인이라는 이유 때문에 수많은 사람들이 억압당하고 있습니다."

그렇기에 우리 모두가 전인 해방의 위기의식을 가져야 한다고 말한다. "전인 해방을 이루어야 합니다. 영적이고, 정신적인 해방, 정치, 경제적 해방은 온전한 해방자이신 예수 그리스도 안에서 이루어질 수 있습니다. 우리 온 국민이 전인 해방을 실현할 때까지 무던히 기도하고, 해방의 사명을 감당하시는 여러분이 되시길 주의 이름으로 축원합니다."

웨슬리는 많이 가진 자는 할 수 있는 한 많이 나누어 주어야 한

---

* 김선도, 464번 "전인 해방의 기쁜 소식", 『전집 8』, p.141
** 같은 책, p.144

다고 강조했다. 웨슬리의 복음적 청지기 경제윤리는 세 가지 원칙, 곧 ‘첫째, 할 수 있는 대로 열심히 많이 벌어라. 둘째, 할 수 있는 대로 열심히 많이 저축하라. 셋째, 할 수 있는 대로 열심히 많이 나누어 주어라.’는 것이다. 웨슬리는 자본주의가 막 역사에 나타나는 시기에 아담 스미스의 시장경제를 비판하였다. 특히 시장의 독점화, 대지의 독점화, 자본의 독점화를 강하게 비판하였다. 그러면서도 시장이 지나치게 자유경쟁으로 빠지지 않고, 국가가 어느 정도 통제하고 나누어주는 1930년 미국 경제공항 시대 후기 자본주의를 미리 내다보는 예언자적 통찰력이 있었다. 1930년 라인홀드 니버가 미국을 살리는 기독교 현실주의Christian realism(구조적 죄악성을 해결해 주는 정의의 힘의 연대)를 주장한 것처럼, 웨슬리는 18세기 산업혁명 시대에 노동자, 농민, 광부의 불만을 해소해 주는 경제윤리를 전개한 것이다.

해방신학이나 민중신학에서도 웨슬리의 사회적 성화정신과 같이 부자의 나눔을 강조한다. 마르크스주의의 폭력적 분배가 아닌 청지지 의식에 의한 자발적 나눔과 분배가 웨슬리적 경제윤리이다. 웨슬리는 부자는 십일조만 아니라 십의 2, 십의 3을 헌금뿐만 아니라 가난한 자들에게 나누어 주어야함을 주장하였다. 김선도 목사는 강남의 부유한 교인들에게 이런 웨슬리적 경제성화와 경제

윤리의 나눔의 메시지를 선포해야 한다는 사명을 가지고 있었고 이러한 주제를 설교에 적극적으로 반영했다.

최근 봉준호 감독의 영화 <기생충>이 전 세계적인 호응을 얻었다. 내가 사는 미국 샌프란시스코의 평범한 영화관에서도 <기생충>이 상영되었는데, 젊은 관객들이 영화관을 가득 메우고 폭소를 하면서 관람하는 현상에 놀라움을 감출 수 없었다. 전 세계가 양극화 문제를 다루는 이 영화를 즐기고 있음에 우리는 주의를 기울여야 한다.

완전성화entire sanctification의 은총과 영화glorification의 은총

① 인격과 성품이 작은 예수가 되어가는 완전성화

웨슬리의 완전성화론처럼 김선도 목사도 "성숙한 그리스도인"에 대해 하나님의 온전하심과 같이 온전한 인격으로 변화되는 성숙한 그리스도인임을 강조하고 있다. 성숙한 그리스도, 곧 작은 예수는 위를 바라보고 앞을 바라보며 뿌리를 깊은 곳에 내리는 것을 의미한다. 김선도 목사는 영성심리학자 메닝거의 해석을 통해 완전성화의 인격을 다음과 같이 해석하고 있다.

"첫째는 현실을 바로 볼 수 있는 사람, 둘째는 변화를 두려워하지 않고 받아들일 수 있는 사람, 셋째는 적절한 감정표현이 있는 사람, 넷째는 받기보다는 남에게 주면서 만족을 느끼는 사람, 다섯째는 이웃과 서로 사귀면서 공동적인 만족을 추구하는 사람, 여섯째는 적대감정을 승화시킬 수 있는 능력을 가진 사람, 일곱째는 사랑할 수 있는 능력이 있는 사람이다.”[*]

이러한 해석은 웨슬리가 해석한 완전성화의 개념에 아주 가깝다. 여기에 웨슬리는 완전성결과 완전행복의 개념을 더 추가하여 말한다. 곧 죄악성과 죄의 쓴 뿌리로부터 완전히 해방되는 완전성결이 죽기 전에 실현될 수 있고 항상 기뻐하고 물밀 듯 넘치는 천국과 같은 평화의 행복이 겨자나무처럼 지상에서 체험될 수 있다는 것이다. 물론 그것은 성령 충만으로 덧입혀지는 차원이다.

② 온전케 하시는 예수님

귀신들린 사람을 온전케 하신 예수님은 거룩함으로 온전하게 만드심을 설교한다. 이러한 복음에 대해 김선도 목사는 아래와 같이 설교했다.

“거룩함을 영어로 'holiness'라고 하고 온전케 함도 'holiness'라고

합니다. 우리가 영적으로 새로워지기 전에는 온전케 되지 않으며 마음과 정신 그리고 육적으로 모두 건강해야 비로소 온전한 사람이 되는 것입니다. 이 모든 것들을 온전하게 만드는 것이 예수님의 복음이며 구원의 진리입니다."[*]

우리 성도들에게 온전한 성결entire sanctification: perfection의 은총을 주시는 것도 예수님이다. 성령 충만의 역사가 없이는 작은 예수로 온전케 되는 성품과 생활의 변화가 일어날 수 없다.

③ 신령한 몸의 부활 곧 영화는 산 소망의 복음

우리의 역사 속에서 부활하신 주 예수 그리스도를 믿음으로 말미암아 현재도 부활의 산 소망 가운데에 살게 하심을 김선도 목사는 설교 한다.

"예수님이 십자가에 못 박혀 죽으시고 사흘 동안 무덤 속에 있을 때에 모두들 '이제 예수님은 끝났구나'라고 생각하고 모두 집으로 돌아갔습니다. 베드로와 요한도 다시 고기잡이를 하러 고향으로 돌아갔습니다. 그러나 예수님은 사흘 만에 다시 부활하셨고 우리에게 새로운 소망을 주셨습니다. 이것이 기독교의 복음이자 기

쁜 소식인 것입니다. 고통과 어려움으로 패배한 것 같은 때에 소망 가운데서 승리하게 하시는 하나님을 믿으며 살아가시기 바랍니다. 죄와 죽음을 보고 낙심하지 마십시다. 부활의 주님을 바라보고 최후의 승리를 믿고 날마다 기쁨과 소망 가운데서 승리하는 부활의 축복이 임하시길 주의 이름으로 축원합니다.”

부활과 영생의 복음으로 영화됨을 증거하는 구원완성의 메시지가 우리 성도들이 다다라야 할 영적 순례의 종착역임을 강하게 선포한다. 부활의 첫 열매인 예수님처럼 홀연히 성령으로 영화롭게 변화되는 감격의 복음으로 김선도 목사의 설교의 대장정은 마무리된다.

＊ 김선도, 435번 “새 천년 소망의 산 증거”, 『전집 7』, p.438

작은 예수로 성숙하는 순례를 안내하는 성화론적 설교

기도와 성화

현재적 성화를 이루어 가는 크리스천의 생활은 곧 구원의 확증을 의미한다. 김선도 목사는 구원의 확증에 대해 '지속적인 영적 순례를 통해 작은 예수로 향하는 여정'이라고 선포하고 있다. 빌립보서 3장의 말씀처럼 이미 얻었다고 방심하지 않고 계속해서 작은 예수의 완전성화라는 푯대를 향하여 달려가게 하는 도전적인 설교를 한다. 마치 운동선수가 마지막 결승점을 향하여 질주하도록 격려하고 권면하며 충고하고 용기를 북돋는 감독과 같은 태도의 설교이다. 영적 여정과 수련을 북돋는 지도자라고 볼 수 있다. 그 첫 영성수련으로 기도부터 살펴보고자 한다.

① 성화 영성수련으로서의 기도

흔히 기도는 하나님께 많은 것을 구하여 많은 것을 얻는 축복 중심의 간구로 생각하는 경우가 많다. 물론 김선도 목사의 설교가 그런 차원을 전혀 언급하지 않는 것은 아니다. 그러나 더 많은 내용은 성화에 중심을 두고 있다. 역사신학적으로 기도는 차원이 높은 것이다. 하나님과 부모와 자식의 관계를 형성하는 것, 하나님을 파트너로 사랑하는 것, 그래서 하나님의 형상과 예수님의 형상으로 변화되는 것, 곧 작은 예수로 성숙하는 것을 기도로 이해한다. 하나님의 사랑이 우리를 기도하게 하는 강력한 힘이고, 하나님과의 관계성을 유지시키는 연결고리인 것이다.* 웨슬리 또한 하나님은 더 이상 두려움의 대상이 아닌 사랑의 대상이고, 그렇기 때문에 기도가 즐겁게 솟아 나옴을 강조한다.

거기에는 성품의 변화, 생활의 변화를 포함한다. 그 성화의 과정에서 은총의 주입(imputation: 객관적 수여의 은총)도 필요하고, 영성 수련(impartation: 하나님의 은총을 인간 의지의 참여로 나도 일하는 주

---

* 김선도, 608번 "영적 생활의 본질로서의 기도",『전집 10』, p.309

관적, 성품 변형적 은총, 하나님의 형상으로의 참여)도 필요하다. 요한복음 5장 17절처럼 하나님이 일하시니 나도 일한다는 복음적 신인협조설이 중요하다.

그런데 흔히 한국 목사들이나 교인들은 은혜를 받으면 그것으로 끝나는 줄 안다. 영성수련이 필요하다고 생각하지 않는다. 영성수련을 말하면 굉장히 생소하게 느낀다. 그러나 김선도 목사는 운동선수가 부단히 수련하듯 영성도 부단한 수련과 연습이 필요하다고 주장한다. 하나님의 관계형성, 예수님의 배우자로서의 사랑, 예수를 닮아가려는 작은 예수의 기도생활을 자주 강조한다.

이러한 기도의 이해는 서방 로마 가톨릭교회The Western Latin Catholic Church보다 동방희랍정교회The Earstern Greek Orthodox Church 전통에서 발전하였다. 니사의 그레고리우스Gregory of Nyssa와 존 크리소스톰John Chrysostom과 그레고리오 팔라마스Gregory Palamas 등 수많은 영성가들에 의하여 형성된 아포페틱(apophatic: 의식을 초월해 무의식의 깊은 침묵영성의 차원에 들어가는 영성)이고 헤시카즘(hesychasm: 거룩한 침묵)을 통하여 신화(神化, Divinization: 하나님의 형상에 참여하는 신적 에너지를 얻는 것)에 이른다. 베드로후서 1장 4절에 근거하여 하나님의 성품에 참여하려는 것을 열망하는 것이다. 이러한 하나님의 거룩한 성품에 참여하는 영성은 감리교 창시자 존 웨슬리의 완전성화 개념에서 다시 살아난다.

웨슬리는 아버지 사무엘 웨슬리의 권면에 따라 동방희랍교회 영성을 깊이 탐구하였다. 존 크리소스톰, 니사의 그레고리우스, 마카리우스 등을 심취하였다. 동방희랍교회의 신화영성을 완전영성으로 발전시킨 것이다. 웨슬리는 기도를 비롯하여 말씀, 성만찬, 금식 등은 경건의 수련이요, 가난한 사람, 병든 사람, 갇힌 사람, 소외된 사람들을 돌보며 섬기는 것은 사랑의 수련으로 이 두 수련이 성화은총의 방편means of grace이 된다고 보았다. 그리고 그 은총의 방편을 사용함으로 복음적 신인협조설의 영성수련을 강조한다.

최근에 20세기 서방 로마 가톨릭교회 전통에서도 이러한 완전성화 추구의 기도운동이 토마스 키딩Thomas Keating과 토마스 머튼Thomas Merton을 비롯하여, 14세기의 『무지의 구름』(저자 미상의 영성서적)이나 마이스터 에크하르트Meister Eckhart, 16세기의 십자가의 요한John of the Cross이나 아빌라의 테레사Theresa of Avila의 영성운동을 살려서 동방희랍교회적인 성화추구의 기도를 부활시키려고 상당히 노력하고 있다. 그런 의미에서 최근 논의되고 있는 영성신학은 동방교회와 웨슬리의 신학이다.

김선도 목사가 웨슬리에 관하여 설교한 것들은 다음과 같다. 596번 "존 웨슬리의 영적 생활과 기도", 597번 "그리스도와 동행하는 삶", 598번 "웨슬리의 기도생활과 성서", 599번 "웨슬리의 경건생활과 금식" 등이다. 특히 김선도 목사는 웨슬리의 일기를 많이 읽고 인용했다.

"밤에는 정확하게 10시에 취침을 했다. 그리고 새벽 4시 30분이나 5시에는 반드시 일어났다. 영국 런던에 있는 웨슬리 기념채플에 가보면 웨슬리 목사가 목회하면서 쓰던 목사관이 아직도 그 옆에 있다. 그 목사관에 들어가면 조그만 기도실이 있는데, 그 당시에는 전기불이 없었기 때문에 그는 새벽에 일어나 그 기도실에 들어가 촛불을 켜 놓고서 희랍어 성서를 읽으면서 기도했다고 한다."

김선도 목사의 서재를 방문했을 때 웨슬리의 기도실과 똑같은 기도 의자를 만들어서 기도하는 모습을 보았다. 김선도 목사는 철저하게 규칙적인 웨슬리의 기도생활을 따르고 있다. 웨슬리는 거룩한 습관이 영성 형성(spiritual formation: 영적 성숙)에 도움이 됨을 잘 알고 있었다. 웨슬리는 이른 새벽에 하나님 앞에 무릎을 꿇지 않으면 그날 하루의 생활은 무의미하게 흘러가 버리게 된다고 생각

_* 김선도, 596번 "존 웨슬리의 영적 생활과 기도",『전집 10』, p.199

했기 때문에 생을 마칠 때까지 거의 60년 동안을 매일 새벽에 일어나 기도를 드리고 하루를 시작했다. 김선도 목사 역시 평생토록 매일 새벽기도를 하는 삶을 살고 있다.

최근 미국 기독교계에는 영성훈련에 대한 관심이 높아지고 있다. 이러한 경향은 웨슬리의 내적 생활을 살피고 그가 지녔던 영감과 자료를 가지고 교훈을 삼자는 것이다. 미국 교계와 학자들 사이에서 큰 관심거리가 되고 있는 이러한 분야의 학문을 대개 영성 개발, 혹은 영성 형성이라고 말한다. 그 영성 형성의 핵심이 성화와 성화수련이다. 김선도 목사는 웨슬리가 "개인기도실에 들어가 어떤 때는 2-3시간, 길면 4시간까지 기도했다"고 말했다. 웨슬리는 이른 아침에 일어나 두 시간 가량 기도하고 성경을 읽는 아침기도회를 하고, 저녁에도 기도하고 일기를 쓰는 영성생활에 힘썼다. 그래서 그가 만들었던 '킹스우드 스쿨Kingswood School'에서도 아침저녁으로 2시간씩 예배와 기도를 하는 영성수련을 학생들의 일과로 만들었다. 이러한 영성수련이 하루 종일을 성령 충만의 시간으로 누리게 한다. 아침과 저녁 2시간씩의 기도가 하루 8시간의 일의 능력을 10시간, 12시간처럼 극대화시킨다. 또한 김선도 목사는 웨슬리가 강조한 은총의 방편means of grace 중 기도를 제일 강조하였다. "영적 생활에서 기도를 대신할 것은 아무것도 없다"며 기도문을 따라 진

　　　　　　　　　　　　목사 김선도 2 ― 목회의 지도를 그리다

정으로 심사숙고하며 정성들여 기도하는 것을 권면한다.[*]

　웨슬리는 월요일부터 일요일 아침과 저녁에 기도문을 만들어 그 기도문대로 영성을 수련할 것을 감리교인들에게 권하였다. 자신을 영적으로 살피는 질문을 만들어 아침과 저녁으로 성찰하는 것이 중요하다고 하면서도 그중에 하나님을 가장 우선순위로 두어야 함을 강조하였다.

　최근의 영성신학은 동방교회 전통과 웨슬리 신학에서 강조하는 성화론과 완전성화론 혹은 신화론神化論이 핵심을 이루고 있다. 예수의 성품과 삶을 이루는 성화 추구의 영성 형성에 관심을 갖는 것이다. 그런데 김선도 목사는 "하나님을 사랑하고, 내 이웃을 내 몸과 같이 사랑할 수 있으려면 경건이 수반되어야 한다"고 강조한다. 하나님 사랑은 경건수련이고, 이웃 사랑은 사랑수련이다. 경건수련과 사랑수련이 모두 '거룩한 성품holy temper'에 관계된다. 흔히 한국 목사들과 평신도들은 성품은 안 변한다고 자위하지만, 웨슬리는 성품의 변화를 강조한다. "사랑에 관하여On Mercy"라는 설교에서 거룩한 성품이 없이는 구원을 못 받을 뿐더러 신경질, 분노, 화를 내어서는

---

[*] 김선도, 597번 "그리스도와 동행하는 삶", 『전집 10』, p.211

구원을 못 받는다고까지 주장한다. 김선도 목사도 역시 "더욱이 하나님과의 인격적 관계를 유지하기 위해서는 영성훈련이 계속되어야 한다"며 성품의 변화를 위하여 기도가 필요함을 강조한다.

② 공동체 영성수련으로서의 성화

김선도 목사는 웨슬리가 속회 같은 공동체를 통한 기도와 영성수련이 중요함을 강조했다고 해석한다. 웨슬리는 속회를 통한 '공동성화mutual sanctification'를 이루는 것을 강조하였다. '사회적 성결social holiness'을 강조하며 노동속회와 노동조합운동을 통해 영국사회를 치유하는 사회적 성화운동도 전개하였지만, 속회 공동체를 살리는 '사회적 성결' 운동도 많이 일으켰다. 그런 의미에서 '사회적'이란 용어는 '공동체적'이란 뜻이기도 하다.

김선도 목사도 "공동체를 통한 경건수련을 하게 되면 개인의 신앙도 건실해 지는 것을 보게 된다"고 설교하며 함께 기도하고 함께 성찰하는 웨슬리의 속회 공동체 수련을 강조한다. 속회도, 소그룹 영성운동에도, 선교활동에도 동참하지 않으면 개인적으로 영적 체험을 하였을지라도 건강하지 못한 영성, 위험한 영성에 빠질 수

---

* 김선도, 596번 "존 웨슬리의 영적 생활과 기도", 『전집 10』, p.200

있다고 지적한다. 웨슬리 당시의 영국 감리교운동도 기도, 회개, 경건수련과 사랑수련의 자기성찰, 권면, 충고, 사랑의 친교를 속회를 통해 나눔으로 부흥운동을 일으킨 바 있다.

③ 구성기도와 침묵기도

김선도 목사는 웨슬리가 소리를 내어 기도하는 구성기도와 조용히 침묵으로 기도하는 묵상기도를 동시에 좋아한다고 강조한다.

"웨슬리는 하나님께 기도할 때 어떤 경우에는 소리를 내어 기도하지만, 또 어떤 경우에는 묵상하며 기도드리기도 했다. 이처럼 웨슬리는 다양하게 기도를 드렸다. 성령의 감동이 함께하면 크게 찬송도 부르고 소리를 내어 기도했지만 때로는 조용히 기도를 드릴 때도 있었다는 것이다." 실상 웨슬리는 구성기도와 침묵기도를 동시에 강조하였다. 웨슬리는 열다섯 가지 기도의 종류를 말하였는데, 그 양면이 모두 강조되었다. 구성기도, 통성기도, 즉흥기도는 능력을 받는 데 도움이 되고, 침묵기도, 묵상기도는 성품을 변화시키는 기도이다. 그 양면을 통하여 작은 예수로 변화됨을 강조했다.

※　김선도, 596번 "존 웨슬리의 영적 생활과 기도",『전집 10』, p.203-206
※※　김선도, 597번 "그리스도와 동행하는 삶",『전집 10』, p.215

늘 김선도 목사를 만날 때마다 카리스마 넘치는 영적 권위와 능력을 느끼고, 온화하고 따뜻하며 사랑과 덕이 충만한 품성을 느낀다. 내가 감리교신학대학교 총장으로 선출된 후 찾아뵌 자리에서 기름을 이마에 발라 주시면서 축복기도해 주시던 인상적인 순간이 생각난다. 그리고 공군 군목으로 임관될 예정이었던 내가 유신을 반대하여 사병으로 가서 목사 안수 받은 군종사병 군 교회를 개척하고 예배당을 짓겠다며 도움을 요청하였을 때 거절하지 않으시고 교인들에게 호소하시어 소아과 의사인 양만규 장로 부부가 1977년 당시 250만 원을 헌금해 주어서 부대 밖에 땅을 사고 예배당을 신축할 수 있었다. 또한 내가 감리신학대학교 기숙사 생활관장 시절에 열악한 학생기숙사를 호소하는 일곱 장의 편지를 보냈을 때 광림교회와 김선도 목사가 50억 원을 헌금하셔서 장천생활관을 짓게 되었다. 기도의 능력과 기도의 성숙한 성품수련을 몸소 체험하시고 설교하신 대로 행하는 모범을 보인 목사다.

④ 성서에 바탕을 둔 기도와 영성생활

김선도 목사는 성서에 바탕을 둔 기도생활과 영성생활이 건전하고 성숙할 수 있음을 설교했다.

"특별히 기독교 신앙은 성서적 기준에 의한 검토가 있어야만

한다. 우리 신앙의 객관적인 기준이 바로 성서이기 때문이다. 특별히 웨슬리가 자신의 신학사상 중에서 강조한 네 가지는 성서 scripture, 이성reason, 전통tradition, 체험experience이다. 그러나 엄격한 의미에서 웨슬리는 성서를 이성이나 전통, 체험과 같은 차원에 두고 보지는 않았다. 다시 말해 어떻게 하나님의 말씀과 인간의 이성을 같은 위치에 놓을 수 있느냐는 것이다. 결국 웨슬리는 인간의 이성, 전통, 체험은 성서에 의해서 검토되어야 한다고 하면서, 특별히 성서를 더욱 강조하고 성서 중심적인 신앙을 보여 주었다."*

위의 네 가지 중에서도 웨슬리는 성서를 가장 원천적인 신학과 영성의 자료로 보았다. 객관적인 증거의 성서와 함께 역사신학 속에 나타난 전통, 신앙의 심부름꾼 노릇을 하는 이성, 주관적 확신을 주는 체험 등이 건전하고 성숙한 영성과 신학을 위한 보조 자료임을 강조했다. 18세기 영국에 카리스마적 성령운동이 일어나 웨슬리가 광신으로 오해를 받을 때, '광신의 본성The Nature of Enthusiasm'이란 설교를 통하여 주관적이고 객관적인 신학과 영성의 자료들을 언급했다. '성령의 증거The Witness of the Holy Spirit 1, 2'를 주제로 한 설교에서도 성령 체험의 객관적 증거와 주관적 증거가 모두 중요

---

* 김선도, 598번 "웨슬리의 기도생활과 성서", 『전집 10』, p.217-220

함을 역설하였다.

현재에도 곳곳에서 일어나는 부흥운동 속에 지나치게 비이성적인 광신적 요소를 볼 수 있다. 지나치게 주관적인 체험, 즉 꿈과 환상을 의지하거나 의도적인 쓰러트림 현상 같은 광신의 요소들을 보게 된다. 웨슬리 당시에도 이러한 현상이 있었으나 의도적으로 연출하지는 않았다. 성령의 역사로 저절로 넘어졌다.

⑤ 금식기도의 중요성

김선도 목사는 금식기도의 중요성을 강조하였다. 웨슬리 당시, 초기에는 매주 수요일과 금요일, 후기에는 매주 금요일마다 금식하였다고 전하며, 그래서 금식의 능력으로 장수한 것도 언급한다. 웨슬리는 만 88세까지(1703년 6월 17일 - 1791년 3월 2일), 우리 나이로는 89세를 살았다. 웨슬리는 절식도 금식의 한 방법임을 강조했다. '기독자의 완전'이라는 논문에서도 자기 부인의 완전성화수련을 위해서 금식을 강조한 것을 설교한다. 웨슬리에게서 금식은 성화수련의 필수적인 은총의 방편이다. 웨슬리는『원시의학Primitive Physic』이란 책을 저술하여 국민 건강에 기여하였는데, 금식과 함께 소식

＊ 김선도, 599번 "웨슬리의 경건생활과 금식",『전집 10』, p.226-231

을 중요하게 강조했다. 웨슬리는 4대 건강비결을 제시한다. 1. 소식하라, 2. 항상 기뻐하라, 3. 신선한 공기를 마시라, 4. 운동하라.

최근에 차를 하루 종일 마시면서 설탕과 된장을 아침과 점심과 저녁에 섭취하고 음식을 먹지 않는 방식의 금식을 권하는 운동이 있다. 나는 그 방식에 '과학적 금식'이라는 별명을 붙이고 이 '과학적 금식'을 체중 감량과 건강 회복의 방법으로 사용하고 있다. 더불어 웨슬리가 강조한 금식에 대해 강의하며 책까지 썼으나 정작 실천하지 못한 것을 회개하면서 요즈음 다시 금식한다. 육식을 자주 하는 현대인의 건강을 위해 금식은 필수적이라고 생각한다. 실제로 강화도 과학적 금식 기도원 생명회복재활원에 가 보면 암이나 알츠하이머, 파킨슨병을 앓는 이들이 과학적 금식을 통하여 치유되는 것을 목격하게 된다.

십계명과 행복한 삶으로 성화케 하는 윤리

김선도 목사는 복음과 율법의 연속성을 강조한다. 흔히 복음을 강조하는 설교자들이 심취하는 율법폐기론이 아니라, 웨슬리처럼 율법의 적극적 용법을 설교한다. 복음을 믿음으로써 구원을 얻는 성도들이 더욱 성숙하고 행복한 삶을 살기 위해서 율법을 필요로 한다는 것이다. 율법은 바리새인처럼 형식적으로 꾸미는 율법주의적인 위선적 행동을 하게 하는 것이 아닌 하나님을 사랑하고 이웃을 사랑하는 행복한 윤리규범이다. 구원을 받은 믿음이 사랑과 행함으로 나타남으로써 작은 예수로 성화되고 완성된다. 김선도 목사는 십계명에 대해 하나님을 사랑하고 하나님과 올바른 관계를 가짐으로 행복하고 복되게 살고, 이웃을 사랑하고 이웃과 올바른 관계를 가지며 행복하게 사는 사랑의 윤리라고 정의한다. 그의 설교에서 예수 그리스도를 본받고 예수의 이미지로 변화되는 성화의 원동력이 십계명임을 강조한다.

"거짓된 우상의 형상을 만드는 사람은 그 인격도 저속하게 타락하고 맙니다. 우상을 숭배하면 결국은 정신분열을 가져와 인간의 존귀함을 잃어버리고, 그 우상처럼 타락해 버리는 것이 인간입니다. 그러므로 하나님을 예배하는 자는 늘 하나님의 형상인 예수 그리스도를 본받아야 합니다. 모든 일에 예수님을 닮아 가야 하는 것입니다. 이것이 성화입니다. 예수님이 말씀하신 대로, 예수님이 행하신 대로, 예수님의 이미지를 가지고 나를 변화시켜 나가는 것이 바로 성화의 단계입니다."

예수님을 본받아 사랑으로 섬길 때에 하나님의 형상으로 지음을 받는 귀한 인격적 존재로 성숙하고 변화된다고 말한다. "십계명은 율법이 아니라 사랑의 계명이기 때문"[*]에 인격이 하나님의 형상, 그리스도의 형상으로 진보하는 것에 율법과 십계명이 촉매작용을 한다는 것이다. 참으로 웨슬리안다운 생각이다.

십계명은 구약의 율법주의적 규범이 아니라 예수님이 강조하신 새로운 계명으로 웨슬리는 이것을 사랑의 계명이라고 해석했다. 하나님을 사랑하는 믿음에서 솟아 나는 사랑과 선행의 실천이다. 웨슬리와 같이 칼뱅도 율법의 세 번째 용법은 성화의 채찍질이라고 강조했다.

김선도 목사는 1계명에서 4계명까지만 잘 지키면 그 밖의 계명은 자연적으로 지키게 되어 있다고 설교하며 하나님을 사랑하는 네 가지 계명이 이웃을 사랑하는 그다음 계명의 원천이기 때문이라고 말했다. 굳이 영성수련적인 용어로 표현하면, 경건수련에서 사랑수련이 솟아 나온다는 것이다. 그러나 웨슬리는 "열심에 관하여On Zeal"란 설교에서 경건수련보다 사랑수련이 더 필요할 때도 있다고 강조한다. 선한 사마리안의 비유처럼 강도를 만난 사람을

---

[*] 김선도, 638번 "다른 형상을 만들어 예배하지 말라", 『전집 11』, p.45
[**] 김선도, 641번 "주 안에서 부모를 공경하라", 『전집 11』, p.75

돌보는 것이 더 중요할 때가 있으므로 이웃을 사랑하는 계명도 하나님 사랑 계명만큼 중요하다는 것이다. 김선도 목사는 7, 8, 9, 10계명이 흥미롭게도 서로 연결되어 있다고 분석한다. 남의 여자를 도둑질하는 간음이나 도둑질하는 것, 남의 소유를 탐내는 것은 이웃 사랑에 역행하는 것이라는 지적이다.[*]

칼뱅이나 웨슬리는 율법의 제1 용법 곧 죄를 깨닫게 하는 용법을 강조했고, 김선도 목사도 죄를 깨닫게 해주는 율법의 용법을 설교했다. 나아가 웨슬리가 그리스도께 인도함을 율법의 제2용법으로 해석한 것처럼, 김선도 목사도 그리스도에게 인도해 주는 율법의 용법을 설교한다.

산상수훈과 인격변화의 행복으로서의 성화

웨슬리가 산상수훈을 귀하게 여기는 것은 그리스도를 본받는 작은 예수의 거룩한 성품의 본보기가 되기 때문이다. 웨슬리의 기록된 설교 151편 중 산상수훈에 관한 설교가 13편이나 된다. 흔히 한

---

[*] 김선도, 643번 "신성한 부부생활과 행복", 『전집 11』, p.97

국 목사들이나 교인들은 예수를 잘 믿는 신앙인도 성품은 안 변한다고 주장한다. 그러나 성품이 예수화 되는 것이 웨슬리의 성화론이고 그 핵심이 산상수훈이다. 김선도 목사는 바로 그 점을 산상수훈 강해에서 힘주어 설교한다.

"물론 예수님을 잘 믿으면 많은 재물을 얻게 되고, 명예와 지위도 향상됩니다. 그러나 그것보다 더 중요한 것은 인격의 변화입니다. 삶의 질적인 변화에 따라서 참된 행복을 누릴 수가 있는 것입니다. 이것이 소유나 지위보다 더 중요한 것이며, 또한 이것이 기독교의 참된 행복의 개념입니다." [*]

성품과 기질이 변화하고 성숙하는 것이 참된 행복의 가치라는 것이다. 바로 이 점이 웨슬리의 성화론과 깊이 통한다. 오늘날 많은 목사들이나 부흥사들이 성령체험은 많이 하면서도 그것이 지나치게 카리스마적인 은사체험에 머무르는 경향이 있다. 성품을 성숙시키는 웨슬리적 성령 충만과 성화 충만의 세계를 무시하고 무지하기 때문이다. 결국 성령의 아름다운 열매를 맺지 못하고 성화의 신비를 맛보지 못하는 것이 문제다. 한마디로 말해서 작은 예수의 오라aura가 나오지 못한다.

심령이 가난한 것을 흔히 겸손한 마음으로도 해석하고, 하나님을 전적으로 의지하는 마음으로도 해석한다. 나는 할 수 없다고 고백하고 하나님께 전적으로 의지하여야 비로소 성화의 성숙이 시작된다. 현대인들은 두려움과 공포가 너무나 많다. 많은 사람들이 무기력과 우울감에 시달린다. 심리학자들은 그것을 내려놓고 비우는 가난한 마음의 묵상과 명상이 치유에 도움이 된다고 이구동성으로 해석한다. 과거에 미국의 덴버 스노매스에 가서 일주일간 하루 30분씩 완전 침묵으로 기도한 적이 있는데, 놀랍게도 그곳에 온 사람의 3분의 2가 알코올중독을 극복한 뒤 재발되지 않기 위해 십수 년째 기도하러 오고 있었다. 모든 두려움과 공포와 염려를 내려놓고 비우면 성령의 충만을 받고 기쁨과 평화의 행복을 체험하게 된다.

김선도 목사는 애통하는 자의 행복에 대해서도 흥미로운 해석을 한다. 죄를 상하고 통회하는 심정으로 회개할 때 거듭남의 체험이 일어난다는 것이다. 회개의 눈물에는 거짓이 없으며 슬픔을 받아들이는 사람은 건실한 인격을 소유할 수 있다고 강조한다. 다윗처럼 밧세바와의 동침의 범죄를 깨달았을 때 회개의 슬픔을 통하여 자신의 실수를 슬픔으로 받아들임으로써 하나님의 사람으로 성화되었음을 언급한다. 그러면서 슬픔을 당한 자와 함께 슬퍼하는 공감을 강조한다. 예수님이 나사로의 죽음을 슬퍼하신 것처럼 이웃의 아픔에 함께 슬퍼하는 것이 참된 기독교라는 것이다.[*]

김선도 목사는 그의 설교에서 온유한 사람은 마음의 평정을 찾아 예수님의 온유한 성품을 본받는 사람이라고 정의하며 마음의 평정을 갖는 사람은 자신의 갈등과 압박감과 긴장감과 강박관념을 잘 처리할 수 있다고 말한다. 예수님의 온유함을 배우는 것이 광림교회에 오는 목적이 되어야 한다고 강조한다.

"예수님의 온유한 성품, 예수님의 균형 잡힌 인격, 예수님의 안정된 마음씨를 배우고 나 자신을 교정하기 위해서인 줄 압니다. 예수님은 하늘 보좌를 버리시고 이 땅 위에 오셔서 하나임의 형상대로 지음 받은 인간의 전형적인 모습을 보여 주셨습니다.(빌립보서 2:6-8) 그 예수님을 배움으로 말미암아 우리는 이 긴박감과 불안감과 강박관념에서 해방되어 정상적인 마음을 가질 수 있는 것입니다."[**]

웨슬리는 작은 예수가 되어가는 성화의 교과서가 산상수훈이라고 말했다. 김선도 목사도 이와 뜻을 함께하지만 약간 차별화된

---

[*] 김선도, 648번 "슬픈 마음에 받는 복", 『전집 11』, p.145-147
[**] 김선도, 649번 "땅을 차지하는 복", 『전집 11』, p.152

점이 있다. 온유한 마음은 남을 존경하는 마음이라는 것이다. 현대인들은 남으로부터 존경받고 싶어 한다. 그런데 남을 존경하고 칭찬하는 것이 온유함이라는 것을 희랍어 어원으로 풀이하면서 설교한다. 또한 온유함이란 하나님께 전적으로 지배당하며 하나님의 뜻을 앞세우고 하나님의 뜻대로 사는 것임을 강조한다. 자기의 이해관계 때문에 화와 분을 내는데, 하나님의 뜻을 앞세우면 화와 분을 다스릴 수 있다는 것이다.

'의에 주리고 목마른 사람'이나 '긍휼히 여기는 사람'을 공통적으로 해석하는 것도 흥미롭다. 의에 주린 사람은 가난한 타인을 위해 모든 것을 나누는 사랑의 실천으로 살아야 함을 주장한다. "오늘 우리는 우리만의 삶에 만족할 것이 아니라, 내가 가진 모든 것을 투자하여 없는 사람과 바른 관계를 맺고 살게 될 때에 우리의 영적인 갈급함이 해소되고, 참된 만족을 소유하며, 우리 마음에 하나님의 나라가 임하게 되는 것입니다."* 긍휼히 여기는 사람은 긍휼과 정의를 실천하는 사람으로 해석한다. "우리는 예수님을 본받는 사람들입니다. 그 성격을 본받기 때문에 그 생활을 따르는 우리는 긍휼과 자비를 베푸는 신앙적인 근거를 가지게 되는 것입니다."* 강도를 만

---

* 김선도, 650번 "참된 만족을 찾고 얻으라", 『전집 11』, p.168

난 이웃을 도왔던 선한 사마리아인처럼 사랑을 실천하는 작은 예수가 되는 것이 긍휼의 사람이 되는 것임을 설교했다. 강남의 부유한 교인들이 많이 출석하는 광림교회에 이런 나눔의 설교는 아주 절실한 것이었다.

'화평케 하는 사람'은 먼저 자신의 마음속에 평화가 있어야 한다. 자살하려는 참담한 마음으로 길을 걷던 사람이 우연히 천막 속에서 노숙자 가족이 부르던 평화로운 찬송가 음성을 듣고난 뒤 자살을 포기하고 크리스천이 된 아름다운 간증을 소개하면서 마음의 평화가 얼마나 중요한 것인지 강조한다.

평화를 건설하기 위해 값비싼 대가를 지불하는 '값비싼 은혜'의 개념을 본회퍼의 신학으로 풀이한다. 본회퍼D. Bonhoeffer는 모세가 40년 광야의 값진 은혜의 대가를 치르고서 출애굽 스토리를 만든 것처럼 예수의 제자로서 값비싼 은혜의 길을 걸어야 히틀러 독재에서 해방됨을 역설했다. 그 스스로 친히 히틀러 치하에서 순교를 당함으로써 값비싼 은혜의 새 역사를 창조하는 창조적 소수가 되었다.

＊ 김선도, 651번 "긍휼을 베푸는 마음의 복," 『전집 11』, p.174

"본회퍼는 '싼 은혜'cheap grace를 갈망할 것이 아니라, '비싼 은혜'costly grace를 사모하자'고 말했습니다. 우리는 말로는 사랑과 평화를 이야기하면서도 실상은 평화를 건설하기 위해 하나의 희생도 하지 않는 것을 볼 수 있습니다. 오히려 남이 가져다준 것만을 누리려고 하는 그런 값싼 평화를 추구해서는 안 되겠습니다. 평화의 창조를 위해 내가 값진 대가를 지불하고 희생하게 될 때에 참된 평화는 건설되는 것입니다."*

'핍박과 고난을 당하는 의인'이 참된 기독교인의 모습임을 강조하기도 했다. 핍박과 고난을 회피하고 복만 받겠다는 기복주의의 기독교는 세속사회의 비판을 받을 수밖에 없다고 설교한다.

"최근 기독교를 기복 종교라 해요. 여러 가지 비난을 하는 사람이 있습니다. 기독교가 축복을 기원하는 종교임에는 분명하지만 예수 믿는 사람들이 고통을 당하지 아니하고 봉사도 하지 아니하고 희생도 하지 아니하고 복만 받겠다고 할 때 기복 종교라는 지탄을 받게 되는 것입니다."**

참된 크리스천은 핍박과 고통을 당하고, 십자가를 지고, 희생을

---

* 김선도, 653번 "평화를 건설하는 자의 복",『전집 11』, p.198
** 김선도, 654번 "핍박과 고난을 통한 축복",『전집 11』, p.200

잘 감내하여야 참된 축복을 받게 된다. 이러한 팔복의 가르침을 예수 그리스도를 본받는 성화의 인격과 삶에 집중시켜 해석하는 것은 지극히 웨슬리적인 산상수훈 해석이다.

성령의 아홉 가지 열매와 성화

김선도 목사는 '사랑은 아가페로 성경이 말하는 하나님의 대표적인 품성이요, 이것은 예수 그리스도를 통하여 우리에게 나타난다'고 설교한다. 그것은 곧 예수님의 전 생애에 나타난 사랑과 인격과 사상을 나도 실천하는 것을 말한다.

"즉 그것은 예수님의 사상, 지식, 생활만을 본받는 것이 아닌 예수님의 전 생애를 통하여 그분의 삶을 본받아 그 사랑을 우리 삶 속에 실천하는 일입니다. 이것은 참으로 절대적이고도 엄연한 하나님의 명령인 것입니다. (…) 또 예수님은 남편을 다섯이나 둔 어떤 사마리아 여인을 무조건적인 사랑으로 용서하여 그 여인의 마음을 변화시켜 주었습니다. 동네 사람들로부터 창녀 취급을 당하고 멸시와 천대를 받아왔으며, 아침, 저녁 시간을 피해 대낮 뙤약볕 아래에서 우물의 물을 길어야 했던 그녀는 어느 날 우물가에서 예수님을 만나 생명의 말씀을 듣고서 감격하여 '내가 메시아를 만났다'하며 물동이를 내던지고 동네로 뛰어 들어갔습니다. 자신과 같은 비천한 사람에게도 예수님께서 사랑으로 용서를 베푸셨을 때 '나도 하나님께서 용서받게 해 주셨다!'라고 고백할 수 있게 되었던 것입니다."[*]

이 아가페의 사랑은 따지지 않고 무조건적으로 용서하며 사랑하는 것이다. 복음적이고 은총적인 사랑이다. 무조건적인 사랑, 사람과 환경에 대한 인내의 사랑, 용서할 수 없는 사람에게도 향하는 사랑을 예수님으로부터 은총과 복음으로 받아 사랑의 인격을 소유하는 성령의 열매를 맺을 수 있다는 것이다. 여기서 인내는 사람에 대한 인내, 환경과 사물에 대한 인내로 해설한다. 자신과 타인에 대한 인내, 특히 하나님에 대한 인내를 강조하는 관점이 특이하다.

"우리는 하나님의 은혜 가운데서 릴렉스하고, 하나님의 예비하신 목적을 기다리면서 릴렉스하고, 하나님의 구원을 믿으면 릴렉스하는, 즉 하나님 앞에서 릴렉스할 줄 아는 성도가 되어야 하겠습니다. 하나님의 구원을 우리 자신의 의지로 조급하게 이룰 수도 없으며, 하나님의 높으신 뜻을 우리가 조급하게 이룰 수도 없습니다.

---

[*] 김선도, 655번 "사랑", 『전집 11』, p.216-218

그러나 우리는 하나님께 대하여 낙심하거나 실망하지 말고 하나님의 뜻에 합당한 사람이 되도록 참고 기다릴 줄 아는 인내의 성령의 열매를 맺는 자가 되어야 하겠습니다."*

김선도 목사의 '하나님에 대한 인내'의 개념은 상당히 흥미롭고 상당히 새로운 해석이다. 하나님 안에서 인내심을 갖고 릴렉스하는 것이 성숙한 믿음의 경지다. 살다 보면 하나님께 화내고 싶을 때가 상당히 많다. 구원의 순례의 과정에서 하나님께 이의를 제기하고 싶을 때가 많다. 하나님이 우리에게 계시할 때도 많지만, 때때로 숨어 계실 때도 있다. 교회사적으로 하나님의 속성을 양면성, 즉 계시하시는 하나님revealed God과 숨어 계시는 하나님Hidden God으로 말한다. 루터도 '하나님의 숨어계시는 현존hidden presence of God'으로 그의 십자가 신학theology of the cross을 해석한다. 루터는 종교개혁운동 중에 교황 레오 10세와 신성로마제국 황제 찰스 5세로부터 많은 박해와 고난을 당하였다. 사형선고도, 사제 파문장도, 심지어는 그의 아내가 하나님의 장례식을 준비하기까지도 하였다. 그 환난 중에서도 숨어 계신 하나님의 현존을 믿는 인내로 종교개혁을 성공적으로 전개할 수 있었다. 하나님께 인내하고, 사람에게 인내하며,

---

* 김선도, 658번 "인내", 『전집 11』, p.254

환경에 대하여 인내하는 것이 성화의 최고의 경지다. 하나님 안에서 릴렉스하는 인내의 오라가 많이 발산되어야 작은 예수의 모습과 향기가 드러나는 것이다.

자비는 웨슬리의 영성수련 방편 중의 하나다. 경건수련works of piety과 사랑, 곧 자비수련works of mercy이 성화은총의 방편이다. 일주일 동안 무슨 경건수련을 하였는지, 어떤 사랑과 자비수련을 하였는지 속회 때마다 고백하였다. 기도하고 성경을 읽거나 명상하는 경건수련뿐만 아니라, 소외당하고 가난하고 억눌린 사람들을 섬기고 돌보는 사랑과 자비수련도 성화수련의 방편이라는 것이다. 웨슬리는 예수를 닮아가는 내면적 성결inner holiness, holiness of heart과 외향적 성결outward holiness, holiness of life의 두 측면을 강조하였다. 둘다 예수 그리스도를 본받는 길이다. 김선도 목사도 자비를 베푸는 것이 작은 예수가 되는 성화은총의 방편이라고 설교한다. 또 교인들이 이웃 사람들에게 사랑과 친절을 베푸는 것이 교회가 성장하는 중요한 요인이 된다고 강조한다.

"예수를 본받고 따르는 사람으로서 우리는 지극히 작은 일이라도 정성으로 자비를 베풀어야만 하겠습니다. 자비는 말로 되는 것이 아니고 내가 남에게 실천하고 행동해야 되는 것입니다. (…) 교회가 성장하는 요인 중 하나는 교인이 친절을 베푸는 것입니다. 냉랭한 교회, 쌀쌀한 교회는 부흥되지 않습니다. 교회의 문 안으로 들어올 때부터 사랑의 열기가 넘치고, 친절하고, 자비가 있음을 느끼는 교회는 자연히 부흥됩니다."[*]

기도 같은 경건의 영성뿐 아니라 자비와 사랑의 영성도 교회를 활성화시키고 부흥시키는 영성임을 주장한 것이다. 사도행전에 나오는 초대 교회는 이러한 사랑과 자비의 영성이 풍성하였음을 보여주고 있다. 예일대학교 선교역사가 라투렛K. S. Latourette은 사랑을 실천한 초대 교회의 높은 도덕적 수준이 교회 부흥과 발전의 원동력이었음을 강조한 바 있다.

김선도 목사는 양선을 선행 곧 선한 행위로 풀이한다. 그리고 그 선행은 자비와 구분된다고 설명한다. 성령이 앞서고 우리가 응답하는 지극히 웨슬리적인 복음적 신인협조설적 선행이다. 선행은 하나님을 믿는 신앙을 전제로 성령의 역사로 말미암아 이루어져야 한다. 우리 스스로의 양심이 아니라, 성령의 도우심과 감동하심이 앞서야, 믿음과 은총에서 솟아 나오는 사랑과 선행이 된다는 것이다. 그러므로 이 선행은 양심의 열매가 아니라, 성령의 열매가

---

[*] 김선도, 659번 "자비," 『전집 11』, p.264-266

되어야 한다.

"이렇게 볼 때 선행이란 자비와 구별되는 것입니다. 자비는 부드럽고, 인자하게 안아주는 것과도 같은 행위이지만, 양선은 그렇게 부드럽고 인자하지만은 않습니다. 이것은 보다 엄격한 것이라 할 수 있습니다. 다윗이 범죄하였을 때 나단이 다윗에게 바르게 살도록 지적하여 준 것도 양선이라고 볼 수 있습니다. 선행을 할 때에는 때로 아주 어렵고 괴로울 때가 있습니다."[*]

그런 의미에서 예수님께서 성전을 숙청하신 것도 선행이라고 해석한다. 그런데 이 선행은 일반적인 도덕적 선행과는 구분된다. 일반적인 도덕적 선행은 자기 의지와 양심으로부터 나온다고 하지만, 성화적 선행은 성령의 역사로부터 발생함을 강조한다. 웨슬리가 세상의 빛과 소금이 되는 것을 '사회적 성결social holiness'로 해석하였듯이, 김선도 목사도 세상의 빛과 소금이 되는 사회적 성결이 성화의 외향적 열매라고 이야기한다.

"우리가 선행을 행하려 할 때 우리들의 생각을 너무 앞세우지 말고, 오직 성령의 지배를 받으면 우리들도 다니엘처럼 성령의 인도하심으로 굳게 서서 양선을 행하게 될 줄로 믿습니다. 아무쪼록

우리 그리스도인들은 세상에 나아가서 빛이 되어야겠습니다. 또한 소금의 직분을 감당해야 하겠습니다. 그렇게 함으로써 하나님의 뜻에 따라 하나님을 기쁘시게 하고, 성령의 아름다운 열매를 맺는 여러분이 되시기를 주의 이름으로 축원합니다."[*]

김선도 목사는 충성에 대해 말씀을 생활로 이루며 성취하는 것이라고 정의한다. 충성을 가진 사람은 마태복음 7장에서 말하는 반석 위에 집을 짓는 지혜로운 사람이다. 16세기의 마틴 루터가 믿음을 통하여 구원을 확신한 충성된 사람이라고 예를 들면서 구원을 얻기 위해서 예수 그리스도에게 자신을 드리는 것, 하나님을 기쁘시게 하는 자세로서의 믿음, 단번에 주신 믿음의 도, 주인에게 행한 종의 덕으로 충성을 해석한다. 이 충성스러운 종은 사회에서나 교회에서 인정을 받는 사람임을 강조한다.[**]

김선도 목사는 '온유'에 대해서는 젠틀한 것, 겸손한 것, 공격적이거나 강퍅하지 않은 것으로 해석한다. 또 온유한 사람은 자신을

---

[*] 김선도, 660번 "양선", 『전집 11』, p.275
[**] 김선도, 661번 "충성", 『전집 11』, p.277-282

계발하고 발전시킬 줄 아는 사람, 자기 자신에 대하여 겸손한 사람이라고 설교한다. 온유와 겸손은 거의 같이 사용되며, 신앙이 건실하게 성장한다는 것은 성품이 온유하기 때문이고, 가정의 평화는 성품의 온유함에서 온다고 강조한다.

"가족 제각기 개성이 너무 뚜렷하면 갈등을 일으키기 쉽고, 분쟁이 생길 경우엔 가정이 불안해집니다. 그러기 때문에 가정에서의 온유는 필수적인 것입니다."※

온유는 자기 마음을 컨트롤하는 사람을 의미한다. 마음의 컨트롤 속에서 평화와 기쁨이 찾아온다. 온유와 평화와 기쁨은 항상 삼위일체로 일한다. 그래서 현대 영성신학에서 아주 소중하게 해석하는 영성수련이다. 깊은 기도수련에서 온유와 평화와 기쁨이 솟아 나온다. 김선도 목사는 오늘날 물질적 소유와 권력의 비인간화 시대에 소유와 힘을 비우는 온유함이 나약해 보일 수 있으나 그 온유와 겸손이 종교적 힘의 원천이고, 기독교적 지도력의 원동력임을 강조한다. 광야에서 신학과 인간학을 배우며 온유와 겸손의 품성을 수련한 모세가 지도자로 쓰임을 받았음을 역설하며 소유 지향적 시대와 권력 지향적 시대에서 목회자들도 온유와 평화와 기

※　김선도, 662번 "온유", 『전집 11』, p.284-287

뻠을 수련해야 한다고 말한다.[*]

절제는 가장 어려운 영성수련의 덕목이다. 물질적으로 풍요로운 시대에 절제의 열매를 맺기는 더 어렵다. 김선도 목사는 건강을 해치지 않는 식욕 절제가 현대인의 자기 관리에 아주 중요함을 설교한다. 소식과 절제로 건강을 지켜야 한다는 것이다. 육체가 항상 건강해야 좋은 생각을 하게 된다고 하며 말의 절제, 성욕의 절제, 과도한 지식 탐구의 절제, 소비의 절제, 시간의 절제를 강조했다. 또한 경건한 목표설정과 좋은 친구 만들기가 절제 있는 생활에 도움이 됨을 설교하면서 특히 십일조가 절제의 지혜에 도움이 된다고 주장한다.[**]

웨슬리는 십일조만 아니라 십의 2, 십의 3, 할 수 있는 대로 많이 나누어 주라고 강조한다. 선교나 북한 살리기와 같은 구제를 위한 철도, 도로, 병원, 양로원, 고아원, 학교 등의 사회간접자본을 나눔을 통해 실천해야 할 때라고 말한다. 사회적 성화를 위한 경제적 성화를 실천하는 것이 가장 좋은 절제수련이라고 확신한다. 이러한 성화가 이슬람 지역이나 북한 같은 공산주의 지역 선교에 필수적이

---

[*] 김선도, 662번 "온유", 『전집 11』, p.286
[**] 김선도, 663번 "절제", 『전집』11권, p.292-296

다. 말로 선교를 못하는 지역에는 우리의 인격과 삶과 행동과 몸으로 성화를 실천할 때 가장 효과적인 선교를 할 수 있다. 성령의 아홉 가지 열매를 맺는 삶이 가장 효과적인 선교전략이다. 웨슬리적 성화론은 현대 선교의 대안이다.

영성심리학적 치유의 설교

김선도 목사의 설교전집 열두 권을 읽으면서 나는 존 웨슬리가 구원론의 지평을 넓혀 간 것처럼 우리를 폭넓은 구원의 세계와 은혜의 바다로 헤엄치게 만드는 감격을 체험할 수 있었다. 그 풍성한 구원의 은혜는 순간에만 머무르지 않고 점진적인 영적 순례를 하게 만들며 신바람 나도록 기쁜 은총의 낙관주의로 영적 마라톤을 완주할 수 있게 한다. 승리의 감격이다.

먼저 찾아오시는 선재적 은총, 회개의 은총, 믿음에 의한 칭의의 은총, 믿음에 의한 거듭남의 은총, 죄악성의 쓴 뿌리마저 성결함을 얻는 성화, 사랑으로 세상의 빛을 발하는 사회적 성화, 작은 예수로 온전케 되는 완전성화의 은총, 신령한 몸으로 부활하는 영화의 은총 등으로 성숙하여 간다.

　　　　　　　　　　

김선도 목사의 설교는 감동과 감격의 개선행진곡을 울려 퍼지게 하는 총체적 구원의 나팔소리와도 같다. 깊은 구원의 확신에 거하게 하면서도 예수 그리스도에게까지 자라도록 성품과 생활의 예수화를 독려하는 천사의 메시지다.

그는 진정한 웨슬리안 설교자다. 풍부한 독서량으로 풍성한 예화를 들며 쉬운 언어로 구사하는 그의 설교는 뇌리에 깊이 박히고 마음의 영혼을 흔든다. 진정한 설교의 거장이라고 할 수 있다. 이미 자신의 책에서 밝혔듯이 그는 해리 에머슨 포스딕Harry Emerson Fostick, 마틴 로이드 존스Martin Lloyd Jones, 노만 빈센트 필Norman Vincent Peale, 로버트 슐러Robert Schuller 등을 탐구하면서 큰 영향을 받았고 그것이 세계적인 설교자로 진보하게 된 계기를 만들어 주었다. 그러나 나는 그가 다른 신학자나 설교자보다도 존 웨슬리의 설교와 일기를 많이 인용하고, 웨슬리의 생애와 사상을 적극 활용하고 있다고 생각한다.

그의 설교는 말씀으로 청중을 치료하고, 집단으로 용기를 불러 일으키는 집단 치유의 상담학적, 심리학적, 그리고 그것을 뛰어넘는 영성심리학적 치유의 설교다. 실패의 아픔을 갖고 찾아오는 교인들에게 희망과 용기를 기쁨과 평화를 안겨 준다. 그래서 다음 주에도 또 찾아오게 만드는 치유의 기적, 구원의 메시지다.

한국전쟁 당시 김선도(오른쪽) 의무관.
전쟁의 포화 속에서 "살려만 주신다면 하나님을 위해 살겠다"고 기도했다.

1993년 해외 선교지에서 현지 주민들과 찍은 기념사진.

김선도 목사는 사회적 성화를 위한 경제적 성화의 실천을 위해 나눔이 필수적임을 밝혔다.

김선도 목사(오른쪽에서 두 번째)는 1997년 짐바브웨 아프리카대학교에서
명예문학박사 학위를 수여받았다.

주일 예배에서 설교하는 김선도 목사. 그의 설교는 감동과 감격의
개선행진곡을 울려 퍼지게 하는 총체적 구원의 나팔소리와도 같다.

3부

글로벌 리더십,
"세계는
나의 교구"

1장

내가 경험한
김선도의
글로벌 영성

레슬리 그리피스

레슬리 그리피스

현 영국 국회 상원의원. 영국 감리교회 총회장을 지냈으며 웨슬리 채플 감리
사를 역임했다.

내가 김선도 목사를 처음 만난 순간을 어떻게 잊을 수 있을까. 그 당시 나는 영국 런던 지역의 감리사로서 웨슬리 채플 안뜰에 있었다. 웨슬리 채플의 예배 장소는 존 웨슬리 목사가 직접 감수하고 건축해, 1778년 11월 1일 '모든 성인의 날'에 개관한 유서 깊은 곳이다. 우리의 창립자 웨슬리 목사는 지금도 채플 앞에 아담하게 서 있는 작은 집에서 그의 생애 마지막 열두 해를 보냈다. 그는 이곳에서 대표적인 임종의 말씀을 남겼다. "가장 좋은 것은, 하나님이 우리와 함께 계시는 것이다." 88세의 나이로 임종한 웨슬리 목사는 며칠 뒤 교회 뒤편 마당에 안치되었다.

짧지만 강렬했던 만남

웨슬리 채플로 성지순례 온 김선도와 조우하다

웨슬리가 사망한 당시에는 그가 이끈 감리교의 부흥이 런던에서 영국 전역으로 퍼졌고, 영국 연안을 넘어 더 넓은 곳으로 도약하기 위한 길을 찾기 시작하고 있었다. 그리고 오늘날에는, 세계 곳곳 다양한 지역에 7천만 감리교인들이 생겨나게 되었다. 이것이 우리가 웨슬리 채플을 '세계 감리교의 모교'라 설명하는 이유다. 지금의 감리교는 아프리카, 아시아, 미국, 그리고 대한민국을 포함해 50개가 넘는 국가에서 각 나라 사람들의 공회와 함께 여전히 살아있고 활력이 넘친다.

이렇게 감리교가 처음 시작된 이곳에서, 나는 우연히 그를 만났다. 지금도 그 순간을 아주 선명하게 기억한다. 나는 내 연구실에서 우연히 창밖을 바라보았는데 뜰 주위에 서 있는 한 무리의 사람들을 발견한 것이다. 그 때 우리는 이미 근무 시간이 끝나 채플 문을 잠그고 있었지만, 이 사람들에 대해서만은 연구실 밖으로 나가 직접 인사를 나누고 맞이해야겠다는 어떤 마음이 나를 그들이 서 있는 뜰로 이끌었다.

그들은 성지를 방문한 후에 서울로 돌아가려는 중이라고 말했다. 그들의 지도자는 김선도 목사였고, 그는 '영국에서 머물 수 있는 시간이 짧지만 그럼에도 불구하고 웨슬리 채플은 꼭 방문해야 한다고 제안해 이 자리에 오게 되었다'는 이야기를 했다. 나는 그들을 위해 기꺼이 열쇠를 찾아 구내 건물의 문을 열어주었다. 비록 짧은 시간이었지만 그들을 위해 구내를 돌아보며 안내하였고, 그들은 충분히 기뻐하는 듯 보였다. 그때 김선도 목사는 나의 호의에 감사를 표현하시며 동료들에게 '주머니에 남아 있는 유럽 돈을 모두 찾아보라' 재촉하였다. 그들은 가진 돈 전부를 꺼내 놓으며 충만한 기쁨을 가지고 헌금을 행하였고, 김선도 목사의 손은 건네지는 돈으로 가득 찼다. 그런 다음 반짝이는 눈으로 당신 손 위에 가득 찬 헌금을 나에게 건네주었다. "저희의 감사 헌금입니다. 당신의 사역을 위해 사용해 주십시오." 이것이 김선도 목사가 내게 헌금을 건네며 하신 말씀이다. 상당한 금액이었다. 우리는 함께 짧은 기도를 드렸고, 그들은 공항으로 떠났다. 그리고 그들의 사랑하는 고국 대한민국으로 돌아갔다.

여기까지가 바로 우리가 어떻게 만났는지에 대한 이야기다. 아무래도, 하나님의 신비한 인도 안에서 김선도 목사와 나의 마음에 우정의 씨앗이 뿌려진 것 같다. 그리고 그 우정의 씨앗은 오래 지나지 않아 꽃을 활짝 피웠다.

우연한 인연이 다시 나를 그에게 인도했다

우리가 만났던 때에, 나는 한국에서 온 한 멋진 청년의 섬김들을 교류해 왔다. 그는 서울에 있는 감리교신학대학을 졸업하고 영국에서 그의 신학연구를 계속 이어 나가고 싶어 했다. 그 청년의 이름은 '백기도'였다. 이런, '백 개의 기도a hundred prayers'라니! 당시 기도 씨의 가장 친한 대학 친구 권순정은 김선도 목사의 목회 비서였다. 기도와 순정이라는 두 청년의 우정이 나를 광림교회로 이끌며 인연의 길을 열었다. 그리고 더 중요한 것은 이 우정이 김선도 목사와 나의 애정 어린 우정으로 이어지게 되었다는 점이다. 그것에 대한 이야기는 계속 설명해 보겠다.

기도는 '한승희'라는 여인과 결혼을 약속했고 2011년 10월에 그 둘이 졸업한 감리교신학대학교 채플에서 결혼식을 열었다. 기도는 자신의 결혼 예배에서 내가 설교를 맡아줄 수 있는지 물었다. 나는 그것이 너무나 큰 기쁨이 될 것이라 답하였다. 설교를 위해 초청받은 나와 내 아내는 한국으로의 첫 여행을 준비했다.

얼마 지나지 않아 나는 김선도 목사가 결혼 예배를 인도하고 주례하실 것이라는 소식을 들었다. 더불어 그는 우리에게 광림교회를 소개하고 싶으니 이를 위해 한국에서 더 긴 시간을 보내도록 계획하기를 요청하였다. 마다할 이유가 없었다. 우리는 기쁘게 동의했고 거기에 뒤따르는 모든 절차는 매우 순조로웠다.

우리는 한국에서 광림교회의 장로들을 만났고, 두 번의 주일 오전 예배에서 설교했다. 또한 광림의 세미나 하우스, 비전랜드, 수도원과 광림교회 지교회를 방문하는 시간을 가졌다. 우리는 이 시간 동안 광림교회에서 기도로 뒷받침되어 구성된 프로그램인 모든 교육, 선교, 영성 양성 등의 다양한 사역에 대해서 배울 수 있었다. 이로써 우리는 교회의 감동적인 역사를 알기 시작했고, 대한민국의 전쟁 후 역사에 대해 알게 되었다. 전쟁기념관을 방문해 남한의 자유를 위해 목숨을 바쳐 싸웠던 많은 영국 군인들과 유엔군 병사들의 역사에 감동을 받고 숙연한 마음으로 추념했다. 또한 비무장지대DMZ를 방문한 자리에서 대한민국 국회 의장의 환영을 받았다. 우리는 대한민국의 역사에 대해 많은 것을 배웠고 그 음식과 문화들을 즐겼다.

한국을 방문하는 동안 우리는 김선도 목사의 가족들과 만나는 특별한 자리를 갖기도 했다. 김선도 목사의 사모님과 자녀들, 그들의 배우자들, 그리고 두 명의 손자를 만났다. 우리는 그들 모두와 특별한 관계로 이끌려지게 됨을 느꼈다. 그 만남 후로 그의 손주 다니엘과 사무엘은 몇 년 동안 영국에서 공부하며 생활하게 되었고 우리는 여러 번 함께 모여 친교를 나누고 좋은 친구가 되었다.

세계가 인정한 김선도의 사역

세계로 뻗어 나간 김선도의 리더십

훗날 나는 김선도 목사의 놀라운 사역에 대해 알게 되었다. 그의 시작은 평양에서였고, 의사로서의 형성, 한국전쟁 속에서의 시간, 목회자가 되기까지의 여정에 대해서 알게 된 것이다. 나는 그의 아내 박관순 사모의 대단한 강점에 대해서도 알게 되었다.

'5분'으로 그의 인생의 방향이 바뀌었다. 그는 대한민국 공군 군목이 되었고, 전역 후 광림교회를 섬기며 서울의 새로운 중심이 될 토지를 새로운 복음의 자리로 매입했다. 광림교회는 지금의 형태를 갖추기 시작했고 곧 많은 성도들의 유입으로 축복받는 교회가 되었다. 김선도 목사는 교회의 사명을 향한 놀라운 헌신과 함께 밖으로, 더 먼 곳으로 뻗어 나가기 시작했다. 켄터키와 워싱턴D.C.에 세워진 건물들과 기관들에 김선도의 이름이 붙여졌고 캔자스에 있는 부활의 교회 창문에는 그의 형상이 거대한 스테인드글라스로 새겨졌다. 그리고 웨슬리 채플에는 그의 업적을 기리는 대리석 흉상 조각이 전시되어 있다. 광림교회는 세계에서 가장 큰 감리교회가 되었다. 그러나 광림을 이렇게 성장시킨 김선도 목사는 항상 다가가기 쉽고 낮은 모습으로 행함을 유지하는 겸손한 사람이다.

김선도 목사는 좋은 목회자가 되었다. 그가 공헌한 모든 가치가 이를 증명한다. 그러나 그는 이러한 평가를 넘어 틀림없이 미래 세대들이 누릴 수 있도록 유산을 남길 것이며, 높은 곳에 올라 선 리더의 차원을 넘어 대중 안으로 다가서는 훌륭한 지도자의 모습을 남길 것이다. 나의 이런 말들을 굳이 글로 표현하는 이유는 이미 그의 업적이 이 땅에서 현실이 되었기 때문이다. 물론 내 개인적인 평가이다.

복음적 견해를 나누고 실천하는 벗이자 스승

영국의 저자 러디어드 키플링Rudyard Kipling은 "동은 동, 서는 서이며, 둘은 결코 서로 만나지 않으리라."라는 말을 남겼다. 그러나 그는 틀렸다. 김선도는 동양에서부터 왔고 나 레슬리 그리피스는 서양에서 와서 우리는 만났다. 정말 만났다. 우리의 만남은 단지 악수하며 공손한 인사와 호의를 나누는 형식적인 만남이 아니었다. 내가 자신 있게 덧붙여 말할 수 있는 것은, 우리의 만남은 마음의 만남이었고 영적인 동역자를 만나는 만남이었다.

그와 함께 여러 도시를 방문하고 여행하면서 즐겁게 나눴던 긴 대화들을 또렷하게 기억한다. 그와 함께 있는 동안 나는 그가 보내는 애정과 신뢰로 마음이 따뜻해짐을 느꼈다. 나는 우리의 복음적인 견해가 반드시 일치하지는 않는다는 것을 고백한다. 우리 두 사람 모두는 무엇보다도 사람들을 예수님께로 이끌기 원하지만 그것을 행하는 각자의 방법을 가지고 있다. 그러나 이러한 차이는 우리가 각자 가지고 있는 솔직한 관점들을 나누고 교환하는 데 방해가 되지 않았다. 하나님께서 오늘날 이 세상에서 우리가 일하기를 원하시는 길들을 찾는 데에 우리의 공통적인 흥미를 인지했던 것 같이 우리의 깊은 우정은 발전했다.

영국과 한국은 서로 다른 방식으로 위기의 시기를 맞이해 왔고, 김선도 목사와 나는 영적인 기도 안에서 앞으로 복음의 말씀을 전하는 최선의 방법이 무엇인지에 대해 생각을 나누었다. 이 글을 쓰면서 나는 이 신비한 우정을 이루어 주신 하나님께 다시금 감사하는 마음을 갖게 된다. 그 모든 이루심은 매우 빠르게 일어났고 돌이킬 수 없을 만큼 깊어졌다. "주 믿는 형제들의 사랑의 사귐은 참 좋은 친교라" 기독교 사랑 안에서 마음을 묶는 것은 축복의 연합이다.

나는 그와 나눈 대화로부터 두 가지 실제적 결과를 얻을 수 있었다. 김선도 목사는 '사회적 경건'에 대한 존 웨슬리의 생각을 이해하기를 열망했다. 우리는 그의 개인적 경건의 교리에 대해 알고 있다. 그리스도인으로서의 완전함은 모든 크리스천의 삶에 있어 추구하는 목표이며 우리는 일상생활 속에서 은혜의 방편—성경 읽기, 예배 드리기, 기도하기, 성례—을 행해야 한다. 그러나 웨슬리는 자신의 생각을 개인적 경건으로 제한시키지 않았다. 웨슬리와 그의 동생 찰스는 세상으로부터 무너지고 고통 받는 사람들의 필요에 섬김으로 헌신하는 '실천적 경건'에 대한 글을 남긴 바 있다. 감리교는 찬양에서 태어난born in song것뿐만 아니라 감옥 방문prison-visiting과 사회적 활동으로 탄생했다. 김선도 목사는 기독교 증언에 대한 또 다른 차원을 자각하게 되었고, 우리는 광림교회의 설교와 가르침 사역에 많은 면을 더할 새로운 사회 및 공동체 봉사를 위한 센터의 기초가 놓이는 것을 보며 전율하였다. 그 후 광림교회를 방문했을 때 나는 이 꿈이 현실화된 현장을 목도하며 경외와 경탄의 마음을 표현할 수밖에 없었다.

두 번째 실제적 성과는 런던에서 이루어졌다. 웨슬리 채플의 지하실에는 감리교 박물관이 있었는데 그 박물관은 매우 지저분하고 낡은 상태였다. 전 세계에 걸쳐 수천 명의 순례자들이 감리교의 탄생지에 경의를 표하기 위해 왔지만, 친애하는 김선도 목사는 아름답고 현대적이며 최첨단 시설을 갖춘 감리교 박물관으로 거듭날 수 있도록 상당한 지원을 해 주셨다. 그 귀한 선물을 주신 김선도 목사와 광림교회 성도들에게 우리는 항상 감사한 마음을 갖고 있다.

세계는 나의 교구

김선도 목사가 웨슬리의 강대상에서, 그리고 우리 감리교회의 세계적 영향력을 증거하는 웨슬리 채플에서 설교할 때, 그것은 우리에게 매우 큰 은혜였다. 웨슬리가 남긴 유명한 말씀처럼 그는 '세계는 나의 교구'라고 생각했다. 정말 그렇다. 우리는 김선도 목사에게 '명예협력목사'의 칭호를 수여하였다. 그리고 1년 후 내가 광림교회에서 설교를 할 때 그는 그 영광을 다시 나에게 돌려주셨다.

복음 안에서 우리가 나눈 우정에 대해 지금까지 말했던 모든 것을 찰스 웨슬리가 남긴 몇 문장의 짧은 글로 요약하며 마무리하려 한다.

왜 당신은 우리를 제비 뽑아 결정했나요?
같은 시대 그리고 같은 장소에서,
왜 함께 부르셔서 서로의 얼굴을
마주하게 하셨나요?
사랑의 동정, 증명으로 함께하며,
왜 당신 안에서 우리의 친근한 영혼이
어울리게 하셨나요?

당신은 우리가 홀로 지속하는,
그 혼자가 되도록 만들지 않으셨고
함께 여행을 떠나며,

우리의 기쁨과 고통을 나누며,

모든 당신의 최고의 선하심까지

그리고 완전한 사랑 안에서

새롭게 일으키셨네.

서재에서 김선도 목사와 박관순 사모 부부. 레슬리 그리피스가 한국을 방문하는 동안
김선도 목사의 가족들과 만나는 자리가 매우 특별했다고 회상한다.

1995년 4월 광림교회의 행사 전경. 광림교회 성도들의 행사는 나눔과 봉사를 토대로
공동체 회복과 사회적 기여를 이루는 데 목적을 두고 있다.
이는 웨슬리적 성화론과 김선도 목사의 목회철학이 만나 이루어진 결과다.

2013년 영국 웨슬리 채플 감리교 박물관 개관식에 참석한 김선도 목사.

김선도 목사는 2011년 영국 웨슬리 채플의 명예협력목사로 위촉되어
2012년 존 웨슬리의 강대상 위에 올라 설교했다.

교회의 사명을 향한 김선도 목사의 헌신과 사역은 국내뿐만 아니라 전 세계에 영향을
주었다. 그의 업적을 기리는 조각이 웨슬리 채플에 전시되어 있다.

2010년 5월, 어린이 주일 예배에서 설교하는 김선도 목사.
그는 목회를 하는 동안 자라나는 미래 세대를 위해 물심양면으로 헌신했다.

원문

Bishop
Sundo Kim

Leslie Griffiths

Leslie Griffiths

Senator of the British Parliament. He served as general president of the
British Methodist Church, and also served as Superintendent minister of
Wesley's Chapel.

How can I forget the first time I met Bishop Sundo Kim? It was in the courtyard of Wesley's Chapel in London where I was the superintendent minister. This is a place of worship built under the instruction of John Wesley himself. It opened on November 1st, All Saints' Day, in 1778. Our founding father lived in a little house that still stands in front of the Chapel. This is where he spent the last 12 years of his long life. His last words were so typical of him. "The best of all is," he declared "that God is with us." And so, at the grand age of 88, Wesley was swallowed up by death. A few days later, he was buried nearby in the yard at the back of the church.

By then, the Methodist revival which he had led in London had spread across the whole of the United Kingdom and was beginning to find its way beyond British shores. Nowadays, there are 70 million Methodists to be found in other parts of the world. That's why we describe Wesley's Chapel as "the mother church of world Methodism." It's still alive and vibrant with a congregation whose origins lie in more than 50 countries in Africa, Asia, the Americas and, of course, in South Korea, too.

In this spot where Methodism first began, I met a perfect stranger who would soon became a dear friend. I remember that moment very clearly. I looked out of my study window and saw a group of people standing around in the yard. Our working day was over and we had locked the Chapel doors. There was something about this group that led me to go out from my home to greet them. They told me they were returning home to Seoul after a visit to the Holy Land. Their leader was Bishop Sundo Kim who had suggested that they should use the few hours' layover in the UK to visit Wesley's Chapel. I gladly found the keys and opened up the premises for them. I gave them a short tour and they seemed happy enough. Then the Bishop spoke. He thanked me for my trouble and urged (it sounded like a command!) his fellow-travellers to find all the European money they still had in their pockets, all of it, every cent, and to give it to him. They did this with apparent enthusiasm. Soon the Bishop's hands were full to overflowing with the cash being thrust at him. Then, with a gleam in his eye, he handed it all over to me. "Our thank-offering," he said, "please use it for your work." It was a considerable amount of money! We said a short prayer together and then they left us for the airport and the flight home to their beloved South Korea.

That's how we met. Somehow, in God's mysterious way, the seed of friendship was planted in the hearts of Sundo Kim and Leslie Griffiths. Before very long, just a few months, it was to burst into bloom.

At the time of our meeting, I had just engaged the services of a splendid young man from South Korea. He was a graduate of the Methodist University in Seoul and he wanted to continue his study of theology in the United Kingdom. His name was Kido Baek, "a hundred prayers"! Kido's best university friend, Soonjong Kwon, had become Bishop Sundo Kim's personal secretary. It was the friendship between these two young men, Kido and Soonjong, that opened up a path that led me to Kwanglim Methodist Church and, even more importantly, to my affectionate friendship with the Bishop. Let me explain.

Kido was engaged to be married to Seunghee Han and the wedding was to take place in October 2011 in the chapel of the Methodist University where they had both graduated. He asked me if I would preach at the ceremony. I said I would be delighted to do so; my wife and I got ourselves ready to make our very first trip to South Korea. I'd been invited to preach; before long I heard that Bishop Sundo Kim would lead the service and conduct the marriage ceremony. He urged us to make a plan to spend a longer period in his country so that he could introduce us to Kwanglim. We gladly agreed to this. What followed was quite simply wonderful.

We met the Kwanglim elders, I preached at two Sunday morning services, we were taken to visit Seminar House, Vision Land, Prayer Mountain and other churches linked to Kwanglim. We learned about the various ministries that form the Kwanglim programme – education, mission, spiritual formation – all of it undergirded by prayer. We began to get a sense of the history of the Church and, indeed, the post-war history of the country. We paid a very emotional visit to the war memorial where the sacrifice of the lives of so many British soldiers, members of the United Nations force who fought for the freedom of South Korea, is marked. We visited the DMZ and I was received by the Speaker of the National

Assembly. We learned so much about the history of South Korea and enjoyed its food and culture.

In the course of our visit, we had the privilege of meeting members of Bishop Sundo Kim's family – his wife, his children and their spouses, and two of his grand-children. We felt we'd been drawn into a special relationship with all of them. Two of his grandsons, Daniel and Samuel, lived in the United Kingdom for a few years and we were able to get together several times. We became good buddies.

I was later to learn of the astonishing ministry of Bishop Sundo Kim – his beginnings in Pyongyang, his formation as a doctor, his time in the war, the way he became a pastor. I learned too of the amazing strength of his wife Kwan–soon Park. In "five minutes" the direction of his life changed. He bought a piece of land in what was to become the city of Seoul. He was chaplain to the South Korean Air Force. Kwanglim began to take shape and was soon blessed by a huge influx of members. Bishop Sundo Kim began to reach out further afield with an astonishing commitment to the mission of the church. Buildings and institutions are named for him in Kentucky and Washington D.C.. His image appears in a vast stained glass window in the Resurrection United Methodist Church in Kansas and a marble bust of him has been carved and placed in Wesley's Chapel. Kwanglim became the largest Methodist Church in the world. Yet its founder seemed such an unassuming man who has always remained approachable and humble.

Despite all the tributes that have been paid to the good Bishop, beyond the legacy he will undoubtedly leave for future generations to enjoy, over and above the public image of a very remarkable man, my main reason for writing these words is much more down to earth. It's personal.

The British author Rudyard Kipling once wrote that "East is east and west is west and never the twain shall meet." He was wrong. Sundo Kim hails from the east and Leslie

Griffiths from the west and they have met, really met. Theirs was not only a meeting in the flesh, a shaking of hands, the polite exchange of courteous greetings. It was a meeting of minds and, I'm bold to add, it was a meeting of soul mates, too.

I remember those long conversations he and I enjoyed as we travelled from one part of the city to another. I don't know how it happened but I felt warmed by his affection and by his trust. I must confess that our evangelical emphases don't necessarily coincide. Both of us want, above all else, to introduce people to Jesus but we have our own ways of doing that. Our differences didn't stand in the way of a full and frank exchange of views, however. A deep friendship developed as we identified our common interest in exploring the ways God wanted us to work in today's world. The United Kingdom and South Korea have, in their different ways, come to a time of crisis and the Bishop and I, in a spirit of prayer, exchanged our thoughts about how best to take the message of the Gospel forward. As I write these words, I find myself thanking God for the mystery of this friendship. It all happened so quickly. It went so deep. "Blest be the tie that binds the heart in Christian love."

There were two practical outcomes from these conversations. The Bishop was anxious to understand John Wesley's idea of "social holiness" We know about his doctrine of personal holiness. Christian perfection is the goal of every Christian in his or her personal life and we must attend to the means of grace (reading our Bibles, attending church services, saying our prayers, taking Holy Communion) as we live our daily lives. But Wesley didn't limit his thinking to personal piety. He and his brother Charles wrote about "practical divinity" a commitment to serving the needs of the broken and the suffering peoples of the world. Methodism was not only "born in song", it was born in prison–visiting and social action. The Bishop had become aware of this extra dimension to Christian witness and we were thrilled to see the foundations being laid for the new Centre of Social and Community service which would add to the preaching and teaching ministries of Kwanglim in so many ways. On a later visit, I was to stand in awe and wonder at the realization of this dream.

The second practical outcome is to be seen in London. We had a roughshod museum of Methodism in the crypt of Wesley's Chapel but it was in a poor state. Thousands of pilgrims from all over the world come to pay their respects in the place where Methodism was born. Dear Bishop Sundo Kim gave us a considerable gift which enabled us to create a beautiful, modern, state–of–the–art Museum of Methodism. We will always be grateful to him and to the Kwanglim elders for that gift.

It was a great privilege for us when the Bishop preached in John Wesley's Chapel, from John Wesley's pulpit, and bore witness to the global reach of our Methodist Church. Wesley famously said that he considered "the whole world to be my parish." And so it is. We conferred the title of "Honorary Associate Preacher" on the Bishop and he returned the compliment to me when I preached at Kwanglim a year or so later.

Let me end with some words written by Charles Wesley that seem to me to sum up all I've been saying about our friendship in the gospel.

Why hast thou cast our lot

Didst thou not make us one

In the same age and place,

That we might one remain,

And why together brought

Together travel on,

To see each other's face,

And share our joy and pain,

To join with loving sympathy,

Till all thy utmost goodness prove,

And mix our friendly souls in Thee?

And rise renewed in perfect love.

2장

망망대해 등대가 되어 사역의 방향을 비추다

아담 해밀턴

아담 해밀턴

현 부활의 교회The United Methodist Church of the Resurrection 담임목사. 부활의 교회는 미국 최대의 감리교회로 알려져 있다. 『세상을 바꾼 기적의 24시간』 외 다수의 저서가 있다.

글을 시작하기에 앞서 이 책의 지면을 빌려 김선도 목사께 깊은 감사를 드린다. 오랜 친구처럼 서로가 자주 만나지는 못했지만 나는 김선도 목사에게 영적인 가족과 같은 애틋한 마음을 가지고 있다. 몇 년 전 서울에서 나보다 훨씬 연장자이신 그를 만났을 때, 우리가 사역에 대한 사랑과 그리스도를 모르는 사람들에게 다가가려는 비전, 우리 공동체 속에 그리스도의 임재가 있는 교회가 되기를 바라는 마음, 그리고 세계 각지에 강한 교회들을 세우고자 하는 열정을 갈망하고 있다는 사실을 바로 알아차릴 수 있었다.

나는 '목사 김선도'로부터 많은 것을 배웠고 하나님께서 이 겸손한 믿음의 사람을 한평생 사용해 오신 것에 경외심을 느낀다. 그는 내 인생의 선배이며 현명한 스승이자 역사에 길이 남을 지도자라고 생각한다. 그리고 무엇보다도 내가 가장 친애하고 존경하는 친구이다. 이 글에서 나는 그가 왜 세계 기독교에서 중요한 종교 지도자인지를 증명하는 몇 가지 힘(능력)과 특성들을 서술하고자 한다.

겸손과 긍정의 힘으로 사역하다

긍정의 힘으로 선교하고 나아가다

가정 교회로 시작된 부활의 교회는 한계가 있는 교회였다. 그러나 '부활'이라는 이름은 우리의 희망을 사로잡았다. '부활'이라는 용어는 그리스도께서 악과 증오, 죄와 죽음을 이기셨다는 것을 기억하게 한다. 우리는 우리에게 닥친 절망적인 상황을 잘 이겨낼 수 있도록 그리스도께서 반드시 도와주신다는 희망의 메시지를 우리의 성도들이 알도록 돕고 싶었다. 부활이라는 이름에는 힘이 있다.

나는 남 감리교신학대학교에서 광림교회에 대해 처음 들었다.

광림교회의 비전은 내가 신학교에 있었던 1980년대에도 미국 전역에 알려졌다. 몇 년 후, 세인트폴신학교Saint Paul School of Theology 신학 교수였던 전영호 박사가 나에게 광림교회에 대해 더 많은 정보를 알려 주셨고 나를 한국 여행에 초대해 주셨다.

전 박사는 나의 친구이자 멘토, 교구원parishioner이다. 그로부터 나는 '긍정적인 신앙'이라는 그 교회의 오랜 전통에 대해 알게 되었다. 그 전통은 한때 미국 교회에서도 널리 퍼졌지만 종종 잊혀지는 개념이었다. 나는 항상 광림교회와 우리 교회가 영적으로, 그리고 정서적으로 둘을 연결하는 '긍정적인 신앙의 강한 인식'을 공유하고 있다는 것을 느꼈다. 그리고 그것은 우리를 그리스도 안에서 하나의 공동체로 만든다.

1990년대 초 모스크바를 여행하면서 광림의 세계로 뻗어 나가는 사역의 성과를 처음으로 목도하였다. 세계감리교협의회 전도대회가 열렸던 그곳에서, 나는 김선도 목사와 광림교회가 에스토니아에 새로운 감리교 신학교를 지원한다는 사실을 알게 되었다. 그 지원은 발트해 연안 국가 출신의 목회자들을 훈련시키는 발트해 연안 감리교 신학교를 가능하게 했다.

내가 놀라게 된 것은 예배당의 이름이 '광림 채플'이었다는 것이었다. 그 예배당 기금을 쾌척한 광림교회를 기념하기 위해 그렇게 이름이 지어졌다는 것이다. 몇 년 후 짐바브웨를 방문하여 아프리카 대학교에서 강의할 때, 나는 또다시 캠퍼스 중앙에 광림 채플이라는 이름의 아름다운 예배당을 보고 말았다. 이 예배당도 역시 광림교회에서 기금을 지원한 것이었다.

광림교회는 단순한 대형교회가 아니었다. 이 교회는 선교하는 교회였다. 그들은 자신의 교회 영역을 확장하지 않고 하나님 나라의 영역을 확장했다. 그들은 여러 많은 교회 캠퍼스를 구현하여 그들의 영향력을 더 넓히기를 추구했던 교회가 아니라 무조건적인 나눔의 실천을 통해 하나님의 영향력을 확장하고자 노력한 교회였다.

미국에서 멀리 떨어진 에스토니아와 짐바브웨의 광림 채플들을 마주하면서 나는 광림교회가 궁금해졌다. 얼마 지나지 않아 한국에서부터 멀리 떨어진 모스크바를 비롯한 러시아 전역에 광림교회가 있다는 것을 알게 되었다. 더 나아가 나는 그들이 중국, 베트남, 캐나다, 일본, 심지어 무슬림이 우세한 터키에까지 교회를 세웠다는 사실을 알게 되었다. 이와 같이 선교에 대한 긍정적이고 적극적인 신앙과 열정은 끊임없이 확대되고 전파된다. 이것이 바로 능력, 힘이다.

겸손과 열정의 힘으로 스스로를 이끌다

한국을 방문할 기회가 있을 때 나는 김선도 목사를 만나고 싶어 광림교회를 방문하고 탐방하는 시간을 가졌다. 나는 에너지가 넘치는 혈기왕성한 젊은 목사였고, 김 목사는 오랜 세월 나보다 앞선 자리에서 목회하셨던 은퇴 목사였다. 그런데 나는 오히려 그분이 나보다 더 많은 에너지를 가지고 있다는 사실을 알아차리고 놀라움을 금치 못했다. 하지만 그보다 더 인상적이었던 것은 그가 가진 '겸손'의 힘이었다. 김선도 목사는 엄청나게 큰 회중의 지도자였고 전 세계에 놀라운 영향을 미쳤다. 그는 겸손과 은혜로 자신을 이끌어 나간 것이다.

김선도 목사는 나이가 무색할 만큼 에너지가 넘쳤다. 내가 광림교회를 방문했을 때 짧은 시간 인사만 나누고 보낼 법도 한데, 내가 던지는 질문들에 일일이 답변하며 직접 인솔해 교회를 보여 주었다. 마찬가지로 그가 부활의 교회를 방문했을 때에도 피곤함의 기미를 조금도 보여 주지 않고 곳곳을 살피며 눈에 담고 귀 기울여 들으며 매우 큰 관심과 주의를 기울이는 것을 보았다.

더욱이 그는 나를 자신보다 나이가 훨씬 더 많은 어른을 대하듯

존경을 표현하였다. 이것은 내가 알고 있는 아시아의 예절 문화도
아니었고 거짓된 겸손도 아니었다. 그분은 자신보다 훨씬 더 젊고
경험이 부족한 목사인 나에게도 항상 배우는 태도로 관심을 표현
하며 진심이 담긴 마음을 보여 주었다. 나는 그에게서 겸손과 열정
을 보았고, 이 두 가지 모두 목사의 본질적인 자질로 이해하고 있다.

복음의 본질을 지키며 헌신하다

전통의 힘으로 경건의 예배를 지켜내다

몇 년 전 다른 여행에서 나는 런던의 웨슬리 채플을 방문했다. 그곳에서 다시 한 번 '광림'이라는 이름을 발견했다. 그리고 예배당 로비에는 김선도 목사의 흉상 조각이 있었다. 그분의 흉상 조각에는 'Bishop Sundo Kim'이라는 이름 외에 다른 정보가 없었다. 그의 흉상 앞에 서는 많은 사람들이 이미 '목사 김선도'와 그가 전 세계에 걸쳐 행한 일을 알고 있기 때문에 더 이상의 설명이 필요하지 않은 것이다. 그의 심장은 '세계는 나의 교구'라는 존 웨슬리의 유명한 말과 같이 동일한 마음으로 뛰고 있다.

김선도 목사와 그의 후임자 김정석 목사는 광림교회 창립 60주년을 기념하여 의미 있는 일을 하고자 했다. 이런 이유로 그분들은 런던에 웨슬리 채플에 초점을 맞추고 교회와 역사적인 감리교 박물관을 보존하고 강화하기 위해 노력했다. 광림교회는 이를 통해 전 세계 모든 감리교인들을 위한 뛰어난 선물을 남겼다.

광림교회 본당을 둘러보면서 그곳이 거대하지만 현대적이지 않다는 인상을 받았다. 그것은 전통적인 파이프 오르간과 스테인드글라스 및 고정된 강단으로 고전적인 교회의 모습을 보존하고 있었기 때문이다. 그것은 강단을 무대로 대체하고 그 무대를 전자악기와 화려한 조명으로 채운 많은 현대 미국 교회와는 상당한 차이를 보이는 것이었다. 많은 한국 교회들이 미국 교회와 비슷하게 해 오고 있는 것을 알고 있었지만 광림교회는 달랐다. 광림교회는 전통 예배를 유지하고 예전을 보존하고자 하였다. 이러한 유형의 예배에 힘이 있음을 인식하고 있었기 때문이다.

우리 교회 역시 전통적인 요소들을 강조하여 새로운 거룩한 공간을 설계했다. 여기에는 영국 앱워스Epworth에서 존과 찰스 웨슬리가 세례를 받았을 때의 패턴을 본뜬, 세례 글꼴인 큰 세 폭의 스테인드글라스 창이 있다. 이곳의 강단과 제단 테이블은 많은 현대 교회가 가질 수 있는 것과는 상당히 다르다. 대신에 전통적인 교회와 모습이 비슷하다. 우리의 예배는 현대적이면서도 전통적인 요소를 지키며 하나님의 영을 경험하고 알 수 있도록 경건한 분위기로 진행된다.

우리는 높이 35피트(약 10미터), 폭 100피트(약 30미터)에 가까운 스테인드글라스 창을 설계하면서 창세기 1장부터 요한계시록 22장까지 전개되는 신앙 이야기를 시각화하고자 했다. 여기에서 요한계시록 22장은 미래에 일어나기 때문에 우리는 그 자리에 교회 역사를 통해 나타난 인물들을 새겨 넣기로 했다. 그 인물은 기독교 신앙의 발전과 확산에 큰 영향을 미친 인물로, 여기에는 김선도 목사가 계신다. 부활의 교회 창에 새겨진 인물들 중 유일하게 생존하는 인물이다.

다시 활력을 주는 힘으로 갈등과 반목을 극복하다

미국과 한국 교회의 대다수는 폭발적인 성장을 겪어 왔다. 이것은 일반적으로 창립 목사의 지도력을 통해서 이뤄졌다고 볼 수 있다.

나는 김선도 목사가 광림교회의 창립자라고 생각하곤 했다. 하지만 나는 그가 광림교회 5대 담임목사라는 사실에 놀랄 수밖에 없었다.

그가 광림교회에 처음 부임했을 때 그 교회는 갈등과 도전적인 문제들로 가득 차 있었다고 한다. 갈등으로 찢어진 교회에서 목회하는 것은 새로운 교회를 개척해 시작하는 것보다 더 어렵다. 성도들 간의 상처와 갈등을 치유하고 화해시켜야 했기에 워싱턴 D.C. 웨슬리신학교에서 배운 상담과 갈등 해결에 대한 학문을 자신의 목회에 적용했다. 결국 "비 온 뒤에 땅이 굳어진다"는 한국의 옛 속담처럼, 그는 더 강해지고 흔들리지 않는 화해된 공동체를 조성하였다.

이것은 단순한 철학이나 아이디어만으로는 불가능한 일이다. 아무리 공동체 의식을 강조하더라도 결국 인간은 자신의 이익을 추구하게 된다. 그러나 김선도 목사는 공동체 의식과 복음을 융합하고 하나님의 뜻이 이루어지도록 끊임없이 기도하는 지도자로서 겸손한 설교를 통해 회중의 마음을 하나로 엮었다. 이것이 '다시 활력을 주는 힘'이다. 생명을 되살리는 힘, 지도자의 희생 없이는 결코 달성할 수 없는 능력이다.

김선도 목사가 우리 부활의 교회를 방문했을 때 그분과 동행한 박관순 사모를 만났다. 사모님은 매우 활동적이며 항상 웃음을 짓고 있었다. 그분의 미소는 사람들을 편안하게 해 주는 매우 자연스러운 미소였다. 나중에 전영호 박사를 통해 박관순 사모가 김선도 목사의 목회적 동반자이자 동역자라는 사실을 들었다. 박관순 사모는 수많은 성도들의 얼굴을 모두 기억한다. 더욱이 그분의 목회적 돌봄과 관심은 각 성도들의 삶과 가족 관계를 알 정도로 심오했다. 우리 교회는 지금도 여전히 김 목사의 설교와 박관순 사모의 목회 방문을 통해 격려를 받고 새로운 힘을 얻었다고 회고하고 있다.

이 부부는 전적으로 하나님께 드려졌다. 그들은 자신을 하나님께 바쳤을 뿐만 아니라 온 가족이 하나님을 섬기기 위해 온전히 헌신했다. 그분들의 따님과 이야기를 하면서, 한국에서 목사의 자녀로 살아가는 삶은 미국의 그것과 많이 다르지 않음을 알게 되었고, 나는 그녀 안에서 내 딸들의 모습을 보게 되었다. 그녀의 부모님은 나와 내 아내가 우리 자녀들에게 관심을 기울이는 것과 교회에 온전히 헌신하는 일의 균형을 맞추고자 우리 자녀들에게 하는 것 같이 딸에게 해 주고자 하셨다. 목사로서 어떤 사람도 자신의 자녀를 소홀히 여길 수 없지만 그들을 하나님 나라의 더 크신 선한 사역을 위한 동반자로 인도해야 한다.

세계 전역으로 선교 여행을 하던 중에 예기치 않게 김 목사의 행로를 따라가게 되었다. 그분이 지나가는 곳마다 항상 '다시 활력을 불어넣는 힘'이 생겼다. 한때 무너졌던 교회, 병원, 학교가 회복되었고 새로운 사역들은 지역 교회를 통해 계속되었다. 그분은 여전히 세계 전역에 생명수를 공급하는 펌프와 힘인 마중물의 역할을 감당하며 귀한 선교사역들을 행하고 있다.

소명의 힘으로 복음을 전하다

우리 교회를 방문한 김선도 목사는 "아담아, 네가 어디 있느냐?"라는 제목으로 설교를 했다. 내 이름이 '아담'이기 때문일까? 나는 아직도 그의 설교를 기억한다. '지금 나는 어디에 있습니까?' 이것은 오늘을 살아가고 있는 모든 인간을 위한 질문이다. 그날 그의 설교는 나의 마음을 감동시켰을 뿐만 아니라 모든 성도들에게 영감을 주었다. 그의 설교는 매우 명확하고 정확하며 간단하고 간결했다. 그것이 바로 내 마음속에 그의 언어가 오래 지속되는 이유이다. 김선도 목사의 설교가 광림교회가 세계 최대 감리교회가 되는데 중추적인 역할을 한 것은 분명했다.

김선도 목사의 설교는 그리스도의 사명 안에서 우리의 소명을 찾아 이루게 하기 위해 성도들과 나를 불러냈다. 그 부르심은 그들이 아프리카, 러시아, 일본, 중국, 심지어 무슬림 국가들을 위한 선교센터와 교회건축에 참여하도록 소명을 주었다.

나는 광림교회의 몇몇 성도들과 만나 이야기를 나눴다. 그들은 모두 겸손하고 열정적이었고 나는 그들이 김선도 목사를 진심으로 존경하고 있다는 것을 알았다. 이것이 교회를 움직이는 데 있어 진정한 힘이 된 것은 아닐까? 나는 김 목사의 설교에 이런 힘이 있다는 것을 알았다. 이 힘은 각 성도들이 하나님의 부르심을 이해하고 그들의 현실적 삶이 아니라 미래와 더 좋은 세상에 눈을 뜨게 하는 능력이다. 나 또한 설교자로서 우리 교회에도 그토록 깊은 영향이 닿기를 바라는 바이다.

창조의 힘으로 부흥을 이루다

나는 아직도 김선도 목사의 목회철학 중 하나인 "풍요한 창조"를 기억한다. 내가 광림교회를 방문했을 때 교회는 도심, 특히 한국에서 가장 부유한 '강남'지역에 있었다. 나는 광림교회가 여러 곳에서 선교사역을 주도할 수 있었던 이유가 아마도 광림교회에 부유한 성도들이 많았기 때문일 것이라고 생각했다. 그런데 그보다는 김 목사가 "풍요한 창조"라고 표현한 것이 더 적확하다는 것을 알게 되었다.

광림교회가 현재 부지로 이전하고 새 예배당을 지을 때 많은 교회 구성원들은 이전을 반대했다고 한다. 현재 부지는 당시 도심이 아니라 도시 외곽에 있었다. 본당이 위치한 자리는 배나무가 있는 평야였다. 도로는 아직 포장되지 않았고 그곳에 닿는 어떠한 대중교통도 없었다. 그럼에도 불구하고 그는 새 성전의 청사진을 교인들에게 보여 주며 교회 이전을 강력히 요구했다. 그런 다음 매일 새 성전 부지로 기도하기 위해 갔다. 그곳은 이제 서울에서 가장 부유한 지역이자 한국의 교통, 문화, 경제의 중심지가 되었다.

우리 교회가 처음 리우드Leawood에 정착했을 때 그곳 역시 도시 외곽이었다. 그러나 우리는 교회 건물을 지었고 이윽고 교회 주변으로 마을이 발전하는 것을 보았다. 그 결과 상당한 성장이 이루어졌다. 김 목사의 사역과 나의 사역은 많은 공통점들을 지니고 있지만 그의 업적은 내가 이룬 것을 훨씬 능가한다. 나는 김선도 목사와 교류하고 소통하며 많은 것을 배웠다.

부활의 교회 스테인드글라스 창에 새겨질 인물을 고민할 때, 성 어거스틴, 마틴 루터, 존 웨슬리 등과 같은 분들과 나란히 이 성스러운 창에 수 세기 동안 안치될 분으로 김선도 목사가 자격이 있다는 판단을 했다. 그 창에 그가 포함되는 것이 다음 세대에 영감을 줄 것임을 우리는 확신했다.

김선도 목사는 아흔의 고령에도 열정이 쇠약해지지 않고 항상 영혼이 계속 진보하는 겸손한 목사다. 매주 예배를 드리기 위해 교인들과 함께 모일 때 나는 창가에서 우리와 함께 예배드리고, 그 존재를 통해 하나님의 능력과 신실함을 조용히 상기시켜주는 김 목사의 모습을 올려다본다. 이 글을 쓰면서 나는 김선도 목사의 건강을 위해 기도하며 그분의 삶이 우리 각자의 삶에 등대가 되어 환하게 비추기를 바란다.

1989년 총력전도주일 기념사진. 광림의 목회자와 성도들은 자신의 교회 영역을 넘어서
하나님 나라의 영역을 확장해 세계로 뻗어 나가는 교회를 이루었다.

1995년 광림교회 모스크바 선교센터 봉헌식. 아담 해밀턴은 광림교회를
단순한 대형교회가 아닌 선교하는 교회라고 평가한다.

1999년 중국 광림교회를 찾은 김선도 목사 부부(가운데)와 목회자들.

김선도 목사는 경건하고 영적으로 충만한 예배를 위해 광림교회 본당에
전통적인 파이프 오르간을 설치했다.

광림교회에 설치된 전통적 기법의 스테인드글라스. 김선도 목사는 현대화된 예배 풍경 속에서도 전통적인 가치를 지키며 예전을 갖춘 예배를 실현했다.

원문

Leader
Kim Sundo
like a lighthouse

Adam Hamilton

Adam Hamilton

The senior pastor of The United Methodist Church of the Resurrection. It is known as the largest Methodist church in the United States. He has written a number of books including 『24 Hours That Changed the World Daily Devotions』.

I am deeply grateful for Bishop Sundo Kim. Although we have not seen each other as frequently as long–time friends would do, I feel in him a kindred spirit. Though my senior, upon meeting him in Seoul some years ago, I knew instantly that we shared a love of ministry, a vision for reaching people who did not know Christ, a longing for our congregations to be the presence of Christ in our communities, and a passion for strengthening the church in other parts of the world.

I have learned from him and stand in awe of the ways that God has used this humble man of faith. I view him as a friend who, an older and wiser mentor, and a legendary leader. In this article, I would like to share several qualities of power that I have discovered in him.

Power of Positivity

The Church of the Resurrection, which began as a family church, was a church with limitations. The name "Resurrection" captured our hope. It reminds us that Christ has triumphed over evil, hate, sin and death. We hoped to help our congregation members to find that Christ will help them overcome desperate situations. The name had power.

I first heard about the Kwanglim Church while in seminary at Southern Methodist University. The vision of the church was known across the United States, even in the 1980's while I was in seminary. Years later, it was Dr. Young–ho Jeon, Professor of Theology at Saint Paul School of Theology, who shared with me more about Kwanglim Church and invited me to join him on a trip to South Korea. Dr. Jeon is a friend, mentor and parishioner. From him I learned about the church's long–standing tradition of positive faith, a tradition that was once prevalent in American churches but has often been forgotten. I have always felt that Kwanglim Church and our church share a strong sense of this positive faith that spiritually and emotionally connects both; making us one community in Christ.

My first encounter with Kwanglim's global reach was on a trip to Moscow in the early 1990's. There, at the World Methodist Council's Congress on Evangelism, I learned of Bishop Kim and Kwanglim's support of a new Methodist seminary in Estonia. Their support made possible the Baltic Methodist Theological Seminary that trains ministers from the Baltic states. What I found astonishing was that the chapel was named Kwanglim Chapel. It was named in honor of Kwanglim Church that provided the funds for the chapel.

Years later, when I paid a visit to Zimbabwe, teaching at Africa University, I saw the beautiful chapel at the center of campus also named Kwanglim Chapel. This chapel, too, was funded by Kwanglim Church.

Kwanglim Church was not just a megachurch. This church was a church on mission. They did not expand their own church territory but the territory of the kingdom of God. They were not a church that sought to make their influence more extensive through the implementation of multiple church campuses, but a church that strived to extend God's influence through the practice of unconditional sharing.

I became curious about Kwanglim Church as I encountered Kwanglim Chapels in Estonia and Zimbabwe far away from the United States. Soon after, I learned that there are Kwanglim Churches all over in Russia, including Moscow, far distant from Korea. I learned that they planted churches in China, Vietnam, Canada, Japan, and even Turkey, a predominantly Muslim nation. As such, positive faith and passion for the mission are ever–expanding and contagious. This is power.

Power of Humility and Passion

When I had an opportunity to visit South Korea, I spent some time visiting and exploring Kwanglim Church, hoping to meet with Bishop Sundo Kim. I was a younger pastor full of energy, while Bishop Kim was a retired pastor many years my senior. What surprised me was that he had more energy than I had. But what really stood out to me was his humility. Though he was the leader of such a large congregation, and had had a remarkable impact around the world. He carried himself with humility and grace.

Foremost, he was full of energy regardless of his age.

When I visited Kwanglim Church, he spent no small amount
of time with me, answering my questions and showing me
the church. When he visited the Church of the Resurrection,
he was very interested and attentive, not with even a hint of
tiredness.

Furthermore, he treated me with respect, as if I were
far more advanced in age than himself. This was not Asian
etiquette that I had heard of nor was this a false humility –
it was quite sincere and on display as he was interested in
learning from me, a younger, far less experienced pastor. I
saw humility and passion in him, both of which I understand
as the essential qualities of a pastor.

Power to Guard the Legacy

On another trip, years ago, I was in London visiting
Wesley's Chapel. There, once more, I found the name

"Kwanglim." And In the lobby of the Chapel, there was
Bishop Sundo Kim's portrait bust. Beneath his portrait bust
was no other information than his name "Bishop Sundo
Kim." Nor further explanation was required, as so many
who see his bust know of the Bishop and his work around
the world. His heart beats as one with John Wesley' who
famously said, "The world is his parish."

Bishop Sundo Kim and his successor Rev. Chungsuk
Kim sought to work on something meaningful in honor
of Kwanglim Church's 60th anniversary. For this reason,
they focused on the Wesley Chapel in London, and sought
to preserve and strengthen the church and its historic
Methodist museum. In this Kwanglim Church helped create
an outstanding gift for all Methodists through the. Museum's
work.

During my tour at Kwanglim Church's main sanctuary, I
had the impression that it was enormous but not modernistic.

It preserved the outlook of the classical church with the traditional pipe organ and stained glass as well as fixed pulpits. It was quite distinct from many modern American churches that have replaced the pulpit with a stage and filled that stage with the electrical instruments and colorful lights. I understand that many Korean churches have done the same. But Kwanglim Church was different. Kwanglim sought to maintain traditional worship and preserved the liturgy. They recognized that there was power to this type of worship.

Our church has designed a new sacred space with an emphasis on traditional elements. They include a large triptych stained glass window, a baptismal font patterned after the one at which John and Charles Wesley were baptized in Epworth, England. Our pulpit and altar table are quite different from what many modern churches would have but, instead, draw the traditional church. Our worship includes modern and traditional elements and offers an ambiance where the Spirit of God can be experienced and known.

As we designed our stained glass window, 35 feet tall and nearly 100 feet wide, we sought to tell the story of our faith from Genesis 1 to Revelation 22. Since Revelation 22 occurs in the future, we chose to include figures from throughout church history in the window – people who have had a profound impact on the developing and spread of the Christian faith, among these figures is Bishop Sundo Kim. He is the only living figure in the window.

Power of (Re)invigoration

I used to think of Bishop Sundo Kim as the founder of Kwanglim Church. It is normally through the leadership of founding pastors that the majority of American and Korean churches have undergone explosive growth. But I was surprised to learn that he was the fifth senior pastor at Kwanglim Church. When he first arrived, the church it was full of conflicts and challenging issues.

Working with a conflict–torn church is more difficult than starting a new church from scratch. He had to heal the scars and conflicts among the congregation and reconcile them, and he applied to his own ministry what he had learned about counseling and conflict resolution at Wesley Theological Seminary in Washington D.C. Just like an old Korean proverb, "the ground hardens after rain," he fostered a reconciled community—stronger and unshakable. This cannot be done by a simple philosophy or idea. No matter how much one stresses a sense of community, they eventually end up pursuing their own interests. But Bishop Sundo Kim intermingled a sense of community with the gospel, and as a leader who unceasingly prayed to God for God's will to be done, he wove the congregation's hearts together through his humble sermons. This is the power to (re)invigorate. Power to bring back to life, a leader can never achieve without having oneself sacrificed.

When Bishop Kim visited our church, his wife came with

him. She was very active and always smiling, and her smile was very natural. It was a type of smile that made people feel comfortable. Later, I heard from Dr. Young–ho Jeon that his wife, Kwan–soon Park, was Bishop Kim's pastoral partner. Lady Park remembers all the faces of the thousands of congregants. Even more so, her pastoral care and attention were profound to the point of knowing each congregant's life and family relationship. The congregation still recounts that it was through Bishop Kim's sermon and Lady Park's pastoral visit that they felt encouraged and gained new strength.

This couple was fully dedicated to God. Not only did they dedicate themselves to God, but also their whole family made a full commitment to serving God. While speaking with their only daughter, I came to see in her my own daughters – life as a pastor's child is not so different in Korea than America. Her parents sought to do what my wife and I also sought to do with our children, to balance giving attention to our children and working fully dedicated to the church. One cannot neglect your own children as a pastor, but must guide them as companions for the greater good of God's kingdom.

During my mission trips around the world, I unexpectedly followed the track of Bishop Kim. Wherever he passed, there was always power to (re)invigorate—the church, hospital, and school that once fell are now restored. New ministries continued through the local congregation. He is still working on noble missions, priming water that pumps and forces the living water through the world.

Power of Calling

During his visit to our church, Bishop Sundo Kim preached a sermon titled, "Where are you, Adam?" Was it because my name was Adam? I still remember his sermon. "Where am I right now?" This is a question for all humans who are living nowadays. On that day, his preaching not only moved my heart but inspired all the congregation. His sermon was very clear and on point, easy and concise. That's why it lasts long in my mind. It was clear that the bishop's preaching played a pivotal role in Kwanglim Church becoming the largest Methodist Church in the world.

Bishop Kim's sermon called the congregation, and me, to find and fulfill our calling in Christ's mission. It called them to partake in building mission centers and churches for Africa, Russia, Japan and China, and even for Muslim countries.

I have met and spoken with some congregants at Kwanglim. They were all humble and passionate, and I found them holding a sincere and genuine respect for Bishop Kim. Could this be the real power at work in moving the church? I found Bishop Kim's preaching has just this sort of power, a power that allows each congregant to understand their calling by God and to open their eyes not to the reality of their lives but to the future and a better world. As a preacher, I hope to make such a profound impact on our congregation as well.

Power of Creation

I still remember one component of Bishop Kim's pastoral philosophy, "Abundant Creation." When I visited Kwanglim Church, it was located in the urban center, especially in South Korea's richest region called "Gangnam." Perhaps, I used to think the reason why Kwanglim Church could have undertaken mission initiatives at many places was the rich demographics of his congregation. But I came to see that it was, more precisely, what Bishop Kim described as "Abundant Creation."

When Kwanglim Church relocated to its current site and built a new sanctuary, the congregation opposed the move. The current site was not the urban center at the time, but instead, it was on the outskirt of the city. The space for the main sanctuary was just the plain with pear trees. There was no pavement on the road, nor was there any public transportation. Nonetheless, Bishop Kim showed the congregation the blueprint of a new sanctuary and strongly called for the relocation of the church. He then daily went to pray at the new sanctuary site. This became Seoul's richest town as well as the center of transportation, culture, and economy in South Korea.

When our church first settled down in Leawood, it was located on the outskirt of the city. But we built a church building and, saw a town develop around the church. Significant growth occurred as a result. Bishop Kim's ministry and my ministry share many features in common, though his accomplishments far outstrip my own. I have learned many things from my interaction with Bishop Kim.

When we were choosing figures to include in the Church of the Resurrection's stained-glass window, people who would be enshrined for centuries in this window alongside people like St. Augustine, Martin Luther, John Wesley and many others, we felt Bishop Sundo Kim merited being included in this window, and that his inclusion in the window would inspired generations to come.

Bishop Kim is a humble pastor whose passion never ages, and whose spirit always keeps going. Each week as we gather the congregation for worship, I look up and see Bishop Kim's image in the window, joining us for worship and, by his presence there, serving as a silent reminder of God's power and his faithfulness. As I type these words I pray for his good health and hope that his life nobly shines as a beacon to the life of each one of us.

1930년	12월 2일 평안북도 선천에서 탄생했다.
1950년	해주의학전문학교를 졸업하고 외과의사가 되고자 했다. 하지만 6.25전쟁이 발발해 북한군에 강제 징집되어 군의관으로 참전했다.
1951년	신앙의 자유와 개인의 신념을 위해 남으로 넘어가기로 결심하고 하나님께 간절히 기도하며 국군 주둔지를 향해 걸어갔다. '5분의 기적'으로 북한군에서 국군의 군의관으로 신분이 바뀌었고 유엔종군경찰병원에서 의무관으로 근무하며 부상당한 장병을 치료했다.
1953년	휴전협정 이후 전역하고 서울 도심에 병원을 개원해 의사의 삶을 살았지만 이듬해 목회자가 되기 위해 감리교신학대학교에 입학해 신학도가 되었다.

1958-1962년   감리교신학대학교를 졸업하기도 전에 전농감리교회에
              청빙되어 담임목사로 섬겼다.

1960년   전농감리교회를 섬기던 중 박관순 사모를 만나 부부의
              연을 맺고 평생의 동역자를 얻었다.

1962년   전농감리교회 담임목사직을 사임하고 대전의 공군기술
              교육단 군목이 되었다. 군목으로 재직하는 동안 전설적
              인 일화를 남기며 성공적인 목회를 이끌었다.

1967년   목회를 하면서 신앙이 깊어지고 커질수록 배움의 목마
              름 또한 간절해졌다. 김선도 목사는 또 한 번의 도전을 했
              다. 군인 신분으로는 최초로 미국 유학길에 오른 것이다.

1968년   미국 롱비치선교연구원을 수료하고 1971년 웨슬리신학
              대학원에서 종교교육학석사M.R.E를 취득했다.

1970년   유학을 마치고 공군사관학교 군종실장으로 근무했다.

1971년   광림교회에 청빙되어 전역했다. 기독교대한감리회 광
              림교회의 5대 담임목사로 부임해 당시 교인들 사이에 뿌
              리내리고 있던 갈등과 반목의 뿌리를 걷어내고 적극적
              인 전도와 영성의 목회를 시작했다. 더 큰 성장과 부흥을
              위해 쌍림동에 위치하던 교회를 강남 신사동으로 이전
              하기로 결단한다.

1971-1973년 감리교신학대학교 및 선교대학원, 이화여자대학교, 강
             남대학교의 외래교수를 역임하며 후학을 양성하는 데
             힘썼다.

1974년   영국 런던 엡솜감리교회에 교환목회를 하면서 목사 스스
             로 서구 전통의 목회를 체험하며 신학적 역량을 키웠다.

1978년   강남구 신사동에 새 성전 건축 기공식을 거행하고 건축
             한 뒤 지금의 자리로 교회를 이전했다. 영성을 울리는 인
             상적인 설교와 사랑과 나눔을 실천하며 전인적 목회를
             이끌었고, 광림교회는 세계적인 규모의 교회로 성장했다.

1979-1983년 아세아연합신학대학원 초빙교수를 역임하였다.

1982년   미국 풀러신학대학원 목회학박사D.Min를 취득했다.

1987년   사회복지법인 광림복지재단 이사장직을 맡아 이웃에
             대한 사랑을 실천하고 복음의 사회적 성화를 위해 공헌
             하고 있다.

1988-2011년 사회복지법인 한국월드비전 이사 및 이사장직을 역임했다.

1988-2008년 국제월드비전 이사를 역임했다.

1990-1997년 로잔세계복음화 한국위원회 의장을 역임했다.

1991-1995년 한국기독교교역자협의회 대표회장을 역임했다.

1991-1997년 세계감리교협의회WMC 실행위원을 역임하며 한국을

넘어 세계의 기독교에 영향을 주었다.

1993년　　　　　애즈베리신학대학원 명예신학박사D.D를 수여받았다.

1993-1995년　　대한적십자사 중앙위원을 역임했다.

1994-1996년　　기독교대한감리회 감독회장을 역임하며 학교법인 감리

　　　　　　　　교학원 이사장을 지냈다.

1994-2000년　　학교법인 연세대학교 이사를 역임했다.

1995-1997년　　기독교TV 공동대표이사를 역임했다.

1996-2000년　　세계감리교협의회 회장을 역임하며 세계적인 감리교

　　　　　　　　지도자로서 헌신했고 동시에 한동대학교 이사, 연세대

　　　　　　　　학교 외래교수를 역임했다.

1997년　　　　　짐바브웨 아프리카대학교 명예문학박사D.Litt를 수여받

　　　　　　　　았다.

2001년　　　　　김정석 목사에게 광림교회 담임목사직을 이임하고 원

　　　　　　　　로목사가 되었다.

2001-2008년　　학교법인 서울 현대학원 이사를 역임했다.

2006년　　　　　호서대학교 명예신학박사D.D를 수여받았다.

2007년　　　　　감리교신학대학교 명예신학박사를 수여받았다.

2013년　　　　　세계 감리교의 존경받는 목회자로서 그 공로를 인정받아

　　　　　　　　서울신학대학교 명예문학박사를 수여받았다.

2016년 | 대한민국 해병대 명예해병으로 임명되기도 하였다.

현재 | 기독교대한감리회 광림교회 원로목사, 사회복지법인 광림복지재단 이사장, 한국기독교총연합회 명예회장, 국가원로회의 공동의장, 한국목회연구원 원장, 웨슬리 복음주의협의회 회장, 영국 웨슬리 채플 명예협력목사로 섬기고 있다. 또한 학교법인 문영학원 이사, 감리교신학대학원 및 미국 풀러신학대학원, 웨슬리신학대학원, 세인폴신학대학원, 유나이티드신학대학원의 객원교수, 애즈베리신학대학원 석좌교수 및 명예이사장으로서 후배 목회자들에게 신학과 목회학 연구의 길을 열어주고 그 역량을 키우도록 돕는 데 힘쓰고 있다.

상훈

1990년 | 미국 웨슬리신학대학원 존 웨슬리상 수상

1991년 | 감리교신학대학 동문회 동문상

1993년 | 대한적십자 인도장 금장 수상

1996년 | 대한민국 국민훈장 목련장 수상

1997년	한국교회사학연구원-한국 10대 설교가로 선정
2002년	제1회 기독교 대한감리회상 교회개척 및 선교분야 수상
2011년	제1회 목원 크리스챤목회대상 수상
2012년	미국 애즈베리신학대학원 SUNDO KIM HALL 명명
2014년	한기총 기독교지도자상 목회자부문 수상

저서

『김선도 컬럼 1-3』, 예목, 1986

『그럼에도 불구하고』, 광림, 1992

『인생의 매스터키를 소유하라』, 광림, 1999

『김선도 목사 전집 1-12』, 광림, 2001

『새 시대를 여는 거룩한 습관』, 광림, 2009

『상처가 영광이 되게 하라』, 광림, 2009

『5분의 기적』, 넥서스CROSS, 2013

＊영문 설교집 『What a Wonderful Change』, 『Finding Hidden Treasure』,

『Hurt Turning into Groly』 외 다수.

목사 김선도 2

목회의 지도를 그리다

초판 1쇄 발행 2020년 12월 21일

지은이   권병훈 외 8인
총괄기획   이상완
펴낸이   김정신
펴낸곳   서우북스

주소   서울시 강남구 논현로 507 성지하이츠 3차 B/D 107호
팩시밀리   02-556-9175
이메일   wan1-2-3@hanmail.net
홈페이지   seowoobooks.com

ISBN 979-11-963804-6-5 04230(세트)
ISBN 979-11-963804-8-9 04230

서우瑞友는 '남녀노소 모든 사람들에게 복이 되는 친구'라는 뜻으로 서우북스는 출판을 통하여
좋은 친구처럼 도움을 주는 일에 주력하고자 합니다.